2024-2025年版

梶谷美果講師 直伝！

FP ファイナンシャル・プランニング 技能検定 3級 問題集

Financial・Planner

梶谷 美果 著

ビジネス教育出版社

はじめに

みなさん、こんにちは！

「FP（ファイナンシャル・プランニング技能検定）３級問題集」の著者、梶谷美果（かじやみか）です。

本書は「FP（ファイナンシャル・プランニング技能検定）３級テキスト」と同シリーズの問題集です。合格のために、２冊をセットでフル活用して学習することをおすすめします（本書の学科試験編の問題は、「FP（ファイナンシャル・プランニング技能検定）３級テキスト」の項目と同じ順番で並べています）。

FP受検対策の現役講師として、最近の試験傾向を十分に分析したうえで、収録する過去問題を選択し、レイアウトを工夫しながらわかりやすい解説にしました。

どのような試験でもそうですが、テキストで学習するだけでは得点力はなかなか伸びません。知識のインプットと併せてアウトプット（問題演習）を行うことで実力がつくものです。

ただし、FP3級の試験は、長期的な継続学習は必要なく、短期間でサクッと合格を目指すタイプの試験です。したがって、本書は、重要度の高い過去問題を厳選しました。数多くの問題を解くことは、みなさんにとって負担が大きいと思いますし、何よりも、重要問題に絞って繰り返し解くほうが、ずっと効率がよいことを私は知っているからです。

この１冊をマスターすれば、十分合格レベルに達することができますから、安心してください。FP3級の試験にチャレンジするすべてのみなさんの合格をお祈りしています。

梶谷美果

目次

学科試験 相続・事業承継

実技試験 ❶保険顧客資産相談業務

実技試験 ❷個人資産相談業務

実技試験 ❸資産設計提案業務

本書の使い方

本書は、1問解くごとにすぐ解答が確認できるよう、**できる限り問題と解答・解説を見開きで編集**しています。**正解した問題でも「解説をしっかり読む」**ことで知識の定着を図ることができます。問題は1回解いたら終わりではなく、**3回は繰り返し解く**ようにしましょう。

全体の使い方

★★★　最近の頻出度を★印の数で示しています。まずは★★★〜★★の問題が正解できることを目標にしましょう。★の問題も、過去にはよく出題されていた定番問題が多いので、必ずチャレンジするようにしてください。

□□□　解けなかった問題に印をつけましょう。3回分あるので、**印が何個もついている問題が苦手なところ**だとわかります。

テキストP　「FP（ファイナンシャル・プランニング技能検定）3級テキスト」の参照ページです。テキストに戻って確認すると理解が深まります。

学科試験編

原則として、「FP（ファイナンシャル・プランニング技能検定）3級テキスト」と同じ順番で「○×問題」と「3択問題」を並べています。「FP（ファイナンシャル・プランニング技能検定）3級テキスト」で**1つのテーマを学習し終わるごとに、学科試験編の問題を解くと効果的です。**○×問題は、文章をサッと読み進みがちですが、キーワードや数字に注意して、**ゆっくりと丁寧に読む**ことが大切です。

解説を読んでもよくわからないところは、「FP（ファイナンシャル・プランニング技能検定）3級テキスト」に**戻って確認する**ことをおすすめします。

実技試験編

次の３つの実技試験に対応しています。みなさんが受検する実技試験の問題を解いてください。

①保険顧客資産相談業務（金融財政事情研究会）
②個人資産相談業務（金融財政事情研究会）
③資産設計提案業務（日本FP協会）

どの実技試験も**事例問題**が出題されます。一見むずかしそうですが、必要な知識は学科試験と変わりません。**計算問題が多い**ことも特徴です。必要な公式などは正確に覚えましょう。また、本書には**定番の問題が多く掲載されていますから、解き方をマスターしてください。**

本書は、原則として2024年4月1日時点の法令等に基づいて編集しています。

一般社団法人金融財政事情研究会　許諾番号 1708K000001

FP3級

学科試験

ライフプランニングと資金計画
リスク管理
金融資産運用
タックスプランニング
不動産
相続・事業承継

ライフプランニングと資金計画

次の各文章について、正しいものは○、誤っているものは×と答えてください。
3択の問題については、(　　)にあてはまる正しいものを1)〜3)のなかから選んでください。

1 FPと倫理・関連法規

1 税理士資格を有しないファイナンシャル・プランナーが、顧客のために反復継続して確定申告書を作成しても、その行為が無償であれば税理士法に抵触しない。
2020.9 □□□ ★★☆

2 弁護士の資格を有しないファイナンシャル・プランナーが、顧客に対して、法定後見制度と任意後見制度の違いについて一般的な説明を行う行為は、弁護士法に抵触する。
2023.5 □□□ ★★☆

3 生命保険募集人の登録を受けていないファイナンシャル・プランナーが、ライフプランの相談に来た顧客に対し、生命保険商品の一般的な商品性について説明することは、保険業法において禁止されている。
2023.1 □□□ ★★☆

4 ファイナンシャル・プランナーが顧客と投資顧問契約を締結し、当該契約に基づき金融商品取引法で定める投資助言・代理業を行うためには、内閣総理大臣の登録を受けなければならない。
2022.5 □□□ ★★☆

1回目	2回目	3回目
／40	／40	／40

解答・解説

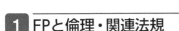

1 FPと倫理・関連法規 テキストP2～3

1 × 誤り。**税理士資格**を有しないFPが、顧客のために反復継続して**確定申告書を作成**する行為は、有償・無償を問わず、**税理士法に抵触する**。税理士でない者は、**「税務代理行為」「税務書類の作成」「税務相談」**を業として行うことはできない。

2 × 誤り。法定後見制度や任意後見制度は、民法に規定されている。**弁護士資格**を有しないFPであっても、法律で規定されていることや条文を基に一般的な説明をすることはできる。なお、**法定後見人や任意後見人（任意後見契約の受任者）となるために特別な資格は不要であるため**、FPがなることもできる。

3 × 誤り。**生命保険募集人の登録**を受けていないFPであっても、保険商品の一般的な商品性について説明することはできる。なお、保険商品の募集行為を行うためには、登録が必要である。

4 ○ 正しい。FPが顧客と**投資顧問契約**を締結し、当該契約に基づき金融商品取引法で定める**投資助言・代理業**（金融商品取引業）を行うためには、**内閣総理大臣の**登録を受けなければならない。

2 ライフプランニング

5 Aさんの2024年分の可処分所得の金額は、下記の〈資料〉によれば、(　　　)である。
2023.9（一部変更）□□□ ★★☆

〈資料〉2024年分のAさんの収入等

給与収入　：750万円（給与所得：565万円）
所得税・住民税　：80万円
社会保険料　：100万円
生命保険料　：20万円

1）385万円
2）550万円
3）570万円

6 900万円を準備するために、15年間、毎年均等に積み立て、利率（年率）1％で複利運用する場合、必要となる毎年の積立金額は、下記の〈資料〉の係数を使用して算出すると（　　　）である。
2020.9 □□□ ★★☆

〈資料〉利率（年率）1％・期間15年の各種係数

現価係数	資本回収係数	減債基金係数
0.8613	0.0721	0.0621

1）516,780円
2）558,900円
3）600,000円

7 元金を一定の利率で複利運用しながら、毎年一定金額を一定の期間にわたり取り崩していくときの毎年の取崩し金額を計算する場合、元金に乗じる係数は、（　　　）である。
2022.1 □□□ ★★★

1）現価係数
2）減債基金係数
3）資本回収係数

2 ライフプランニング テキストP4～8

5 3 **可処分所得の金額**＝年収（給与収入）－（所得税・住民税＋社会保険料）
＝750万円－（80万円＋100万円）
＝570万円

生命保険料は差し引きません。

6 2 将来の目標額（900万円）を達成するため、**毎年いくら積み立てればよいか**を計算するときは、減債基金係数を使用する。
毎年の積立金額＝将来の目標額×減債基金係数
＝900万円×**0.0621**＝558,900円

係数を使って知りたい金額を計算するときは、「元となる金額×○○係数」で求めます。

7 3 今ある元金から、**毎年一定金額を一定期間受け取る（取り崩す）場合の毎年の受取金額（取崩し金額）**を計算するときは、資本回収係数を使用する。
毎年の受取金額（取崩し金額）＝元金×資本回収係数

係数	内容
終価係数	元金が将来いくらになるかを計算
現価係数	将来の目標額の達成のため、今いくら必要かを計算
年金終価係数	毎年同額を積み立てた場合、将来いくらになるかを計算
減債基金係数	将来の目標額の達成のため、毎年いくら積み立てるかを計算
年金現価係数	毎年同額受け取る場合、今いくら必要かを計算
資本回収係数	元金を取り崩して毎年いくら受け取れるかを計算

3 資金計画

8 日本政策金融公庫の「教育一般貸付（国の教育ローン）」の融資金利は（　①　）であり、返済期間は（　②　）以内となっている。

2018.1（一部変更）□□□ ★★★

1）① 固定金利　② 15年
2）① 変動金利　② 18年
3）① 固定金利　② 18年

9 日本学生支援機構の奨学金（貸与型）のうち、第一種奨学金は利子が付かない。

2021.5 □□□ ★★☆

10 下図は、住宅ローンの（　①　）返済方式をイメージ図で表したものであり、図中のＰの部分は（　②　）部分を、Ｑの部分は（　③　）部分を示している。

2024.1 □□□ ★★☆

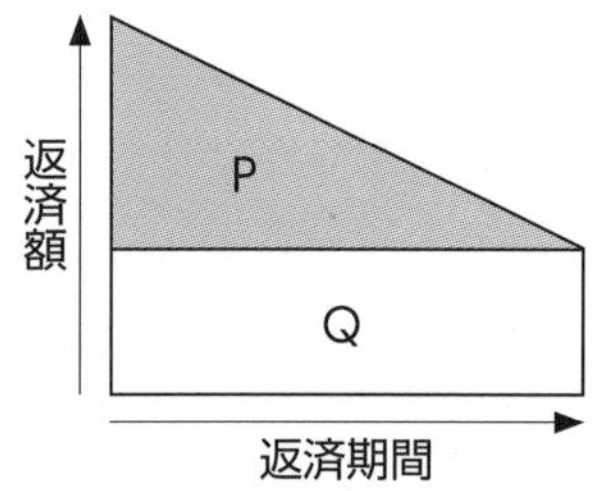

1）① 元金均等　② 利息　③ 元金
2）① 元利均等　② 元金　③ 利息
3）① 元利均等　② 利息　③ 元金

11 住宅ローンの総返済額は、借入額、金利、借入期間等の条件が同一であれば、通常、元金均等返済よりも元利均等返済のほうが多くなる。

2021.9 □□□ ★★☆

12 住宅金融支援機構と民間金融機関が提携した住宅ローンであるフラット35（買取型）の融資額は、土地取得費を含めた住宅建設費用または住宅購入価額以内で、最高（　①　）であり、融資金利は（　②　）である。

2023.9 □□□ ★★☆

1）① 8,000万円　② 固定金利
2）① １億円　② 固定金利
3）① １億円　② 変動金利

3 資金計画　テキストP9～13

8 3　日本政策金融公庫の**「教育一般貸付（国の教育ローン）」**の融資金利は固定金利であり、返済期間は**18年以内**となっている。融資限度額は学生・生徒１人につき350万円（自宅外通学、５年以上の大学、大学院、一定の海外留学資金は450万円）である。なお、貸付金の使途は、学費だけではなく、受験費用や住居費用なども認められている。また、日本学生支援機構の奨学金と重複して利用することもできる。

9 ○　正しい。日本学生支援機構の奨学金（貸与型）のうち、**第一種奨学金は**利子が付かない。一方、**第二種奨学金には**利子が付くが、在学中は利子が付かない。なお、第一種奨学金の選考基準のほうが、厳しい基準となっている。

10 1　元金均等**返済方式**は、毎月の元金（Q）**の返済額が一定**で、返済期間の経過とともに利息（P）**を含めた毎月返済額が減少する**返済方法である。一方、元利均等**返済方式**は、**毎月返済額（元金と利息の合計額）が一定**で、返済期間の経過とともに**毎月の元金の返済額が増加する**返済方法である。

〈元金均等返済方式〉

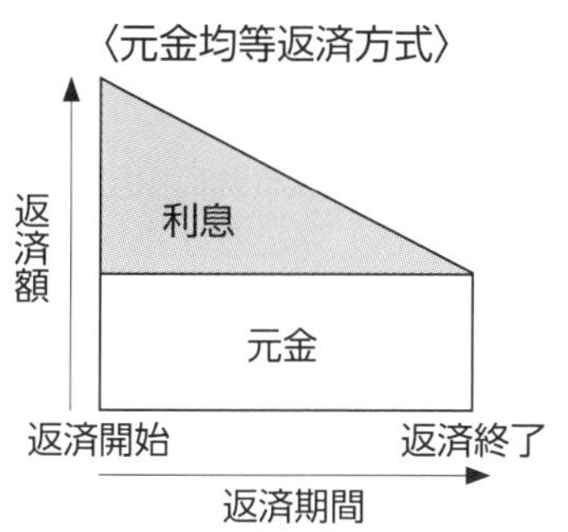

〈元利均等返済方式〉

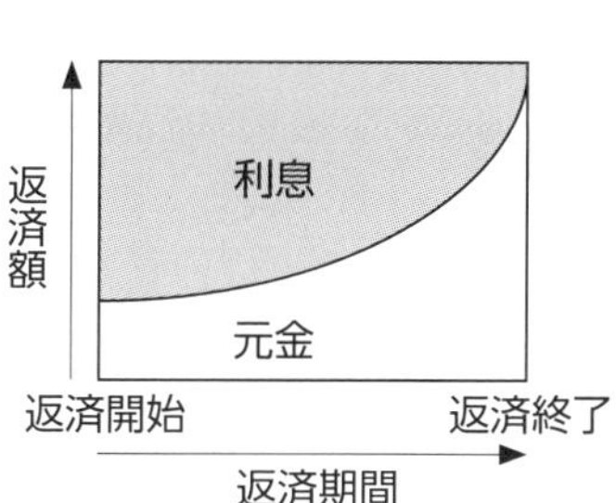

11 ○　正しい。他の条件が同一であれば、住宅ローンの総返済額は、**元金均等返済よりも**元利均等返済のほうが多くなる。

12 1　フラット35（買取型）の融資額は、土地取得費を含めた**住宅建設費用または住宅購入価額以内**で、最高8,000万円であり、融資金利は固定金利（**融資実行時点の金利**）である。

⑬ 住宅金融支援機構と民間金融機関が提携した住宅ローンであるフラット35（買取型）の融資金利は（　①　）であり、借入れをする際には、保証人が（　②　）である。 2022.5 □□□ ★★☆

1）① 固定金利　② 不要
2）① 固定金利　② 必要
3）① 変動金利　② 必要

⑭ 貸金業法の総量規制により、個人が貸金業者による個人向け貸付を利用する場合の借入合計額は、原則として、年収の（　　　）以内でなければならない。 2023.5 □□□ ★★★

1） 2分の1
2） 3分の1
3） 4分の1

4 公的医療保険・介護保険

⑮ 健康保険の被保険者が同一月内に同一の医療機関等で支払った医療費の一部負担金等の額が、その者に係る自己負担限度額を超えた場合、その支払った一部負担金等の全額が、高額療養費として支給される。 2021.1 □□□ ★★☆

⑯ 全国健康保険協会管掌健康保険の被保険者に支給される傷病手当金の額は、原則として、1日につき、傷病手当金の支給を始める日の属する月以前の直近の継続した（　①　）の各月の標準報酬月額の平均額を30で除した額に、（　②　）を乗じた額である。 2023.9 □□□ ★★☆

1）① 6ヵ月間　② 3分の2
2）① 12ヵ月間　② 3分の2
3）① 12ヵ月間　② 5分の4

⑰ 全国健康保険協会管掌健康保険の被保険者が、業務外の事由による負傷または疾病の療養のため、労務に服することができずに休業し、報酬を受けられなかった場合は、その労務に服することができなくなった日から傷病手当金が支給される。 2023.1 □□□ ★★☆

⑬ 1 フラット35（買取型）の融資金利は固定金利（**融資実行時点の金利**）であり、**取扱金融機関がそれぞれ独自に定める**。借入れをする際には、**保証人が不要**である。

⑭ 2 貸金業法**の総量規制**により、個人が貸金業者による**個人向け貸付**を利用する場合の借入合計額は、原則として、**年収の３分の１以内**でなければならない。

4 公的医療保険・介護保険

テキストP14～18

⑮ × 誤り。健康保険の被保険者が**同一月内**に同一の医療機関等で支払った医療費の一部負担金等の額が、その者に係る**自己負担限度額を超えた場合、その超えた額が、**高額療養費**として支給される**。

⑯ 2 **傷病手当金**は、病気やケガによる療養のため仕事を休み給料がもらえない場合に、一定の要件を満たすと支給される。傷病手当金の額は、原則として、１日につき、「傷病手当金の支給を始める日の属する月以前の直近の継続した12ヵ月間の各月の標準報酬月額の平均額を30で除した額」に、３分の２を乗じた額である。

簡単にいうと、直近1年間の平均月給をもとに計算した1日当たりの給料の3分の2が支給されます。

⑰ × 誤り。健康保険の被保険者が、業務外の事由による負傷または疾病の療養のため、労務に服することができずに**連続して**３日以上**休業**し、報酬を受けられなかった場合は、**休業４日目から傷病手当金が支給される**。支給期間は、支給開始日から通算して１年６ヵ月である。

18 退職により健康保険の被保険者資格を喪失した者で、喪失日の前日までに継続して（　①　）以上被保険者であった者は、所定の申出により、最長で（　②　）、健康保険の任意継続被保険者となることができる。　2024.1 □□□ ★★★

1）① 1ヵ月　② 2年間
2）① 2ヵ月　② 1年間
3）① 2ヵ月　② 2年間

19 国民健康保険の被保険者（一定の障害の状態にない）は、原則として、（　　）になると国民健康保険の被保険者資格を喪失し、後期高齢者医療制度の被保険者となる。　2021.1 □□□ ★★★

1）65歳
2）70歳
3）75歳

20 公的介護保険の第2号被保険者は、市町村または特別区の区域内に住所を有する65歳以上の者である。　2021.9 □□□ ★★★

21 公的介護保険の第2号被保険者は、要介護状態または要支援状態となった原因を問わず、保険給付を受けることができる。　2021.5 □□□ ★★☆

5 労災保険・雇用保険

22 労働者災害補償保険の保険料は、労働者と事業主が折半で負担する。　2024.1 □□□ ★★☆

23 雇用保険の基本手当を受給するためには、倒産、解雇および雇止めなどの場合を除き、原則として、離職の日以前（　①　）に被保険者期間が通算して（　②　）以上あることなどの要件を満たす必要がある。　2023.9 □□□ ★★★

1）① 1年間　② 6ヵ月
2）① 2年間　② 6ヵ月
3）① 2年間　② 12ヵ月

18 3 退職により健康保険の被保険者資格を喪失した者で、喪失日の前日までに継続して2ヵ月**以上**被保険者であった者は、資格喪失日から20日**以内**の申出により、最長で2年間、健康保険の**「任意継続被保険者」**となることができる。なお、協会けんぽの場合、在職中の保険料は労使折半負担であるが、任意継続被保険者の保険料は**全額自己負担**である。

19 3 原則として、75歳**になると後期高齢者医療制度の被保険者となる**。また、**65歳以上75歳未満**の者であって所定の**障害の状態**にあると認定を受けた者も、後期高齢者医療制度の被保険者となる。

20 × 誤り。公的介護保険の**第2号被保険者**は、市町村または特別区の区域内に住所を有する40歳以上65歳未満の医療保険加入者である。一方、**第1号被保険者**は、市町村または特別区の区域内に住所を有する**65歳以上**の者である。

21 × 誤り。公的介護保険の**第2号被保険者**は、要介護状態または要支援状態となった原因が、特定疾病（**加齢に起因する一定の疾病と一定のがん）による場合に限り、保険給付を受けることができる**。一方、第1号被保険者は、要介護状態または要支援状態となった原因を問わず、保険給付を受けることができる。

5 労災保険・雇用保険

テキストP19～20

22 × 誤り。**労働者災害補償保険（労災保険）の保険料**は、事業主が全額負担する。なお、適用事業所の**すべての労働者**（アルバイトなどを含む）に適用される。

23 3 **雇用保険の基本手当**（いわゆる失業手当）を受給するためには、倒産、解雇および雇止めなどの場合を除き、原則として、離職の日以前2年間に被保険者期間が通算して12ヵ月**以上**あることなどの要件を満たす必要がある。なお、**受給期間**は、原則として、離職した日の翌日から**1年間**である。

24 20年以上勤務した会社を60歳到達月の末日で定年退職し、雇用保険の基本手当の受給資格者となった者が受給することができる基本手当の日数は、最大（　　）である。 2022.1 □□□ ★★☆

1）100日
2）150日
3）200日

6 公的年金の基礎

25 国民年金の第１号被保険者の収入により生計を維持する配偶者で、20歳以上60歳未満の者は、国民年金の第３号被保険者となることができる。
2021.5 □□□ ★★☆

26 国民年金の被保険者が学生納付特例制度の適用を受けた期間は、その期間に係る保険料を追納しない場合、老齢基礎年金の受給資格期間（　①　）、老齢基礎年金の年金額（　②　）。 2021.5 □□□ ★★☆

1）① に算入され　② にも反映される
2）① に算入されず　② にも反映されない
3）① には算入されるが　② には反映されない

27 国民年金の保険料免除期間に係る保険料のうち、追納することができる保険料は、追納に係る厚生労働大臣の承認を受けた日の属する月前（　　）以内の期間に係るものに限られる。 2023.1 □□□ ★★☆

1） ２年
2） ５年
3）10年

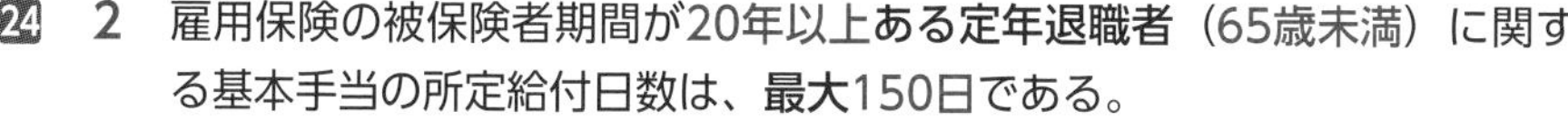

24　2　雇用保険の被保険者期間が20年以上**ある定年退職者**（65歳未満）に関する基本手当の所定給付日数は、**最大**150日である。

6 公的年金の基礎　テキストP21～24

25　×　誤り。国民年金の**第１号被保険者**（自営業者等）によって生計を維持している配偶者で20歳**以上**60歳**未満**の者は、国民年金の第１号**被保険者**となる。なお、国民年金の**第２号被保険者**（会社員・公務員）によって生計を維持している配偶者で20歳以上60歳未満の者は、国民年金の第３号**被保険者**となる。

26　3　国民年金の被保険者が**学生納付特例制度**の適用を受けた期間は、その期間に係る保険料を追納しない場合、**老齢基礎年金の受給資格期間**には算入されるが、**老齢基礎年金の年金額**には反映されない。

27　3　国民年金の**保険料免除期間**に係る保険料のうち、**追納**することができる保険料は、追納に係る厚生労働大臣の承認を受けた日の属する月前10年以内の期間に係るものに限られる。追納した期間は、保険料納付済期間となる。

7 老齢給付

28 老齢基礎年金の受給資格期間を満たすためには、保険料納付済期間、保険料免除期間等を合算した期間が（　　　）以上必要である。 2018.1 □□□ ★★★

1）10年
2）20年
3）25年

29 65歳到達時に老齢基礎年金の受給資格期間を満たしている者が、67歳６ヵ月で老齢基礎年金の繰下げ支給の申出をし、30ヵ月支給を繰り下げた場合、老齢基礎年金の増額率は、（　　　）となる。 2023.1 □□□ ★★★

1）12％
2）15％
3）21％

30 特別支給の老齢厚生年金（報酬比例部分）は、原則として、1960年（昭和35年）４月２日以後に生まれた男性および1965年（昭和40年）４月２日以後に生まれた女性には支給されない。 2020.1 □□□ ★★★

31 厚生年金保険の被保険者期間が（　①　）以上ある者が、老齢厚生年金の受給権を取得した当時、一定の要件を満たす（　②　）未満の配偶者を有する場合、当該受給権者が受給する老齢厚生年金に加給年金額が加算される。

2024.1 □□□ ★★★

1）① 10年　　② 65歳
2）① 20年　　② 65歳
3）① 20年　　② 70歳

7 老齢給付

テキストP25～32

28 1 **老齢基礎年金の受給資格期間**を満たすためには、保険料納付済期間、保険料免除期間、合算対象期間を合算した期間が10年**以上**必要である。

29 3 本来、65歳から支給される老齢基礎年金を、67歳6ヵ月で繰下げ支給の申出をし、30ヵ月支給を繰り下げた場合、**繰下げ1ヵ月につき0.7%増額される**ため、老齢基礎年金の増額率は「**0.7%×30月＝21%**」となる。

一方、**繰上げ支給**の請求をした場合は、繰上げ1ヵ月につき0.4%**減額**されます（1962年4月2日以降生まれの者の場合）。

30 × 誤り。60歳台前半の者に支給される**特別支給の老齢厚生年金**（報酬比例部分）は、原則として、1961年（**昭和36年**）**4月2日以後**に生まれた**男性**および1966年（**昭和41年**）**4月2日以後**に生まれた**女性**（第1号厚生年金被保険者）には支給されない。

31 2 厚生年金保険の被保険者期間が20年**以上**ある者が、老齢厚生年金の受給権を取得した当時（65歳到達時）、一定の要件を満たす65歳**未満の配偶者**を有する場合、当該受給権者が受給する老齢厚生年金に「**加給年金額（＝家族手当のようなもの）**」が加算される。

8 障害給付

32 障害基礎年金の保険料納付要件は、原則として、初診日の前日において、初診日の属する月の前々月までの国民年金の被保険者期間のうち、保険料納付済期間（保険料免除期間を含む）が（　　　）以上あることである。

2019.9 □□□ ★★☆

1）3分の1
2）2分の1
3）3分の2

33 子のいない障害等級1級に該当する者に支給される障害基礎年金の額は、子のいない障害等級2級に該当する者に支給される障害基礎年金の額の（　　）に相当する額である。

2023.9 □□□ ★★☆

1）1.25倍
2）1.50倍
3）1.75倍

9 遺族給付

34 遺族基礎年金を受給することができる遺族は、国民年金の被保険者等の死亡の当時、その者によって生計を維持され、かつ、所定の要件を満たす「子のある配偶者」または「子」である。

2022.5 □□□ ★★☆

35 遺族厚生年金を受給することができる遺族の範囲は、厚生年金保険の被保険者等の死亡の当時、その者によって生計を維持し、かつ、所定の要件を満たす配偶者、子、父母、孫、祖父母である。

2023.5 □□□ ★★☆

36 遺族厚生年金の額（中高齢寡婦加算額および経過的寡婦加算額を除く）は、原則として、死亡した者の厚生年金保険の被保険者記録を基礎として計算した老齢厚生年金の報酬比例部分の額の（　　　）に相当する額である。

2022.1 □□□ ★★☆

1）2分の1
2）3分の2
3）4分の3

8 障害給付

テキストP33～34

32 3 **障害基礎年金の保険料納付要件**は、原則として、初診日の前日において、初診日の属する月の前々月までの国民年金の被保険者期間のうち、**保険料納付済期間（保険料免除期間を含む）**が3分の2**以上**あることである。

つまり、保険料滞納期間が**3分の1**を超えてはいけません。

33 1 子のいない**障害等級1級**に該当する者に支給される障害基礎年金の額は、子のいない障害等級2級に該当する者に支給される障害基礎年金の額(＝老齢基礎年金の満額816,000円)の1.25倍**に相当する額**である。なお、所定の要件を満たす子がいる場合には「**子の加算額**」が加算される。

9 遺族給付

テキストP35～37

34 ○ 正しい。**遺族基礎年金を受給することができる遺族**は、国民年金の被保険者等の死亡の当時、その者によって生計を維持され、かつ、所定の要件を満たす「子のある配偶者（**妻または夫**)」または「子」である。

35 ○ 正しい。遺族厚生年金を受給することができる遺族の範囲は、厚生年金保険の被保険者等の死亡の当時、その者によって生計を維持し、かつ、所定の要件を満たす「配偶者、子、父母、孫、祖父母」である。

頭文字で「はいしふそんそ」と覚えましょう。兄弟姉妹**は含まれません。**

36 3 **遺族厚生年金の額**（中高齢寡婦加算額および経過的寡婦加算額を除く）は、原則として、死亡した者の厚生年金保険の被保険者記録を基礎として計算した**老齢厚生年金の報酬比例部分の額の**4分の3**に相当する額**である。

37 厚生年金保険の被保険者である夫が死亡し、子のない45歳の妻が遺族厚生年金の受給権のみを取得した場合、妻が65歳に達するまでの間、妻に支給される遺族厚生年金に（　　　）が加算される。 2021.9 □□□ ★★★

1）中高齢寡婦加算額
2）加給年金額
3）振替加算額

10 その他の年金制度

38 国民年金の第１号被保険者が、国民年金の定額保険料に加えて月額（　①　）の付加保険料を納付し、65歳から老齢基礎年金を受け取る場合、（　②　）に付加保険料納付済期間の月数を乗じて得た額が付加年金として支給される。

2023.5 □□□ ★★★

1）① 400円　② 200円
2）① 400円　② 300円
3）① 200円　② 400円

39 確定拠出年金の個人型年金の加入者が国民年金の第１号被保険者である場合、原則として、掛金の拠出限度額は年額（　　　）である。

2023.1 □□□ ★★☆

1）276,000円
2）816,000円
3）840,000円

40 確定拠出年金の個人型年金の老齢給付金を60歳から受給するためには、通算加入者等期間が（　　　）以上なければならない。 2024.1 □□□ ★★☆

1）10年
2）15年
3）20年

37 1 夫が死亡した場合、遺族厚生年金に中高齢寡婦加算額が加算されるのは、一定の要件を満たした40歳以上65歳未満の**妻**である。なお、子のある妻の場合、年齢要件を満たしていても、**遺族基礎年金が支給される間は、中高齢寡婦加算額は加算されない**。

10 その他の年金制度 テキストP38～42

38 1 国民年金の第１号被保険者が、国民年金の定額保険料に加えて**月額**400円**の付加保険料**を納付し、65歳から老齢基礎年金を受け取る場合、200円**に付加保険料納付済期間の月数を乗じて得た額**が付加年金として支給される。なお、国民年金基金の加入者は、付加保険料を支払うことはできない。

39 2 確定拠出年金の個人型年金の加入者が国民年金の**第１号被保険者**である場合、原則として、掛金の拠出限度額は**年額**816,000円である。なお、第３号被保険者である場合、掛金の拠出限度額は年額276,000円であり、第２号被保険者である場合は、被保険者の条件に応じて掛金の拠出限度額が異なる。

40 1 確定拠出年金の個人型年金の**老齢給付金**を**60歳**から受給するためには、通算加入者等期間が10年**以上**なければならない。なお、老齢給付金は、一時金または年金で受け取ることができる。一時金で受け取る場合には**退職所得**として、年金で受け取る場合には公的年金等の**雑所得**として、所得税の課税対象となる。

学科試験

リスク管理

次の各文章について、正しいものは○、誤っているものは×と答えてください。

３択の問題については、（　　）にあてはまる正しいものを１）～３）のなかから選んでください。

1 生命保険の仕組み

1 生命保険の保険料は、（　①　）および収支相等の原則に基づき、予定死亡率、（　②　）、予定事業費率の３つの予定基礎率を用いて計算される。

2022.1 □□□ ★★☆

１）① 大数の法則　② 予定利率
２）① 適合性の原則　② 予定利率
３）① 適合性の原則　② 予定損害率

2 生命保険の保険料は、将来の保険金・給付金等の支払の財源となる（　①　）と、保険会社が保険契約を維持・管理していくために必要な経費等の財源となる（　②　）で構成されている。

2021.1 □□□ ★★☆

１）① 終身保険料　② 定期保険料
２）① 純保険料　② 付加保険料
３）① 定額保険料　② 変額保険料

3 生命保険の保険料は、純保険料および付加保険料で構成されており、このうち付加保険料は、（　　）に基づいて計算される。

2024.1 □□□ ★★★

１）予定利率
２）予定死亡率
３）予定事業費率

2 生命保険の商品

4 逓増定期保険は、保険期間の経過に伴い死亡保険金額が所定の割合で増加するが、保険料は保険期間を通じて一定である。

2021.9 □□□ ★★☆

1回目	2回目	3回目
／40	／40	／40

学科 リスク管理

解答・解説

1 生命保険の仕組み

テキストP44～48

1 1 生命保険の保険料は、大数の法則および**収支相等の原則**に基づき、**予定死亡率**、予定利率、**予定事業費率**の３つの予定基礎率を用いて計算される。**大数の法則**とは「少数では不確定なことでも大数でみると一定の法則があること」をいい、**収支相等の原則**とは「契約者が支払う保険料の総額等と保険会社が支払う保険金の総額等が等しくなること」をいう。

2 2 生命保険の保険料は、**将来の保険金・給付金等の支払の財源となる**純保険料と、**保険会社が保険契約を維持・管理していくために必要な経費等の財源となる**付加保険料で構成されている。

3 3 生命保険の保険料は、**純保険料**および**付加保険料**で構成されており、このうち付加保険料（保険制度を維持するための費用）は、予定事業費率に基づいて計算される。一方、純保険料（将来の保険金等を支払うための財源）は、予定死亡率および予定利率に基づいて計算される。

2 生命保険の商品

テキストP49～52

4 ○ 正しい。逓増定期保険は、保険期間の経過に伴い**死亡保険金額が所定の割合で増加**するが、**保険料は保険期間を通じて一定**である。

5 収入保障保険の死亡保険金を年金形式で受け取る場合の受取総額は、一般に、一時金で受け取る場合の受取額よりも少なくなる。 2022.1 □□□ ★★★

6 養老保険では、被保険者が保険期間満了まで生存した場合に支払われる満期保険金の金額は、（　　　）である。 2018.5 □□□ ★☆☆

1）死亡保険金よりも少ない金額
2）死亡保険金よりも多い金額
3）死亡保険金と同額

7 定期保険特約付終身保険（更新型）は、定期保険特約を同額の保険金額で更新する場合、更新にあたって被保険者の健康状態についての告知や医師の診査は必要ない。 2023.9 □□□ ★★☆

8 特定疾病保障定期保険では、被保険者が、がん・（　　　）・脳卒中により所定の状態に該当したとき、特定疾病保険金が支払われる。 2016.9 □□□ ★☆☆

1）急性心筋梗塞
2）動脈硬化症
3）糖尿病

9 個人年金保険において、確定年金は、年金支払期間中に被保険者が生存している場合に限り、契約で定めた一定期間、年金が支払われる。

2021.5 □□□ ★★☆

10 変額個人年金保険は、（　①　）の運用実績に基づいて将来受け取る年金額等が変動するが、一般に、（　②　）については最低保証がある。

2022.1 □□□ ★★☆

1）① 特別勘定　　② 死亡給付金額
2）① 特別勘定　　② 解約返戻金額
3）① 一般勘定　　② 解約返戻金額

5 × 誤り。収入保障保険は、死亡保険金を年金形式で受け取ることができる保険であるが、一時金で受け取ることもできる。**年金形式で受け取る場合の受取総額は、一般に、一時金で受け取る場合の受取額よりも**多くなる。

6 3 **養老保険**では、被保険者が保険期間満了まで生存した場合に支払われる満期保険金の金額は、**死亡保険金と同額**である。

7 ○ 正しい。生命保険や医療保険の更新型では、同じ保障内容で更新する場合、**更新にあたって告知や医師の診査は必要ない**ため、健康状態が思わしくなくても更新することができる。また、医療保険等では、保険期間中に給付金（入院給付金や手術給付金）を受け取っていても、更新することができる。

8 1 **特定疾病保障定期保険**では、被保険者が、**がん・急性心筋梗塞・脳卒中**により所定の状態に該当したとき、**特定疾病保険金**が支払われる。

特定疾病保険金を受け取ることなく死亡した場合、**死亡原因にかかわらず**、死亡保険金が支払われます。

9 × 誤り。**確定年金**は、年金支払期間中の被保険者の生死にかかわらず、契約で定めた一定期間、年金が支払われる。年金支払期間中に被保険者が死亡した場合であっても、残りの期間分について遺族が年金または一時金を受け取る。一方、**有期年金**は、年金支払期間中に**被保険者が生存している場合に限り**、契約で定めた一定期間、年金が支払われる。

10 1 変額個人年金保険は、特別勘定の運用実績に基づいて将来受け取る年金額、死亡給付金額、解約返戻金額が変動するが、一般に、死亡給付金額**については最低保証がある**。解約返戻金額には最低保証はない。

11 リビング・ニーズ特約は、（ ① ）、被保険者の余命が（ ② ）以内と判断された場合に、所定の範囲内で死亡保険金の一部または全部を生前に受け取ることができる特約である。 2023.1 □□□ ★★☆

1）① 病気やケガの種類にかかわらず　② 6ヵ月
2）① 病気やケガの種類にかかわらず　② 1年
3）① 特定疾病に罹患したことが原因で　② 1年

3 生命保険のルール

12 保険法の規定によれば、保険契約者や被保険者に告知義務違反があった場合、保険者の保険契約の解除権は、保険者が解除の原因があることを知った時から（ ① ）行使しないとき、または保険契約の締結の時から（ ② ）を経過したときに消滅する。 2020.1 □□□ ★★☆

1）① 1ヵ月間　② 5年
2）① 2ヵ月間　② 10年
3）① 3ヵ月間　② 15年

13 払済保険とは、一般に、現在加入している生命保険の保険料の払込みを中止し、その時点での解約返戻金を基に、元契約の保険金額を変えずに一時払いの定期保険に変更する制度である。 2022.5 □□□ ★★☆

14 契約転換制度により、現在加入している生命保険契約を新たな契約に転換する場合、転換後契約の保険料は、（ ① ）の年齢に応じた保険料率により算出され、転換時において告知等をする必要が（ ② ）。 2022.5 □□□ ★★☆

1）① 転換前契約の加入時　② ない
2）① 転換時　② ない
3）① 転換時　② ある

11 1 リビング・ニーズ特約は、病気やケガの種類にかかわらず、被保険者の**余命が6ヵ月以内**と判断された場合に、所定の範囲内で死亡保険金の一部または全部を生前に受け取ることができる特約である。なお、この特約に係る**保険料は不要**である。

リスク管理

3 生命保険のルール　テキストP53～56

12 1 **保険法**の規定によれば、保険契約者や被保険者に**告知義務違反**があった場合、保険者（保険会社）の保険契約の**解除権**は、保険者（保険会社）が解除の原因があることを知った時から1ヵ月間行使しないとき、または保険契約の締結の時から5年（保険会社の約款では通常2年）を経過したときに**消滅**する。

13 × 誤り。この記述内容は、延長（定期）保険に関する説明である。払済保険とは、一般に、現在加入している生命保険の**保険料の払込みを中止**し、その時点での**解約返戻金**を基に、元契約の**保険期間を変えず**に、元の主契約と同じ種類の保険または養老保険に変更する制度である。なお、保険金額は元契約の保険金額より少なくなる。

14 3 契約転換制度により、現在加入している生命保険契約を新たな契約に転換する場合、転換後契約の保険料は、転換時**の年齢に応じた保険料率により算出**され、**転換時において告知等をする必要**がある。

4 第三分野の保険の商品

⓯ がん保険では、一般に、(　　　) 程度の免責期間が設けられており、この期間中にがんと診断されたとしても診断給付金は支払われない。

2023.5 □□□ ★★☆

1) 90日間
2) 120日間
3) 180日間

⓰ 医療保険等に付加される先進医療特約では、(　　　) 時点において厚生労働大臣により定められている先進医療が給付の対象となる。

2023.9 □□□ ★★★

1) 申込日
2) 責任開始日
3) 療養を受けた日

5 損害保険の仕組み

⓱ 損害保険の保険料は純保険料と付加保険料で構成されており、このうち純保険料は、保険会社が支払う保険金の原資となる。 2018.5 □□□ ★☆☆

⓲ 損害保険において、保険金額が保険価額を下回っている (①) の場合に、保険金額の保険価額に対する割合に応じて保険金が削減されて支払われることを (②) という。 2015.5 □□□ ★☆☆

1) ① 超過保険　② 実損てん補
2) ① 超過保険　② 比例てん補
3) ① 一部保険　② 比例てん補

⓳ 民法および失火の責任に関する法律（失火責任法）において、借家人が軽過失によって火事を起こし、借家と隣家を焼失させた場合、借家の家主に対して損害賠償責任を (①)。また、隣家の所有者に対して損害賠償責任を (②)。

2023.5 □□□ ★★★

1) ① 負わない　② 負う
2) ① 負う　② 負う
3) ① 負う　② 負わない

4 第三分野の保険の商品　テキストP57

⑮ 1　がん保険では、一般に、90日間**程度の免責期間**（保障されない期間）が設けられており、**この期間中にがんと診断されたとしても診断給付金は支払われない**。なお、一般的な医療保険と異なり、がん保険の入院給付金に支払限度日数はない。

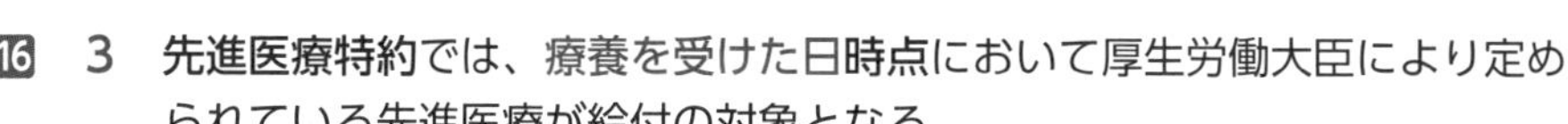

⑯ 3　**先進医療特約**では、療養を受けた日**時点**において厚生労働大臣により定められている先進医療が給付の対象となる。

5 損害保険の仕組み　テキストP58～59

⑰ ○　正しい。純保険料は、保険会社が支払う保険金の原資となる。なお、**付加保険料**は、社費（事業を運営するために必要な費用）、代理店手数料、利潤（保険会社の利益）からなる。

⑱ 3　保険金額が保険価額を下回っている一部保険の場合に、保険金額の保険価額に対する割合に応じて**保険金が削減して支払われること**を比例てん補という。

⑲ 3　①借家人が軽過失によって火事を起こし、**借家を焼失**させた場合、民法（債務不履行責任）により、借家の家主に対して**損害賠償責任を**負う。
②**軽過失**によって火事を起こし、**隣家を焼失**させた場合、失火の責任に関する法律（失火責任法）により、隣家の所有者に対して**損害賠償責任を**負わない。

学科　リスク管理

6 損害保険の商品

20 居住用建物および家財を対象とした火災保険では、地震もしくは噴火またはこれらによる津波を原因とする損害は、補償の対象とならない。

2021.1 □□□ ★★☆

21 地震保険では、保険の対象である居住用建物または生活用動産（家財）の損害の程度が「全損」「大半損」「小半損」「一部損」のいずれかに該当した場合に、保険金が支払われる。

2023.9 □□□ ★★☆

22 地震保険の保険金額は、火災保険の保険金額の一定範囲内で設定されるが、居住用建物については（　①　）、生活用動産（家財）については（　②　）が上限となる。

2023.5 □□□ ★★★

1）① 1,000万円　② 500万円
2）① 3,000万円　② 1,000万円
3）① 5,000万円　② 1,000万円

23 自動車損害賠償責任保険（自賠責保険）において、被害者１人当たりの保険金の支払限度額は、加害車両が１台の場合、死亡による損害については（　①　）、傷害による損害については（　②　）である。

2023.9 □□□ ★★★

1）① 3,000万円　② 120万円
2）① 3,000万円　② 150万円
3）① 4,000万円　② 150万円

24 自動車保険の人身傷害補償保険では、被保険者が被保険自動車を運転中、自動車事故により負傷した場合、自己の過失割合にかかわらず、保険金額を限度に損害額が補償される。

2022.5 □□□ ★★☆

6 損害保険の商品

テキストP60～65

20 ○ 正しい。火災保険では、地震・噴火・津波を**原因とする損害**は、補償の対象とならない。

〈火災保険〉

補償の対象となる	火災、落雷、破裂・爆発、風災・雪災などの損害
補償の対象とならない	地震・噴火・津波による損害

21 ○ 正しい。地震保険では、保険の対象である居住用建物または生活用動産（家財）の損害の程度が「全損」「大半損」「小半損」「一部損」の**4区分**のうちいずれかに該当した場合に、保険金が支払われる。保険金は、保険金額に対して、全損は100％、大半損は60％、小半損は30％、一部損は５％である。

22 3 地震保険の保険金額は、火災保険の保険金額の**30％から50％の範囲内で設定**されるが、**居住用建物については**5,000万円、**生活用動産（家財）については**1,000万円**が上限**となる。

23 1 自動車損害賠償責任保険（自賠責保険）において、被害者１人当たりの保険金の支払限度額は、加害車両が１台の場合、**死亡による損害については**3,000万円、**後遺障害**による損害については障害の程度に応じて**4,000万円**、**傷害による損害については**120万円である。

24 ○ **人身傷害補償保険**では、被保険者が被保険自動車を運転中、自動車事故により負傷した場合、自己の過失割合にかかわらず、**保険金額を限度に損害額が補償される**（損害額から自己の過失部分は差し引かれない）。

25 普通傷害保険（特約付帯なし）において、一般に、（　　　）は補償の対象とならない。 2021.5 □□□ ★★★

1）国内旅行中の飲食による細菌性食中毒

2）海外旅行中の転倒による骨折

3）料理中に油がはねたことによる火傷

26 家族傷害保険（家族型）において、保険期間中に契約者（＝被保険者本人）に子が生まれた場合、その子を被保険者に加えるためには追加保険料を支払う必要がある。 2024.1 □□□ ★★☆

27 海外旅行保険では、海外旅行中に発生した地震によるケガは（　①　）、海外旅行から帰宅途中の日本国内で起きた事故によるケガ（　②　）。

2019.5 □□□ ★★☆

1）① 補償の対象となり　　② も補償の対象となる

2）① 補償の対象となるが　　② は補償の対象とならない

3）① 補償の対象とならないが　　② は補償の対象となる

28 個人賠償責任保険（特約）では、被保険者が（　　　）、法律上の損害賠償責任を負うことによって被る損害は、補償の対象となる。 2023.9 □□□ ★★★

1）業務中に自転車で歩行者に衝突してケガをさせてしまい

2）自動車を駐車する際に誤って隣の自動車に傷を付けてしまい

3）買い物中に誤って商品を落として破損させてしまい

29 スーパーマーケットを経営する企業が、店舗内で調理・販売した食品が原因で食中毒を発生させ、顧客に対して法律上の損害賠償責任を負うことによって被る損害を補償する保険として、（　　　）がある。 2022.5 □□□ ★★☆

1）生産物賠償責任保険（PL保険）

2）請負業者賠償責任保険

3）施設所有（管理）者賠償責任保険

25 1 普通傷害保険（特約なし）では、**国内外を問わず一定の傷害を補償する**が、細菌性食中毒は補償の対象とならない。

〈普通傷害保険〉

補償の対象となる	・転倒による骨折　・交通事故によるケガ ・料理中の**やけど**
補償の対象とならない	・**靴ずれ**　・熱中症 ・**細菌性食中毒**　・**ウイルス性食中毒** ・**地震、噴火、津波**による傷害

26 × 誤り。家族傷害保険（家族型）の被保険者に追加があっても、追加保険料を支払う必要はない。なお、被保険者の範囲は、一般に、「**本人・配偶者・本人または配偶者と生計を共にする同居の親族・本人または配偶者と生計を共にする別居の未婚の子**」であり、事故発生時**において判定する**。

27 1 **海外旅行保険**では、海外旅行中に発生した**地震によるケガは**補償の対象となる（国内旅行保険では対象とならない）。また、海外旅行のために「**住居を出発してから住居に帰着するまで**」を補償するため、海外旅行から帰宅途中の**日本国内で起きた事故によるケガ**も補償の対象となる。

28 3 個人賠償責任保険（特約）では、買い物中の商品の破損による賠償事故などは対象となるが、業務中の賠償事故や自動車事故は補償の対象とならない。

〈個人賠償責任保険〉

補償の対象となる	・**子、ペットが他人をケガさせた** ・**自転車事故**
補償の対象とならない	・**自動車事故** ・**業務中**の賠償事故

29 1 調理・販売した食品が原因で**食中毒**を発生させ、顧客に対して法律上の損害賠償責任を負うことによって被る損害を補償する保険として、生産物賠償責任保険（PL保険）がある。

30 ホテルが、クロークで顧客から預かった衣類や荷物の紛失や盗難により、法律上の損害賠償責任を負担した場合に被る損害に備える保険は、施設所有（管理）者賠償責任保険である。 2019.1 □□□ ★★★

7 保険と税金

31 所得税において、個人が2024年中に締結した生命保険契約に基づく支払保険料のうち、（　　　）に係る保険料は、介護医療保険料控除の対象となる。

2023.1（一部変更）□□□ ★★☆

1）傷害特約
2）定期保険特約
3）先進医療特約

32 2024年４月に加入した契約者（＝保険料負担者）および被保険者を夫、死亡保険金受取人を妻とする終身保険の保険料を、2024年中に12万円支払った場合、夫に係る所得税の生命保険料控除の控除額は（　　　）となる。

2022.1（一部変更）□□□ ★★★

1）４万円
2）５万円
3）12万円

33 生命保険契約において、契約者（＝保険料負担者）および被保険者が夫、死亡保険金受取人が妻である場合、夫の死亡により妻が受け取る死亡保険金は、（　　　）の課税対象となる。 2023.5 □□□ ★★★

1）贈与税
2）相続税
3）所得税

30 × 誤り。**企業（＝受託者）が顧客から預かった物**の紛失や盗難により、顧客に対して法律上の損害賠償責任を負うことにより被る損害の備えとしては、受託者賠償責任保険**への加入が適している**。なお、**施設所有（管理）者賠償責任保険**は、「ホテルの従業員が誤って顧客にケガをさせた」場合など、施設内の業務遂行中に生じた賠償事故を補償の対象としている。

7 保険と税金

テキストP66～70

31 3 ・傷害特約に係る保険料は、**生命保険料控除の対象とならない**（2012年1月1日以後の契約の場合）。
・定期保険特約に係る保険料は、**一般の生命保険料控除の対象となる**。
・先進医療特約に係る保険料は、介護医療保険料控除**の対象となる**。

32 1 新制度（2012年1月1日以後に締結した契約）における終身保険の保険料は、**一般の生命保険料控除の対象**となり、**年間払込保険料が8万円超の場合、所得税の控除額は**4万円**となる**。なお、「一般の生命保険料控除」「介護医療保険料控除」「個人年金保険料控除」についてそれぞれ上限は4万円であり、合計12万円が生命保険料控除の控除限度額となる。

33 2 **契約者（＝保険料負担者）と被保険者が同一人**である場合の死亡保険金は、相続税**の課税対象**となる。

〈死亡保険金と税金〉

契約者	被保険者	受取人	税金の種類
A （死亡）	A （死亡）	B	相続税
A	B （死亡）	A	所得税（一時所得）
A	B （死亡）	C	贈与税

34 所得税において、病気で入院したことにより医療保険の被保険者が受け取った入院給付金は、（　　　）とされる。 2024.1 □□□ ★★★

1）非課税所得
2）一時所得
3）雑所得

35 所得税において、個人が支払う地震保険の保険料に係る地震保険料控除は、原則として、（ ① ）を限度として年間支払保険料の（ ② ）が控除額となる。 2024.1 □□□ ★★☆

1）① 5万円　② 全額
2）① 5万円　② 2分の1相当額
3）① 10万円　② 2分の1相当額

8 保険制度

36 生命保険契約を申し込んだ者がその撤回を希望する場合、保険業法上、原則として、契約の申込日または契約の申込みの撤回等に関する事項を記載した書面の交付日のいずれか遅い日を含めて（ ① ）以内であれば、（ ② ）により申込みの撤回ができる。 2019.1（一部変更）□□□ ★★☆

1）① 8日　② 書面または電磁的記録
2）① 14日　② 書面または電磁的記録
3）① 14日　② 書面、電磁的記録または口頭

37 ソルベンシー・マージン比率は、保険会社が、通常の予測を超えて発生するリスクに対し、保険金等の支払余力をどの程度有するかを示す指標であり、この値が（　　　）を下回ると、監督当局による早期是正措置の対象となる。 2021.5 □□□ ★★★

1）200％
2）250％
3）300％

34 1 所得税において、病気で入院したことにより医療保険の**被保険者が受け取った入院給付金は**、非課税所得**とされる**。

身体の傷害・疾病に基因して、被保険者本人・配偶者・直系血族などが受け取る保険金や給付金は、すべて非課税です。

35 1 **所得税**において、個人が支払う地震保険の保険料に係る**地震保険料控除**は、原則として、5万円を限度として年間支払保険料の全額が控除額となる。なお、**住民税**においては、原則として、**25,000円**を限度として年間支払保険料の**2分の1**相当額が控除額となる。

8 保険制度

テキストP71～73

36 1 生命保険契約を申し込んだ者がその撤回を希望する場合、保険業法上、原則として、契約の申込日または契約の申込みの撤回等に関する事項を記載した書面の交付日の**いずれか遅い日を含めて**8日**以内**であれば、書面**または電磁的記録（ウェブ上の専用フォームなど）により申込みの撤回ができる（クーリング・オフ制度）**。

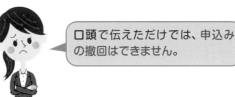

口頭で伝えただけでは、申込みの撤回はできません。

37 1 ソルベンシー・マージン比率は、保険会社が、通常の予測を超えて発生するリスクに対し、保険金等の支払余力をどの程度有するかを示す指標であり、この値が200％**を下回ると、監督当局による早期是正措置の対象となる**。

38 少額短期保険業者と契約した少額短期保険の保険料は、所得税の生命保険料控除の対象とならない。 2024.1 □□□ ★☆☆

39 国内で事業を行う生命保険会社が破綻した場合、生命保険契約者保護機構による補償の対象となる保険契約については、高予定利率契約を除き、（ ① ）の（ ② ）まで補償される。 2024.1 □□□ ★★☆

1）① 既払込保険料相当額　② 70%
2）① 死亡保険金額　② 80%
3）① 責任準備金等　② 90%

40 国内銀行の窓口において加入した個人年金保険は、預金保険機構による保護の対象となるのではなく、生命保険契約者保護機構による補償の対象となる。 2019.1 □□□ ★★☆

38 ○ 正しい。少額短期保険業者と契約した**少額短期保険の保険料は、所得税の**生命保険料控除や地震保険料控除の対象とならない。なお、各種制度共済（JA共済、都道府県民共済など）の掛金は、商品内容に応じて、生命保険料控除や地震保険料控除の対象となる。

39 3 生命保険会社が破綻した場合、**生命保険契約者保護機構**による補償の対象となる保険契約については、高予定利率契約を除き、責任準備金等**の**90%**まで補償**される。

保険金・年金の90%まではないので注意!

40 ○ 正しい。どこ（国内）で加入したかにかかわらず、**生命保険は、**生命保険契約者保護機構**による補償の対象となる**。銀行で加入しても、預金保険機構による保護の対象にはならない。

学科試験

金融資産運用

次の各文章について、正しいものは○、誤っているものは×と答えてください。

3択の問題については、(　　) にあてはまる正しいものを1)～3) のなかから選んでください。

1 金融経済の基礎

1 消費者物価指数は、全国の世帯が購入する家計に係る（　①　）の価格等を総合した物価の変動を時系列的に測定するものであり、（　②　）が毎月公表している。

2022.1 □□□ ★★☆

1) ① 財　② 日本銀行
2) ① 財およびサービス　② 総務省
3) ① 財およびサービス　② 日本銀行

2 わが国の経済指標において、一定期間内に国内で生産された財やサービスの付加価値の合計額を（　①　）といい、その統計は（　②　）が作成し、公表している。

2022.5 □□□ ★★☆

1) ① マネーストック　② 日本銀行
2) ① 国内総生産（GDP)　② 日本銀行
3) ① 国内総生産（GDP)　② 内閣府

3 一般法人、個人、地方公共団体などの通貨保有主体が保有する通貨量の残高を集計したものを（　①　）といい、（　②　）が作成・公表している。

2023.5 □□□ ★★☆

1) ① マネーストック　② 財務省
2) ① マネーストック　② 日本銀行
3) ① GDP　② 日本銀行

4 景気動向指数において、完全失業率は、（　　　）に採用されている。

2024.1 □□□ ★★☆

1) 先行系列
2) 一致系列
3) 遅行系列

解答・解説

1 金融経済の基礎

テキストP86～88

1 2 **消費者物価指数**は、全国の世帯が購入する家計に係る財およびサービスの価格等を総合した物価の変動を時系列的に測定するものであり、**総務省が毎月公表している**。なお、企業間取引に係る財の物価の変動を測定する指標は**企業物価指数**であり、**日本銀行**が公表している。

2 3 一定期間内に**国内で生産された財やサービスの付加価値の合計額**を国内総生産（GDP）といい、その統計は内閣府が作成し、公表している。なお、GDPには、物価変動の影響を含めたままの**名目GDP**と、物価変動の影響を取り除いた**実質GDP**がある。

3 2 一般法人、個人、地方公共団体などの通貨保有主体が保有する**通貨量の残高（＝世の中に出回っているお金の量）を集計したものを**マネーストック**といい、**日本銀行**が作成・公表している**。なお、国（中央政府）や金融機関が保有する通貨量は、マネーストックには含まれない。

4 3 景気動向指数において、**完全失業率**は、遅行系列に採用されている。なお、完全失業率とは、労働力人口（15歳以上の就業者と完全失業者）に占める完全失業者の割合である。

	内　容	代表例
先行系列	景気に対して先行して動く	**東証株価指数**
一致系列	景気とほぼ一致して動く	有効求人倍率
遅行系列	景気に対して遅れて動く	完全失業率

5 物価が継続的に上昇するインフレーションの経済環境においては、一般に、金利が上昇しやすい。 2015.1 □□□ ★☆☆

6 日本銀行の金融政策の1つである（　①　）により、日本銀行が長期国債（利付国債）を買い入れた場合、市中に出回る資金量が（　②　）する。
2023.1 □□□ ★★★

1）① 預金準備率操作　② 増加
2）① 公開市場操作　② 増加
3）① 公開市場操作　② 減少

2 預貯金

7 3ヵ月満期、利率（年率）2％の定期預金に10,000,000円を預け入れた場合、3ヵ月を0.25年として計算すると、満期時の元利合計額は（　　　）となる。なお、税金や手数料等を考慮しないものとする。 2016.1 □□□ ★☆☆

1）10,050,000円
2）10,100,000円
3）10,200,000円

8 元金1,250,000円を、年利2％（1年複利）で3年間運用した場合の元利合計金額は、税金や手数料等を考慮しない場合、1,326,510円である。
2023.1 □□□ ★★☆

3 債券投資

9 表面利率（クーポンレート）4％、残存期間5年の固定利付債券を額面100円当たり104円で購入した場合の最終利回り（年率・単利）は、（　　　）である。なお、税金等は考慮しないものとし、答は表示単位の小数点以下第3位を四捨五入している。 2024.1 □□□ ★★★

1）3.08％
2）3.20％
3）3.33％

5 ○ 正しい。**物価**が継続的に**上昇**することをインフレーションといい、一般に、金利上昇要因となる。なお、物価が継続的に**下落**することをデフレーションという。

6 2 日本銀行の金融政策の１つである公開市場操作により、日本銀行が長期国債（利付国債）を買い入れた場合（**買いオペレーション**）、市中に出回る**資金量**が増加し、**金利**は**低下**する。

〈公開市場操作の効果〉

買いオペレーション	売りオペレーション
市中の**資金量**の増加・**金利**低下	市中の**資金量**の減少・**金利上昇**

2 預貯金

テキストP89

7 1 ３ヵ月（**0.25年**）後の元利合計額=元本×（１+**利率**×0.25年）
=10,000,000円×（１+**0.02**×0.25年）
=10,000,000円×1.005=10,050,000円
〈別解〉
利息＝10,000,000円×0.02×0.25年＝50,000円
元利合計額＝10,000,000円＋50,000円＝10,050,000円

8 ○ 正しい。
１年複利の元利合計額＝**元金**×(１＋**年利**)^{年数}
３年後の元利合計額＝1,250,000円×(１＋0.02)^{3年}＝1,326,510円

3 債券投資

テキストP90～96

9 1 最終利回りとは、すでに発行された債券を購入し、**償還まで保有する**場合の利回りのことをいい、償還時には**額面金額**（100円）**で償還**される。

$$最終利回り(\%)=\frac{1年間の利子+\dfrac{額面金額(100円)-購入価格}{残存期間(年)}}{購入価格}\times100$$

$$=\frac{4円+\dfrac{100円-104円}{5年}}{104円}\times100=3.076\cdots\rightarrow 3.08\%$$

10 表面利率（クーポンレート）２％、残存期間４年の固定利付債券を、額面100円当たり98円で購入し、２年後に額面100円当たり99円で売却した場合の所有期間利回り（単利）を算出する計算式は、（　　　）である。なお、税金や手数料等は考慮しないものとする。 2019.1 □□□ ★☆☆

1）$\dfrac{2+\dfrac{99-98}{4}}{98}\times100$

2）$\dfrac{2+\dfrac{99-98}{2}}{98}\times100$

3）$\dfrac{2+\dfrac{100-98}{2}}{99}\times100$

11 一般に、市場金利が上昇すると債券価格は上昇し、市場金利が低下すると債券価格は下落する。 2021.9 □□□ ★★☆

12 一般に、格付の高い債券ほど利回りが高く、格付の低い債券ほど利回りが低くなる。 2022.1 □□□ ★★★

13 債券の信用格付とは、債券やその発行体の信用評価を記号等で示したものであり、一般に、（　　　）格相当以上の格付が付された債券を、投資適格債という。 2021.5 □□□ ★★☆

1）A（シングルA）
2）BBB（トリプルB）
3）BB（ダブルB）

14 個人向け国債は、適用利率の下限が年（　①　）とされ、購入単価は最低（　②　）から（　②　）単位である。 2021.1 □□□ ★★☆

1）① 0.03%　　② 1万円
2）① 0.05%　　② 1万円
3）① 0.05%　　② 5万円

10 2 **所有期間利回り**は、債券を償還期限まで保有せず、**途中で売却した**場合の利回りである。

$$\text{所有期間利回り(\%)} = \frac{\text{1年間の利子} + \dfrac{\text{売却価格} - \text{購入価格}}{\text{所有期間(年)}}}{\text{購入価格}} \times 100$$

$$= \frac{2\text{円} + \dfrac{99\text{円} - 98\text{円}}{2\text{年}}}{98\text{円}} \times 100$$

このように、正しい計算式を選ぶ問題も出題されているため、必ず、公式に当てはめて計算しましょう。

11 × 誤り。市場金利と債券価格は反対の動きをする。したがって、**市場金利が上昇すると債券価格は**下落**し、市場金利が低下すると債券価格は**上昇**する。**なお、債券価格と利回りも反対の動きをする。

12 × 誤り。**格付の高い債券**ほど債券価格は高くなるため**利回りは**低くなり、**格付の低い債券**ほど債券価格が低くなるため**利回りは**高くなる。

13 2 債券の格付は、債券や発行体の**信用リスク**を記号等で示したものである。BBB（トリプルB）**格相当以上の格付が付された債券を**投資適格債**という**のに対し、**BB（ダブルB）格相当以下**の格付が付された債券を**投機的格付債（投資不適格債）**という。

14 2 **個人向け国債**は、**適用利率の下限が年**0.05％とされ、**購入単価は最低**１万円**から**１万円**単位**である。なお、個人向け国債には**「変動金利10年」「固定金利５年」「固定金利３年」の３種類**があり、いずれも**毎月発行**されている。

学科 金融資産運用

4 株式投資

15 証券取引所における株式の売買において、成行注文は指値注文に優先して売買が成立する。
2021.5 □□□ ★★☆

16 上場株式の売買において、普通取引は約定日の翌営業日に決済が行われる。
2021.9 □□□ ★★☆

17 日経平均株価は、東京証券取引所スタンダード市場に上場している代表的な225銘柄を対象として算出される。
2023.9 □□□ ★★★

18 株式の投資指標として利用されるROEは、（　①　）を（　②　）で除して算出される。
2023.9 □□□ ★★★

1）① 当期純利益　② 自己資本
2）① 当期純利益　② 総資産
3）① 営業利益　② 総資産

19 上場企業X社の下記の〈資料〉に基づいて計算したX社株式のPERは（　①　）、PBRは（　②　）である。
2021.1（一部変更）□□□ ★★★

〈資料〉

株価	1,200円
1株当たり純利益	80円
1株当たり純資産	800円

1）① 1.5倍　② 15倍
2）① 10倍　② 1.5倍
3）① 15倍　② 1.5倍

4 株式投資

テキストP97～100

⑮ ○ 正しい。成行注文は指値注文に優先して売買が成立する。

〈注文方法〉

成行注文	売買したい**値段を指定せずに注文する**方法
指値注文	売買したい**値段を指定して注文する**方法（買い注文は上限を指定、売り注文は下限を指定）

⑯ × 誤り。上場株式の売買において、普通取引は**約定日から起算して**3営業日目**に決済が行われる**。たとえば、月曜日に売買が成立した場合、月曜日から起算して3営業日目に当たる水曜日に決済が行われる。

⑰ × 誤り。日経平均株価は、**東京証券取引所**プライム市場に上場している**代表的な**225**銘柄**を対象として算出される株価指標である。

⑱ 1 ROE（**自己資本利益率**）は、当期純利益**を**自己資本**で除して**求められる。

$$\text{ROE}(\%)=\frac{\text{当期純利益}}{\text{自己資本}}\times 100$$

この問題のように、PBR、PER、ROEという略語だけで日本語表記がされずに出題される場合が多いので、正確に覚えよう。

⑲ 3 $$\text{PER（株価収益率）（倍）}=\frac{\text{株価}}{\text{1株当たり純利益}}=\frac{1{,}200\text{円}}{80\text{円}}=15\text{倍}$$

$$\text{PBR（株価純資産倍率）（倍）}=\frac{\text{株価}}{\text{1株当たり純資産}}=\frac{1{,}200\text{円}}{800\text{円}}=1.5\text{倍}$$

20 X社の株価が1,200円、1株当たり純利益が36円、1株当たり年間配当金が24円である場合、X社株式の配当利回りは、2％である。

2019.5 □□□ ★★★

21 配当性向とは、株価に対する1株当たり年間配当金の割合を示す指標である。

2023.5 □□□ ★★☆

5 投資信託

22 公社債投資信託は、投資対象に株式をいっさい組み入れることができない。

2021.5 □□□ ★★☆

23 株式投資信託の運用において、日経平均株価や東証株価指数（TOPIX）などの特定の指標をベンチマークとし、これを上回る運用成果を目指す手法を（　　）という。

2022.5 □□□ ★★★

1）パッシブ運用
2）アクティブ運用
3）インデックス運用

24 株式投資信託の運用において、個別銘柄の投資指標の分析や企業業績などのリサーチによって投資対象とする銘柄を選定し、その積上げによりポートフォリオを構築する手法を、ボトムアップ・アプローチという。

2022.9 □□□ ★★☆

25 投資信託の運用において、株価が企業の財務状況や利益水準などからみて、割安と評価される銘柄に投資する運用手法を、（　　）という。

2023.9 □□□ ★★☆

1）グロース運用
2）バリュー運用
3）パッシブ運用

20 ○ 正しい。株価に対する配当金の割合を示すものを配当利回りという。

$$\text{配当利回り}(\%)=\frac{\text{1株当たり配当金}}{\text{株価}}\times100=\frac{24\text{円}}{1{,}200\text{円}}\times100$$

$$=2\%$$

21 × 誤り。**配当性向**とは、当期純利益に対する配当金総額の割合を示す指標である。つまり、当期純利益のうち、株主に対して配当金を何%支払ったかを示す。

$$\text{配当性向}(\%)=\frac{\text{配当金総額}}{\text{当期純利益}}\times100$$

5 投資信託

テキストP101～103

22 ○ 正しい。**公社債投資信託**は、投資対象に株式をいっさい組み入れることができない。一方、株式投資信託は、投資対象に株式を組み入れることができる。なお、実際には株式を組み入れていなくても、**投資信託約款に株式を組み入れることができる旨の記載があれば、株式投資信託に分類される。**

23 2 株式投資信託の運用において、日経平均株価や東証株価指数（TOPIX）などの特定の指標を**ベンチマーク**（基準）とし、これを**上回る運用成果を目指す手法を**アクティブ運用**という**。

一方、**ベンチマーク**と連動する運用成績を目指すものを、パッシブ運用といいます。

24 ○ 正しい。株式投資信託の運用において、個別銘柄の投資指標の分析や企業業績などのリサーチによって投資対象とする銘柄を選定し、その積上げによりポートフォリオを構築する手法を、ボトムアップ・アプローチという。一方、**マクロ経済**を分析し、国別比率や業種別比率を決定する運用手法を、**トップダウン・アプローチ**という。

25 2 株価が企業の財務状況や利益水準などからみて、**割安**と評価される銘柄に投資する運用手法を、バリュー運用という。**バリュー**とは、「**割安**」という意味である。一方、企業の将来の売上高や利益の伸び率が市場平均よりも高いなど**成長性**があると思われる銘柄に投資する運用手法を、**グロース運用**という。**グロース**とは、「**成長**」という意味である。

26 上場投資信託（ETF）は、証券取引所に上場され、上場株式と同様に指値注文や成行注文により売買することができる。 2021.9 □□□ ★★☆

6 外貨建て商品

27 外貨預金の預入時において、預入金融機関が提示する（　　）は、預金者が円貨を外貨に換える際に適用される為替レートである。 2023.9 □□□ ★★☆

1）TTB
2）TTM
3）TTS

28 為替予約を締結していない外貨定期預金において、満期時の為替レートが預入時の為替レートに比べて円高になれば、当該外貨定期預金の円換算の利回りは高くなる。 2024.1 □□□ ★★☆

7 デリバティブ取引

29 オプション取引において、特定の商品を将来の一定期日に、あらかじめ決められた価格（権利行使価格）で売る権利のことを、コール・オプションという。
2023.5 □□□ ★★☆

26 ○ 正しい。**上場投資信託**（ETF）は、**成行注文**や**指値注文**によって取引することができる。なお、売買値段を指定しない場合を成行注文といい、売買値段を指定する場合を指値注文という。また、ETFは、信用取引をすることもできる。

6 外貨建て商品

テキストP104～105

27 3 外貨預金の預入時において、預入金融機関が提示するTTSは、**預金者が円貨を外貨に換える**際に適用される為替レートである。

対顧客電信売相場（TTS）	外貨預金の**預入れ時**において、預金者が円貨を外貨に換える際に適用される為替レート
対顧客電信買相場（TTB）	外貨預金の**払戻し時**において、預金者が外貨を円貨に換える際に適用される為替レート

28 × 誤り。為替予約を締結していない外貨定期預金において、満期時の為替レートが預入時の為替レートに比べて円高になれば、為替差損**が生じる**ため、当該外貨定期預金の**円換算の利回りは**低くなる。

「1ドル140円」が「1ドル130円」になることを円高といいます。「1ドル140円」のときに外貨預金に預け入れ、「1ドル130円」になってから引き出すと、差額の10円が為替差損となります。

7 デリバティブ取引

テキストP106

29 × 誤り。オプション取引において、あらかじめ決められた価格（権利行使価格）で将来「**買う権利**」のことをコール・オプションといい、将来「**売る権利**」のことをプット・オプションという。なお、権利を買った人は**オプション料（プレミアム）を支払う**。

30 オプション取引において、将来の一定期日または一定期間内に、株式などの原資産を特定の価格（権利行使価格）で買う権利のことを（　①　）・オプションといい、オプションの買い手は、原資産の市場価格が特定の価格（権利行使価格）よりも値下りした場合、その権利を（　②　）。　2016.9 □□□ ★★☆

1）① コール　　② 放棄することができる
2）① コール　　② 放棄することができない
3）① プット　　② 放棄することができる

8 金融商品と税金

31 所得税において、NISA口座（少額投資非課税制度における非課税口座）内で生じた上場株式の譲渡損失の金額は、特定口座内の上場株式の譲渡益の金額と損益を通算することができる。　2021.1 □□□ ★★☆

32 追加型株式投資信託を基準価額１万200円（１万口当たり）で１万口購入した後、最初の決算時に１万口当たり700円の収益分配金が支払われ、分配落ち後の基準価額が１万円（１万口当たり）となった場合、その収益分配金のうち、普通分配金は（　①　）であり、元本払戻金（特別分配金）は（　②　）である。　2024.1 □□□ ★★★

1）① 200円　　② 500円
2）① 500円　　② 200円
3）① 700円　　② 200円

30　1　オプション取引において、**買う権利**のことを**コール・オプション**といい、コール・オプションの**買い手**は、原資産の市場価格が権利行使価格よりも値下りした場合（=権利を行使したら損失が生じる場合）、**権利**を**放棄**することができる。

8 金融商品と税金

テキストP107～109

31　×　誤り。**NISA口座内**で生じた上場株式の譲渡損失の金額は、他の口座内の上場株式の譲渡益の金額と損益を通算することはできない。

〈2024年からの新NISA〉

<table>
<tr><th></th><th>つみたて投資枠</th><th>成長投資枠</th></tr>
<tr><td rowspan="2">年間非課税投資額</td><td>120万円</td><td>240万円</td></tr>
<tr><td colspan="2">併用可能（最大360万円）</td></tr>
<tr><td>非課税期間</td><td colspan="2">無期限</td></tr>
<tr><td rowspan="2">生涯非課税限度額</td><td colspan="2">1,800万円
（売却部分の枠の再利用が可能）</td></tr>
<tr><td></td><td>1,200万円</td></tr>
<tr><td>投資可能期間</td><td colspan="2">制限なし</td></tr>
</table>

32　2

購入時の基準価額	：1万200円
収益分配金	：　700円
分配落ち後の基準価額	：1万円

1万200円で購入した投資信託が1万700円に値上りした例です。

分配落ち前の基準価額＝1万円＋700円＝1万700円

普通分配金（収益部分からの分配金）＝1万700円－1万200円
＝500円（**課税対象**）

元本払戻金（元本が戻ってきた部分）＝700円－500円＝200円（**非課税**）

33 所得税において、為替予約を締結していない外貨定期預金を満期時に円貨で払い戻した結果生じた為替差益は、（　　　）として総合課税の対象となる。

2024.1 □□□ ★★☆

1）利子所得
2）一時所得
3）雑所得

9 ポートフォリオ運用

34 A資産の期待収益率が3.0％、B資産の期待収益率が5.0％の場合に、A資産を40％、B資産を60％の割合で組み入れたポートフォリオの期待収益率は、（　　　）となる。

2023.5 □□□ ★★★

1）1.8％
2）4.0％
3）4.2％

35 異なる２資産からなるポートフォリオにおいて、２資産間の相関係数が（　　　）である場合、分散投資によるリスクの低減効果は最大となる。

2024.1 □□□ ★★★

1）＋1
2）　0
3）－1

10 セーフティネット・関連法規

36 預金保険制度の対象金融機関に預け入れた（　　　）は、預入金額の多寡にかかわらず、その全額が預金保険制度による保護の対象となる。

2023.5 □□□ ★★☆

1）定期積金
2）決済用預金
3）譲渡性預金

33　3　為替予約を締結していない外貨定期預金を満期時に円貨で払い戻した結果生じた**為替差益**は、雑所得**として総合課税**の対象となる。

9 ポートフォリオ運用　テキストP110

34　3　A資産とB資産を組み入れたポートフォリオの期待収益率

＝A資産の期待収益率×A資産の組入比率＋B資産の期待収益率×B資産の組入比率

＝３％×0.4＋５％×0.6

＝4.2％

組入比率（40％、60％）は、小数（0.4、0.6）に直して計算します。

35　3　異なる２資産からなるポートフォリオにおいて、２資産間の相関係数が－１である場合、分散投資による**リスクの低減効果は最大となる**。

〈２資産の相関係数〉

相関係数が－１	２資産はまったく反対に動く。**リスク低減効果**は最大
相関係数が０	２資産に関係性はない
相関係数が＋１	２資産はまったく同じ動きをする。**リスク低減効果**はない

10 セーフティネット・関連法規　テキストP111～112

36　2　決済用預金に該当する預金は、預入金額の多寡にかかわらず、その**全額が預金保険制度による保護の対象**となる。

決済用預金とは、「①無利息、②要求払い、③決済サービスの提供」という3つの条件をすべて満たした預金です。

学科　金融資産運用

37 日本国内に本店のある銀行の国内支店に預け入れた外貨預金は、元本1,000万円までとその利息が預金保険制度による保護の対象となる。

2024.1 □□□ ★★☆

38 日本投資者保護基金は、会員である金融商品取引業者が破綻し、分別管理の義務に違反したことによって、一般顧客から預託を受けていた有価証券・金銭を返還することができない場合、一定の範囲の取引を対象に一般顧客１人につき（　　）を上限に金銭による補償を行う。

2022.5 □□□ ★★☆

1）1,000万円
2）1,300万円
3）2,000万円

39 金融サービスの提供に関する法律では、金融商品販売業者等が金融商品の販売等に際し、顧客に対して重要事項の説明をしなければならない場合に重要事項の説明をしなかったこと、または（　①　）を行ったことにより、当該顧客に損害が生じた場合の金融商品販売業者等の（　②　）について定められている。

2017.9（一部変更）□□□ ★☆☆

1）① 断定的判断の提供等　　② 契約取消義務
2）① 損失補てんの約束等　　② 契約取消義務
3）① 断定的判断の提供等　　② 損害賠償責任

40 金融商品取引法の規定によれば、金融商品取引業者等は、適合性の原則により、金融商品取引行為において、顧客の（　　）および金融商品取引契約を締結する目的に照らして不適当と認められる勧誘を行ってはならないとされている。

2017.5 □□□ ★☆☆

1）知識、年齢、家族の構成
2）年齢、職業、財産の状況
3）知識、経験、財産の状況

37 × 誤り。外貨預金は、どこの金融機関に預け入れても預金保険制度による保護の対象とならない。円預金の場合は、決済用預金は全額保護、それ以外の一般預金等は１金融機関ごとに預金者１人当たり元本1,000万円とその利息等が保護される。

38 1 日本投資者保護基金は、会員である金融商品取引業者（＝証券会社）が破綻し、分別管理の義務に違反したことによって、一般顧客から預託を受けていた有価証券・金銭を返還することができない場合、一定の範囲の取引を対象に一般顧客１人につき1,000万円を上限に金銭による補償を行う。

39 3 金融サービスの提供に関する法律（金融サービス提供法）では、金融商品販売業者等が重要事項の説明義務違反をした場合や、断定的判断の提供等を行ったことにより顧客に損失が生じた場合に、顧客に対して損害賠償責任を負う。

40 3 適合性の原則により、金融商品取引行為において、顧客の知識、経験、財産の状況および金融商品取引契約を締結する目的に照らして不適当と認められる勧誘を行ってはならない。

タックスプランニング

次の各文章について、正しいものは○、誤っているものは×と答えてください。
3択の問題については、（　　）にあてはまる正しいものを1）～3）のなかから選んでください。

1 税金の種類

1 法律上の納税義務者と実際に税金を負担する者が異なる税を間接税といい、間接税の例の1つとして、消費税が挙げられる。 2016.5 □□□ ★☆☆

2 税金には国税と地方税があるが、（　　）は地方税に該当する。 2021.1 □□□ ★★☆

1）相続税
2）登録免許税
3）固定資産税

2 所得税の仕組み

3 所得税においては、原則として、超過累進税率が採用されており、課税所得金額が多くなるに従って税率が高くなる。 2020.1 □□□ ★★☆

4 課税総所得金額250万円に対する所得税額（復興特別所得税額を含まない）は、下記の〈資料〉を使用して算出すると、（　　）である。 2020.9 □□□ ★★☆

〈資料〉所得税の速算表（一部抜粋）

課税総所得金額	税率	控除額
195万円以下	5%	0円
195万円超330万円以下	10%	97,500円

1）97,500円
2）152,500円
3）250,000円

1回目	2回目	3回目
／40	／40	／40

解答・解説

1 税金の種類

テキストP114

1 ○ 正しい。消費税は間接税である。

書店で本を買ったら、税金を負担するのは買った人ですが、納税義務者は書店です。

2 3 ・相続税、登録免許税…国税（国が課す税金）
・固定資産税……………**地方税**（地方公共団体が課す税金）

2 所得税の仕組み

テキストP115～120

3 ○ 正しい。所得税においては、原則として、超過累進税率（５％から45％の７段階）が採用されており、**課税所得金額**が多くなるに従って**税率**が高くなる。

4 2 所得税額＝**課税総所得金額×税率－控除額**
＝250万円×10%－97,500円＝152,500円

3 10種類の所得　その1

5 国内において支払を受ける預貯金の利子は、原則として、所得税および復興特別所得税と住民税の合計で（　①　）の税率による（　②　）分離課税の対象となる。 2024.1 □□□ ★★★

1）① 10.21%　　② 申告
2）① 20.315%　　② 申告
3）① 20.315%　　② 源泉

6 所得税において、国債や地方債などの特定公社債の利子は、総合課税の対象となる。 2023.5 □□□ ★★☆

7 所得税において、事業的規模で行われている賃貸マンションの貸付による所得は、（　　　）となる。 2023.1 □□□ ★★★

1）不動産所得
2）事業所得
3）雑所得

8 不動産所得の金額の計算における総収入金額には、敷金や保証金などのうち、返還を要しないものが含まれる。 2015.1 □□□ ★★☆

9 所得税において、2024年中に取得した建物（鉱業用減価償却資産等を除く）に係る減価償却の方法は、（　　　）である。 2023.5（一部変更）□□□ ★★☆

1）定額法
2）定率法
3）定額法と定率法の選択

4 10種類の所得　その2

10 給与所得者が30年間勤務した会社を定年退職し、退職金2,500万円の支給を受けた場合、退職所得の金額の計算上、退職所得控除額は（　　　）となる。 2022.1 □□□ ★★★

1）800万円＋40万円×(30年－20年)＝1,200万円
2）800万円＋70万円×(30年－20年)＝1,500万円
3）70万円×30年＝2,100万円

3 10種類の所得　その1

テキストP121～124

5　3　**預貯金の利子**は、原則として、**所得税および復興特別所得税15.315％**と**住民税5％**を合わせて20.315％の税率による源泉**分離課税**の対象となる。源泉分離課税とは、税額が**源泉徴収**されて課税関係が終了する方法であり、確定申告することはできない。

6　×　誤り。特定公社債（**国債**、**個人向け国債**、**地方債**、公募社債など）の利子は、利子所得となるが、**預貯金の利子**（**源泉分離課税**）**とは異なり**、申告分離課税となる。

7　1　**事業的規模**（**大規模**）で行われているかどうかにかかわらず、賃貸マンションの貸付による所得は、不動産所得となる。

8　○　正しい。**不動産所得の総収入金額**には、**敷金**や**保証金**などのうち**返還を要しないもの**が含まれる。なお、返還を要するものは含まれない。

9　1　新たに取得する**建物**に係る減価償却の方法は、定額法に**限定**されている。なお、**定額法**とは毎年同じ額を必要経費にする方法で、**定率法**とは既に必要経費にした額を引いた残額に一定率を掛けた額をその年の必要経費にする方法である。

4 10種類の所得　その2

テキストP125～129

10　2　**退職所得控除額**（勤続年数20年超の場合）
＝800万円＋70万円×（勤続年数－20年）
＝800万円＋70万円×（30年－20年）＝1,500万円

⑪ 所得税の退職所得の金額（特定役員退職手当等および短期退職手当等に係るものを除く）は、（　　　）の算式により計算される。

2016.9（一部変更）□□□ ★☆☆

1）その年中の退職手当等の収入金額－退職所得控除額

2）その年中の退職手当等の収入金額－退職所得控除額－50万円

3）（その年中の退職手当等の収入金額－退職所得控除額）$\times \frac{1}{2}$

⑫ 所得税において、一時所得の金額は、その年中の一時所得に係る総収入金額からその収入を得るために直接支出した金額の合計額を控除し、その残額から特別控除額（最高50万円）を控除した金額であり、その金額が総所得金額に算入される。

2020.1 □□□ ★★★

⑬ 所得税における一時所得に係る総収入金額が500万円で、その収入を得るために支出した金額が250万円である場合、総所得金額に算入される一時所得の金額は、（　　　）である。

2022.9 □□□ ★★★

1）100万円

2）125万円

3）200万円

⑭ 所得税において、公的年金等に係る雑所得の金額は、その年中の公的年金等の収入金額から公的年金等控除額を控除して計算する。

2019.9 □□□ ★★☆

⑮ 確定拠出年金の個人型年金の老齢給付金を全額一時金で受け取った場合、当該老齢給付金は、一時所得として所得税の課税対象となる。

2023.9 □□□ ★★☆

⑪ 3 退職所得の金額

=(その年中の退職手当等の収入金額－**退職所得控除額**)×$\frac{1}{2}$

最後に2分の1を掛け
忘れないよう注意!

⑫ × 誤り。**一時所得**の金額＝総収入金額－その収入を得るために支出した金額－**特別控除額（最高50万円）**

一時所得の金額のうち２分の１が**総所得金額に算入される**。

⑬ 1 **一時所得**の金額=総収入金額－その収入を得るために支出した金額－**特別控除額（最高50万円）**

=500万円－250万円－50万円=200万円

このうち、**２分の１**の100万円**が総所得金額に算入される**。

⑭ ○ 正しい。**公的年金等に係る雑所得**の金額＝公的年金等の収入金額－公的年金等控除額

⑮ × 誤り。確定拠出年金の老齢給付金を全額**一時金**で受け取った場合、退職所得として所得税の課税対象となる。**分割（年金）**で受け取った場合は、**公的年金等の雑所得**として所得税の課税対象となる。

学科 タックスプランニング

5 損益通算

⑯ Aさんの2024年分の各種所得の金額が下記の〈資料〉のとおりであった場合、損益通算後の総所得金額は、（　　　）となる。なお、各種所得の金額に付されている「▲」は、その所得に損失が生じていることを表すものとする。

2021.5（一部変更）□□□ ★★★

〈資料〉Aさんの2024年分の各種所得の金額

不動産所得の金額	800万円
事業所得の金額（株式等に係るものを除く）	▲100万円
雑所得の金額	▲50万円

1）650万円
2）700万円
3）750万円

⑰ 所得税において、（　　　）、事業所得、山林所得、譲渡所得の金額の計算上生じた損失の金額は、一定の場合を除き、他の所得の金額と損益通算することができる。

2023.5 □□□ ★★★

1）一時所得
2）不動産所得
3）事業所得

⑱ 下記の〈資料〉において、所得税における不動産所得の金額の計算上生じた損失の金額のうち、他の所得の金額と損益通算が可能な金額は、（　　　）である。

2023.1 □□□ ★★★

〈資料〉不動産所得に関する資料

総収入金額	200万円
必要経費	400万円 （不動産所得を生ずべき土地等を取得するために要した負債の利子の額50万円を含む）

1）150万円
2）200万円
3）400万円

⑲ 上場株式を譲渡したことによる譲渡所得の金額の計算上生じた損失の金額は、確定申告をすることにより、不動産所得や事業所得などの他の所得金額と損益通算することができる。

2022.9 □□□ ★★☆

5 損益通算

テキストP130～131

⑯ 2 **総合課税の所得の金額を合計したものが総所得金額**である。不動産所得、事業所得、雑所得はいずれも総合課税の対象となる。**事業所得の損失（▲100万円）は**損益通算の対象となるが、**雑所得の損失（▲50万円）は**損益通算の対象とならない。
総所得金額＝800万円（不動産所得）－100万円（事業所得）＝700万円

損益通算できる損失は、「不動産所得・事業所得・山林所得・譲渡所得」の損失だけです。
頭文字で不事山譲（**富士山上**）と覚えましょう。

⑰ 2 所得税において、不動産所得、**事業所得、山林所得、譲渡所得**の金額の計算上生じた損失の金額は、一定の場合を除き、他の所得の金額と**損益通算することができる。**

⑱ 1 **不動産所得の損失**は、他の所得の金額と損益通算が可能であるが、土地等**を取得するために要した負債の利子の部分は損益通算の対象とならない。**
不動産所得の金額（損失）＝200万円－400万円＝**▲200万円**
損益通算可能な金額（損失）＝200万円－50万円＝150万円

⑲ × 誤り。**上場株式の譲渡損失**は、一定の配当所得および利子所得の金額と損益通算することはできるが、**不動産所得や事業所得などその他の所得の金額と損益通算することは**できない。

6 所得控除　その1

20 所得税において、人間ドックの受診費用は、その人間ドックによって特に異常が発見されなかった場合であっても、医療費控除の対象となる。

2019.9 □□□ ★★☆

21 所得税において、医療費控除（特定一般用医薬品等購入費を支払った場合の医療費控除の特例を除く）の控除額は、その年中に支払った医療費の金額（保険金等により補填される部分の金額を除く）の合計額から、その年分の総所得金額等の合計額の（　①　）相当額または（　②　）のいずれか低いほうの金額を控除して算出される。

2021.5 □□□ ★★☆

1）① 5％　　② 88,000円
2）① 5％　　② 100,000円
3）① 10％　　② 100,000円

22 セルフメディケーション税制（特定一般用医薬品等購入費を支払った場合の医療費控除の特例）の対象となるスイッチOTC医薬品等の購入費を支払った場合、その購入費用の全額を所得税の医療費控除として総所得金額等から控除することができる。

2023.9 □□□ ★★☆

23 夫が生計を一にする妻の負担すべき国民年金の保険料を支払った場合、その支払った金額は、夫に係る所得税の社会保険料控除の対象となる。

2023.1 □□□ ★★☆

24 所得税において、確定拠出年金の個人型年金の掛金で、加入者本人が支払ったものは、（　　　）の対象となる。

2023.1 □□□ ★★★

1）生命保険料控除
2）社会保険料控除
3）小規模企業共済等掛金控除

7 所得控除　その2

25 所得税において、生計を一にする配偶者の合計所得金額が48万円を超える場合、配偶者控除の適用を受けることはできない。

2023.5 □□□ ★★☆

6 所得控除　その1

テキストP132～134

20 × 誤り。**人間ドックの受診費用**は、人間ドックによって特に異常が発見されなかった場合には、**医療費控除の**対象とならない。一方、人間ドックによって**重大な疾病が発見されて治療した場合**には、**医療費控除の対象となる。**

21 2 所得税において、**医療費控除**（特定一般用医薬品等購入費を支払った場合の医療費控除の特例を除く）の控除額は、その年中に支払った医療費の金額（保険金等により補填される部分の金額を除く）の合計額から、その年分の**総所得金額等の合計額の**5％**相当額または**100,000円**のいずれか低いほうの金額を控除**して算出される。

22 × 誤り。スイッチOTC医薬品等（特定一般用医薬品等）を購入した場合、その**購入費用から**12,000円**を差し引いた額**を医療費控除として総所得金額等から控除することができる。なお、控除額は88,000円**が限度**となる。

23 ○ 正しい。納税者本人**・生計を一にする配偶者その他の親族**の負担すべき社会保険料を支払った場合、納税者本人に係る社会保険料控除の対象となる。

24 3 **確定拠出年金**の個人型年金の掛金で、加入者本人が支払ったものは、その**全額が**小規模企業共済等掛金控除**の対象となる。**

7 所得控除　その2

テキストP135～137

25 ○ 正しい。配偶者控除の適用を受けるためには、**納税者の合計所得金額が**1,000万円以下で、かつ、生計を一にする**配偶者の合計所得金額が**48万円以下でなければならない。

26 所得税において、納税者の合計所得金額が1,000万円を超えている場合、配偶者の合計所得金額の多寡にかかわらず、配偶者控除の適用を受けることはできない。

2022.5 □□□ ★★★

27 所得税において、控除対象扶養親族のうち、その年の12月31日時点の年齢が19歳以上23歳未満である特定扶養親族に係る扶養控除の額は、1人につき（　　　）である。

2022.5 □□□ ★★★

1）38万円
2）48万円
3）63万円

28 所得税において、納税者の合計所得金額が2,400万円以下である場合、基礎控除の控除額は、（　　　）である。

2024.1 □□□ ★★☆

1）38万円
2）48万円
3）63万円

8 税額控除

29 所得税の住宅借入金等特別控除の適用を受けるためには、一定の期間内に取得等した家屋の床面積が、原則として（ ① ）以上で、かつ、その（ ② ）以上に相当する部分が専ら自己の居住の用に供されるものでなければならない。

2020.1（一部変更）□□□ ★★☆

1）① 50㎡　② 2分の1
2）① 60㎡　② 3分の2
3）① 70㎡　② 4分の3

26 ○ 正しい。**納税者の合計所得金額が**1,000万円以下でなければ、**配偶者控除の適用を受けることはできない**。なお、配偶者控除の控除額は、納税者の合計所得金額により３段階に区分されている。

27 3 **19歳以上23歳未満**である**特定扶養親族**に係る扶養控除の額は、１人につき63万円である。

〈扶養控除の控除額〉

扶養親族の年齢	区分	控除額
16歳未満	（対象外）	0円
16歳以上19歳未満	一般の控除対象扶養親族	38万円
19歳以上23歳未満	特定扶養親族	63万円
23歳以上70歳未満	一般の控除対象扶養親族	38万円
70歳以上	老人扶養親族	48万円（同居老親等は58万円）

28 2 基礎控除の適用を受けることができるのは合計所得金額が2,500万円以下の者であるが、次表のように、最大控除額である48万円となるのは合計所得金額が**2,400万円以下**の者である。

〈基礎控除の額〉

合計所得金額	控除額
2,400万円以下	48万円
2,400万円超2,450万円以下	32万円
2,450万円超2,500万円以下	16万円
2,500万円超	0円

8 税額控除 テキストP138～139

29 1 **住宅借入金等特別控除（住宅ローン控除）**の適用を受けるためには、取得等した家屋の**床面積が**、**原則として**50㎡**以上**で、かつ、その２分の１**以上に相当する部分が専ら自己の居住の用**に供されるものでなければならない。

学科 タックスプランニング

30 所得税において、住宅借入金等特別控除（床面積50㎡以上の住宅を取得等した場合）の適用を受けるためには、納税者のその年分の合計所得金額が（　　）以下でなければならない。 2019.9（一部変更）□□□ ★★☆

1）2,000万円
2）3,000万円
3）4,000万円

31 住宅ローンを利用してマンションを取得し、所得税の住宅借入金等特別控除の適用を受ける場合、借入金の償還期間は、（　　）以上なければならない。

2022.1 □□□ ★★★

1）10年
2）20年
3）25年

32 所得税において、上場株式の配当について配当控除の適用を受けるためには、その配当所得について（　　）を選択する必要がある。

2023.1 □□□ ★★★

1）総合課税
2）申告分離課税
3）確定申告不要制度

33 上場不動産投資信託（J-REIT）の分配金は、確定申告をすることにより所得税の配当控除の適用を受けることができる。 2023.9 □□□ ★★☆

9 所得税の申告と納付

34 所得税の確定申告をしなければならない者は、原則として、所得が生じた年の翌年の（　①　）から（　②　）までの間に、納税地の所轄税務署長に対して確定申告書を提出しなければならない。 2023.5 □□□ ★★☆

1）① 2月 1日　　② 3月15日
2）① 2月16日　　② 3月15日
3）① 2月16日　　② 3月31日

30 1 **床面積50㎡以上**の住宅を取得等した場合に**住宅借入金等特別控除（住宅ローン控除）**の適用を受けるためには、納税者のその年分の合計所得金額が2,000万円以下でなければならない。なお、特例として床面積40㎡以上**50㎡未満の新築住宅**の場合は、合計所得金額が1,000万円以下でなければならない。

31 1 所得税における住宅借入金等特別控除（住宅ローン控除）の適用を受ける場合、借入金の償還期間（返済期間）は、10年**以上**なければならない。

住宅借入金等特別控除（住宅ローン控除）は適用要件の数字を正確に覚えよう。

学科 タックスプランニング

32 1 上場株式の配当について**配当控除**の適用を受けるためには、その配当所得について総合課税を選択する必要がある。申告分離課税や確定申告不要制度を選択した場合には、配当控除の適用を受けることはできない。

〈配当控除の対象とならない配当・分配金〉

① 申告分離課税を選択した配当等
② 申告不要を選択した配当等
③ 上場不動産投資信託（J-REIT）から受け取る分配金
④ NISA口座で非課税とされた配当等
⑤ 外国法人から受け取る配当等

33 × 誤り。**上場不動産投資信託（J-REIT）**の分配金は**配当所得**となるが、配当控除の対象とならない。

9 所得税の申告と納付

テキストP140～144

34 2 所得税の**確定申告**をしなければならない者は、原則として、所得が生じた年の翌年の２月16日**から**３月15日**まで**の間に、納税地（**納税者の住所地**）の所轄税務署長に対して確定申告書を提出しなければならない。

35 給与所得者のうち、その年中に支払を受けるべき給与の収入金額が1,000万円を超える者は、所得税の確定申告をしなければならない。

2023.9 □□□ ★★☆

36 1ヵ所から給与等の支払を受けている者で、その給与等の額が一定額以下のため年末調整により所得税が精算されている者であっても、その年中の給与所得および退職所得以外の所得金額の合計額が10万円を超える場合は、所得税の確定申告をしなければならない。

2015.1 □□□ ★★☆

37 年末調整の対象となる給与所得者は、所定の手続により、年末調整で所得税の（　　）の適用を受けることができる。

2024.1 □□□ ★★★

1）雑損控除
2）寄附金控除
3）小規模企業共済等掛金控除

38 給与所得者が所得税の住宅借入金等特別控除の適用を受ける場合、その適用を受ける最初の年分については、年末調整の対象者であっても、確定申告をしなければならない。

2022.9 □□□ ★★☆

39 その年の1月16日以後に新たに事業所得を生ずべき業務を開始した納税者が、その年分から所得税の青色申告の承認を受けようとする場合、原則として、その業務を開始した日から（　　）以内に、青色申告承認申請書を納税地の所轄税務署長に提出しなければならない。

2023.9 □□□ ★★★

1） 2ヵ月
2） 3ヵ月
3） 6ヵ月

40 所得税において、青色申告者に損益通算してもなお控除しきれない損失の金額（純損失の金額）が生じた場合、その損失（特定非常災害に係る損失を除く）の金額を翌年以後最長で（　　）繰り越して、翌年以後の所得金額から控除することができる。

2023.5（一部変更）□□□ ★★★

1） 3年間
2） 5年間
3） 7年間

35 × 誤り。**給与所得者**のうち、その年中に支払を受けるべき給与の収入金額が2,000万円**を超える者**は、所得税の**確定申告をしなければならない**。

36 × 誤り。給与所得者のうち、**給与所得および退職所得以外の所得金額の合計額が**20万円**を超える**場合は、**確定申告をしなければならない**。

37 3 小規模企業共済等掛金控除は年末調整によって適用を受けることができるが、雑損控除と寄附金控除は年末調整によって適用を受けることができない（確定申告が必要）。

所得控除のうち、雑損控除、寄附金控除、医療費控除の3つだけは、年末調整で適用を受けることはできません。

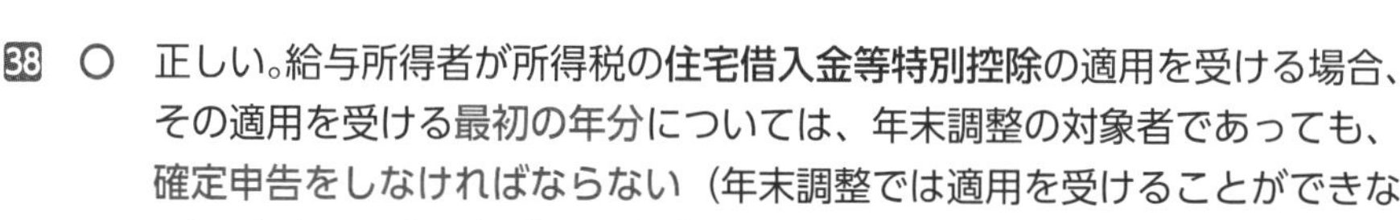

38 ○ 正しい。給与所得者が所得税の**住宅借入金等特別控除**の適用を受ける場合、その適用を受ける最初の年分については、年末調整の対象者であっても、確定申告をしなければならない（年末調整では適用を受けることができない）。なお、２年目以降は、年末調整で適用を受けることができる。

39 1 その年の１月16日以後に新たに事業所得を生ずべき業務を開始した納税者が、その年分から所得税の青色申告の承認を受けようとする場合、原則として、その**業務を開始した日から**２ヵ月**以内に、**青色申告承認申請書**を納税地の所轄税務署長に提出しなければならない**。

青色申告をすることができるのは、不動産所得、事業所得、山林所得**のいずれかがある人**だけです。所得の頭文字で不事山は青色（**富士山は青色**）と覚えます。

40 1 青色申告者に損益通算してもなお控除しきれない損失の金額（純損失の金額）が生じた場合、その損失（特定非常災害に係る損失を除く）の金額を翌年以後最長で３年間繰り越して、翌年以後の所得金額から控除することができる（**純損失の繰越控除**）。

不動産

次の各文章について、正しいものは○、誤っているものは×と答えてください。
３択の問題については、（　　）にあてはまる正しいものを１）～３）のなかから選んでください。

1 不動産の見方

1 不動産の登記事項証明書は、対象不動産について利害関係を有する者以外であっても、交付を請求することができる。
2023.9 □□□ ★★★

2 土地の登記記録の表題部には、所有権に関する事項が記録される。
2021.9 □□□ ★★☆

3 土地の登記記録において、（　　　）に関する事項は、権利部（甲区）に記録される。
2021.5 □□□ ★★★

1）抵当権
2）所有権
3）賃借権

4 不動産登記には公信力が認められていないため、登記記録上の権利者が真実の権利者と異なっている場合に、登記記録を信じて不動産を購入した者は、原則として、不動産に対する権利の取得について、法的に保護されない。
2023.5 □□□ ★★☆

何問正解したか
記録しましょう！

1回目	2回目	3回目
／40	／40	／40

解答・解説 

1 不動産の見方

テキストP148～149

1 ○ 正しい。不動産の**登記事項証明書は**、だれでも**交付を請求することができる**。その不動産の所有者や利害関係を有する者に限定されていない。

2 × 誤り。土地の登記記録の**表題部**には、所在や地積など、土地の表示に関する事項**が記録**される。所有権など**権利に関する事項は**権利部**に記録される**。なお、建物を新築した所有者は、表示に関する登記を**1ヵ月以内**に申請しなければならない。

3 2 土地の登記記録の権利部には、権利に関する事項が記録される。権利部は**甲区と乙区**に区分され、甲区には所有権**に関する事項が記録**される。**乙区**には、**所有権以外の権利（抵当権、賃借権など）に関する事項が記録**される。

4 ○ 正しい。**不動産登記には**公信力が認められていないため、登記記録上の権利者が真実の権利者と異なっている場合に登記記録を信じて不動産を購入した者は、**原則として**、不動産に対する権利の取得について、**法的に**保護されない。

5 相続税路線価は、地価公示の公示価格の（　①　）を価格水準の目安として設定されており、（　②　）のホームページで閲覧可能な路線価図で確認することができる。　2023.5 □□□ ★★★

1）① 70%　　② 国土交通省
2）① 80%　　② 国税庁
3）① 90%　　② 国税庁

6 宅地に係る固定資産税評価額は、原則として、（　①　）ごとの基準年度において評価替えが行われ、前年の地価公示法による公示価格等の（　②　）を目途として評定される。　2024.1 □□□ ★★☆

1）① 3年　　② 70%
2）① 3年　　② 80%
3）① 5年　　② 80%

2 不動産の取引

7 アパートやマンションの所有者が、当該建物の賃貸をして家賃収入を得るためには、宅地建物取引業の免許を取得しなければならない。

2023.5 □□□ ★★☆

8 宅地建物取引業法において、宅地建物取引業者が依頼者と締結する宅地または建物の売買の媒介契約のうち、専任媒介契約の有効期間は、最長で（　　　）である。　2023.1 □□□ ★★☆

1）1ヵ月
2）3ヵ月
3）6ヵ月

9 宅地建物取引業者は、自ら売主となる宅地または建物の売買契約の締結に際して、買主が宅地建物取引業者でない場合、売買代金の額の2割を超える額の手付金を受領することができない。　2022.5 □□□ ★★☆

5　2　相続税路線価は、地価公示の**公示価格の**80％を価格水準の目安として設定されており、国税庁のホームページで閲覧可能な路線価図で確認することができる。なお、相続税路線価は、**相続税や贈与税**を算定する際の土地の評価額の基準となる価格である。

〈土地の公的価格〉

	公示価格	基準地標準価格	相続税路線価	固定資産税評価額
内容	土地取引の目安	公示価格を補完	相続税、贈与税の計算の基礎	固定資産税等の計算の基礎
決定機関	国土交通省	都道府県	国税局長	市町村長
基準日	毎年1月1日	毎年7月1日	毎年1月1日	3年に一度評価替え
水準	—	—	公示価格の80%	公示価格の70%

6　1　宅地に係る**固定資産税評価額**は、原則として、3年ごとの基準年度において評価替えが行われ、前年の地価公示法による**公示価格等の**70％を目途として評定される。

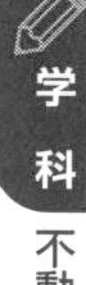

不動産

2 不動産の取引　テキストP150～154

7　×　誤り。**自ら所有する不動産の賃貸を自ら業として行う行為**は、宅地建物取引業には該当しないため、**宅地建物取引業の**免許を取得しなくても行うことができる。

8　2　**専任媒介契約**および**専属専任媒介契約**の有効期間は**最長で**3ヵ月である。なお、3ヵ月を超える契約は、3ヵ月を超える部分のみ無効となる（契約全体が無効となるのではない）。

9　○　正しい。宅地建物取引業者は、自ら売主となる宅地または建物の売買契約の締結に際して、買主が宅地建物取引業者でない場合、**売買代金の額の**2割**を超える額の手付金を受領することができない。**

10 不動産の売買契約において、買主が売主に解約手付を交付した場合、売主は、（ ① ）が契約の履行に着手するまでは、受領した手付（ ② ）を買主に提供することで、契約の解除をすることができる。 2022.1 □□□ ★★★

1）① 買主　② と同額
2）① 買主　② の倍額
3）① 売主　② と同額

11 民法の規定によれば、不動産の売買契約において、売買の目的物について種類または品質が契約の内容に適合しない場合、買主が売主に契約不適合責任を追及する場合には、買主は、その不適合の事実を知った時から（　　）以内に売主に通知しなければならない。 2019.5（一部変更）□□□ ★★☆

1）1年
2）2年
3）5年

12 区分建物に係る登記において、区分建物の床面積は、壁その他の区画の中心線で囲まれた部分の水平投影面積により算出される。 2016.9 □□□ ★☆☆

13 借地借家法において、事業用定期借地権等は、専ら事業の用に供する建物の所有を目的とするものであり、居住の用に供する建物の所有を目的として設定することはできない。 2021.1 □□□ ★★★

14 借地借家法上の定期借地権のうち、（　　）の設定を目的とする契約は、公正証書によってしなければならない。 2021.9 □□□ ★★★

1）一般定期借地権
2）事業用定期借地権等
3）建物譲渡特約付借地権

15 借地借家法の規定によれば、建物の賃貸借契約（定期建物賃貸借契約を除く）において、（　　）未満の期間を賃貸借期間として定めた場合、期間の定めがない賃貸借とみなされる。 2019.1 □□□ ★★☆

1）1年
2）1年6ヵ月
3）2年

10 2 買主が売主に解約手付を交付した場合、相手方**が契約の履行に着手するまでは、契約を解除することができる。**売主から解除する場合、買主が契約の履行に着手するまでであれば、**受領した手付**の倍額**を買主に提供する**ことで契約を解除することができる。なお、買主から解除する場合、手付を**放棄**することで、契約を解除することができる。

11 1 民法の規定によれば、不動産の売買契約において、売買の目的物について種類または品質が契約の内容に適合しない場合、買主が売主に**契約不適合責任**を追及する場合には、買主は、その不適合の**事実を知った時から**1年**以内**に売主に**通知**しなければならない。

契約不適合責任とは、欠陥などのある不動産を売ってしまった**売主が負うべき責任**のことです。

12 × 誤り。**区分建物**（マンションなど）に係る登記において、区分建物の**床面積**は、壁その他の区画の内側線で囲まれた部分の水平投影面積（内法（うちのり）面積）により算出される。

13 ○ 正しい。**事業用定期借地権等**は、専ら事業の用に供する建物の所有を目的とするものであり、居住の用に供する建物の所有を目的として設定することはできない。なお、事業用定期借地権等は、契約期間を10年以上50年未満として設定する。

14 2 事業用定期借地権等の設定を目的とする契約は、公正証書によってしなければならない。なお、一般定期借地権の場合は公正証書等の書面（または電磁的記録）によることとされ、建物譲渡特約付借地権では契約方法に定めはない。

15 1 借地借家法の規定によれば、**建物の賃貸借契約（定期建物賃貸借契約を除く）**の賃貸借期間は1年以上で定めるものとされ、1年**未満**の期間を賃貸借期間として定めた場合、期間の定めがない賃貸借**とみなされる。**

学科 不動産

16 借地借家法によれば、定期建物賃貸借契約（定期借家契約）の賃貸借期間が１年以上である場合、賃貸人は、原則として、期間満了の１年前から（　　　）前までの間に、賃借人に対して期間満了により契約が終了する旨の通知をしなければ、その終了を賃借人に対抗することができない。 2023.5 □□□ ★★☆

1） １ヵ月
2） ３ヵ月
3） ６ヵ月

3 都市計画法

17 都市計画法によれば、市街化調整区域は、（　　　）とされている。

2024.1 □□□ ★★☆

1）既に市街地を形成している区域
2）市街化を抑制すべき区域
3）優先的かつ計画的に市街化を図るべき区域

18 都市計画区域の市街化区域内において行う開発行為で、その規模が2,000㎡未満であるものは、原則として、都道府県知事等による開発許可を受ける必要はない。 2022.1 □□□ ★★★

4 建築基準法

19 建築基準法の規定によれば、住宅は、工業地域内および準工業地域内においても建築することができる。 2019.5 □□□ ★★☆

20 建築基準法によれば、建築物の敷地が２つの異なる用途地域にわたる場合、その全部について、建築物の用途制限がより厳しい用途地域の建築物の用途に関する規定が適用される。 2023.9 □□□ ★★★

16　3　**定期建物賃貸借契約（定期借家契約）**の賃貸借期間が**1年以上**である場合、賃貸人は、原則として、期間満了の**1年前から**6ヵ月**前まで**の間に、賃借人に対して期間満了により契約が終了する旨の**通知**をしなければ、その終了を賃借人に対抗することができない。

3 都市計画法　テキストP155

17　2　**市街化調整区域**は、市街化を抑制すべき区域とされている。

一方、市街化区域は、「既に市街地を形成している区域」および「おおむね10年以内に優先的かつ計画的に市街化を図るべき区域」とされています。

18　×　誤り。都市計画区域の**市街化区域内において行う開発行為**で、その規模が1,000㎡未満であるものは、原則として、都道府県知事等による開発許可を受ける必要はない。

4 建築基準法　テキストP156～161

19　○　正しい。**住宅**は、13種類ある用途地域のうち工業専用地域内以外**に建築することができる**。したがって、工業地域内および準工業地域内に建築することができる。

20　×　誤り。建築物の敷地が2つの異なる用途地域にわたる場合、その全部について、敷地の過半（**=面積が大きいほう**）の属する用途地域の建築物の用途に関する規定が適用される。

学科　不動産

21 都市計画区域内にある幅員４m未満の道で、建築基準法第42条第２項により道路とみなされるものについては、原則として、その中心線からの水平距離で（　①　）後退した線がその道路の境界線とみなされ、当該境界線と道路の間の敷地部分は建蔽率や容積率を算定する際の敷地面積に算入（　②　）。

2024.1 □□□ ★★★

1）① 2m　② することができる
2）① 2m　② することができない
3）① 4m　② することができない

22 建築基準法上、都市計画区域および準都市計画区域内において、建築物の敷地は、原則として、幅員（　①　）以上の道路に（　②　）以上接していなければならない。

2021.9 □□□ ★★★

1）① 4m　② 1m
2）① 4m　② 2m
3）① 6m　② 3m

23 下記の200㎡の敷地に建築面積120㎡、延べ面積160㎡の２階建ての住宅を建築した場合、当該建物の建蔽率は（　　　）である。

2023.9 □□□ ★★☆

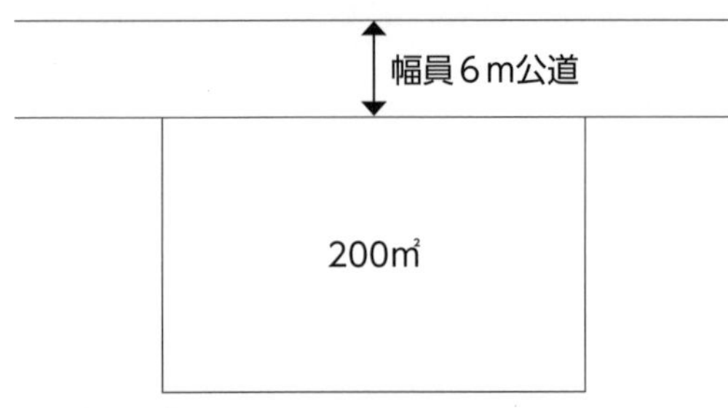

1）60%
2）80%
3）100%

21 **2** いわゆる２項道路（幅員**４m未満**の道）については、原則として、その中心線からの**水平距離で**２m**後退した線**がその道路の境界線とみなされる。これを「セットバック」という。当該境界線と道路の間の敷地部分（セットバック部分）は**建蔽率や容積率を算定する際の敷地面積に算入**することができない。

セットバックした部分には、建築物を建てることはできません。

22 **2** 建築基準法上、都市計画区域および準都市計画区域内において、建築物の敷地は、原則として、**幅員**４m**以上の道路に**２m**以上接していなければならない**。このことを、**接道義務**という。

不動産

23 **1** 建蔽率（けんぺいりつ）$=\dfrac{\text{建築面積}}{\text{敷地面積}}=\dfrac{120\text{m}^2}{200\text{m}^2}\times 100=60\%$

なお、容積率は、次のように80%となります。

容積率$=\dfrac{\text{延べ面積}}{\text{敷地面積}}=\dfrac{160\text{m}^2}{200\text{m}^2}\times 100=80\%$

24 下記の2,000㎡の土地に建築物を建築する場合の最大延べ面積は、(　　　)である。

2013.9 □□□ ★☆☆

	前面道路	幅員12m
	1,000㎡	第一種中高層住居専用地域 指定建蔽率60%・指定容積率200%
	1,000㎡	第一種低層住居専用地域 指定建蔽率50%・指定容積率100%

1）1,100㎡
2）3,000㎡
3）4,000㎡

25 建築基準法によれば、建築物が防火地域および準防火地域にわたる場合、原則として、その全部について、敷地の過半が属する地域内の建築物に関する規定が適用される。

2024.1 □□□ ★★★

5 区分所有法

26 建物の区分所有等に関する法律（区分所有法）によれば、集会においては、区分所有者および議決権の各（　　　）以上の多数により、区分所有建物を取り壊し、その敷地上に新たに建物を建築する旨の決議（建替え決議）をすることができる。

2023.1 □□□ ★★★

1） 3分の2
2） 4分の3
3） 5分の4

27 建物の区分所有等に関する法律（区分所有法）によれば、規約の変更は、区分所有者および議決権の各（　　　）以上の多数による集会の決議によらなければならない。

2023.9 □□□ ★★★

1） 3分の2
2） 4分の3
3） 5分の4

24 **2**　２つの地域にまたがる場合の**最大延べ面積**は、それぞれの土地について「面積×容積率」を計算し、合計して求める。なお、前面道路の幅員が12m以上なので、「前面道路の幅員による制限」の適用は受けず、**指定容積率が適用**される。

①第一種中高層住居専用地域　1,000㎡×**200%**=2,000㎡
②第一種低層住居専用地域　1,000㎡×**100%**=1,000㎡
③最大延べ面積　①2,000㎡＋②1,000㎡＝3,000㎡

最大建築面積を計算するときには建蔽率を使用し、**最大延べ面積**（床面積の合計）を計算するときには容積率を使用します。

25 ×　誤り。建築物が異なる防火規制の地域にわたる場合は、原則として、その全部について厳しいほう**の規制が適用される**。したがって、防火地域および準防火地域にわたる場合には、その全部について**厳しいほうである**防火地域**内の建築物に関する規定が適用される**。

5 区分所有法

テキストP162～163

26 **3**　区分所有法によれば、集会においては、**区分所有者および議決権の各**５分の４**以上**の多数により、区分所有建物を取り壊し、その敷地上に新たに建物を建築する旨の決議（建替え決議）をすることができる。

27 **2**　区分所有法において、規約の設定・変更・廃止は、**区分所有者および議決権の各**４分の３**以上**の多数による集会の決議によらなければならない。

学科 不動産

6 農地法

㉘ 農地法によれば、農地を農地以外のものに転用する場合、原則として、（　①　）の許可を受けなければならないが、市街化区域内にある農地を農地以外のものに転用する場合、あらかじめ当該転用に係る届出書を（　②　）に提出すれば、（　①　）の許可を受ける必要はない。 2024.1 □□□ ★★☆

1）① 農林水産大臣　② 都道府県知事等
2）① 農林水産大臣　② 農業委員会
3）① 都道府県知事等　② 農業委員会

7 不動産の取得・保有と税金

㉙ 不動産取得税は、相続人が不動産を相続により取得した場合には課されない。
2024.1 □□□ ★★★

㉚ 固定資産税における小規模住宅用地（住宅用地で住宅１戸当たり200㎡以下の部分）の課税標準については、当該住宅用地に係る固定資産税の課税標準となるべき価格の（　　）の額とする特例がある。 2021.1 □□□ ★★☆

1）６分の１
2）３分の１
3）２分の１

8 不動産の譲渡と税金

㉛ 個人が土地を譲渡したことによる譲渡所得の金額の計算において、譲渡した土地の取得費が不明である場合、譲渡収入金額の（　　）相当額を取得費とすることができる。 2022.1 □□□ ★★★

1）５％
2）10％
3）15％

6 農地法

テキストP164

28 3 農地を農地以外のものに**転用**する場合、原則として、都道府県知事等**の許可**を受けなければならないが、**市街化区域内にある農地を農地以外のものに転用する場合**、当該転用に係る届出書を農業委員会に提出すれば、都道府県知事等**の許可を受ける必要はない**。

市街化区域は、建物を建てていきたい区域なので、**農地をつぶしても**（=転用）あまり**困らないと考えて**、許可不要としています。

7 不動産の取得・保有と税金

テキストP165～167

29 ○ 正しい。不動産取得税は、不動産を相続**により取得した場合には**課されない。なお、売買や贈与により取得した場合には課される。

30 1 **固定資産税**における小規模住宅用地（住宅用地で住宅１戸当たり200㎡以下の部分）の課税標準については、当該住宅用地に係る**固定資産税の課税標準となるべき価格の**６分の１**の額とする特例**がある。

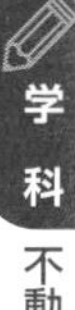

学科 不動産

8 不動産の譲渡と税金

テキストP168～170

31 1 個人が土地・建物を譲渡したことによる譲渡所得の金額の計算において、**譲渡した土地・建物の取得費**が不明**である場合**には、**譲渡収入金額の**５％**相当額を取得費とすることができる**。これを**概算取得費**という。

32 所得税の計算において、個人が土地を譲渡したことによる譲渡所得が長期譲渡所得に区分されるためには、土地を譲渡した年の1月1日における所有期間が（　　）を超えていなければならない。 2024.1 □□□ ★★★

1）5年
2）10年
3）20年

33 「居住用財産を譲渡した場合の3,000万円の特別控除」の適用を受けるためには、譲渡した居住用財産の所有期間が譲渡した日の属する年の1月1日において10年を超えていなければならない。 2021.5 □□□ ★★☆

34 「居住用財産を譲渡した場合の3,000万円の特別控除」は、自己が居住していた家屋を配偶者や子に譲渡した場合には、適用を受けることができない。 2022.9 □□□ ★★☆

35 個人が自宅の土地および建物を譲渡し、「居住用財産を譲渡した場合の長期譲渡所得の課税の特例」（軽減税率の特例）の適用を受けた場合、当該譲渡に係る課税長期譲渡所得金額のうち、（ ① ）以下の部分については、所得税および復興特別所得税（ ② ）、住民税4％の税率で課税される。 2022.5 □□□ ★★☆

1）① 6,000万円　② 10.21％
2）① 1億円　② 10.21％
3）① 1億円　② 15.315％

36 個人が自宅の土地および建物を譲渡し、「特定の居住用財産の買換えの場合の長期譲渡所得の課税の特例」の適用を受けるためには、譲渡した年の1月1日において当該譲渡資産の所有期間が（ ① ）を超えていることや、当該譲渡資産の譲渡対価の額が（ ② ）以下であることなどの要件を満たす必要がある。 2023.5 □□□ ★★☆

1）① 5年　② 1億円
2）① 5年　② 1億6,000万円
3）① 10年　② 1億円

32 1 所得税の計算において、個人が土地を譲渡したことによる譲渡所得が**長期譲渡所得**に区分されるためには、土地を**譲渡した年の1月1日における所有期間が**5年**を超えていなければならない**。所有期間が5年以下の場合は、短期譲渡所得に区分される。

〈土地・建物等の譲渡所得の税率〉

長期譲渡所得	20.315%（所得税15.315%、住民税5%）
短期譲渡所得	39.63%（所得税30.63%、住民税9%）

＊所得税の税率には復興特別所得税が含まれている。

33 × 誤り。**「居住用財産を譲渡した場合の3,000万円の特別控除」**の適用を受けるために、譲渡した居住用財産の所有期間に関する要件はない。

34 ○ 正しい。**「居住用財産を譲渡した場合の3,000万円の特別控除」**は、自己が居住していた家屋を配偶者、直系血族（子や父母）、生計を一にする親族に譲渡した場合には、**適用を受けることができない**。

35 1 個人が自宅の土地および建物を譲渡し、「居住用財産を譲渡した場合の長期譲渡所得の課税の特例」（**軽減税率の特例**）の適用を受けた場合、当該譲渡に係る課税長期譲渡所得金額のうち、6,000万円**以下**の部分については、**所得税および復興特別所得税**10.21%、**住民税**4%（**合計14.21%**）の税率で課税される。

軽減税率の特例は、**譲渡した年の1月1日における所有期間**が10年を超えていなければ、適用を受けることができません。

36 3 個人が自宅の土地および建物を譲渡し、**「特定の居住用財産の買換えの場合の長期譲渡所得の課税の特例」**の適用を受けるためには、**譲渡した年の1月1日において当該譲渡資産の所有期間が**10年**を超えていること**や、当該譲渡資産の**譲渡対価の額が**1億円**以下であること**などの要件を満たす必要がある。

学科 不動産

37 被相続人の居住用家屋およびその敷地を相続により取得した被相続人の長男が、当該家屋およびその敷地を譲渡し、「被相続人の居住用財産（空き家）に係る譲渡所得の特別控除の特例」の適用を受けた場合、譲渡所得の金額の計算上、最高（　　　）を控除することができる。 2021.9 □□□ ★★☆

1）2,000万円
2）3,000万円
3）5,000万円

9 不動産投資

38 不動産投資の採算性を示す指標の１つである（　　　）は、年間賃料収入を投資額で除して算出する。 2014.1 □□□ ★☆☆

1）単純利回り
2）ネット利回り
3）内部収益率

39 投資総額5,000万円で購入した賃貸用不動産の年間収入の合計額が270万円、年間費用の合計額が110万円である場合、この投資の純利回り（NOI 利回り）は、（　　　）である。 2023.9 □□□ ★★★

1）2.2%
2）3.2%
3）5.4%

40 土地の有効活用方式のうち、一般に、土地所有者が土地の全部または一部を拠出し、デベロッパーが建設資金を負担してマンション等を建設し、それぞれの出資比率に応じて土地・建物に係る権利を取得する方式を、（　　　）という。 2022.1 □□□ ★★☆

1）定期借地権方式
2）建設協力金方式
3）等価交換方式

37 **2** 被相続人の居住用家屋およびその敷地を相続により取得した被相続人の長男が、当該家屋およびその敷地を譲渡し、**「被相続人の居住用財産（空き家）に係る譲渡所得の特別控除の特例」**の適用を受けた場合、譲渡所得の金額の計算上、最高3,000万円**を控除することができる**。なお、**1億円以下で**譲渡することなどの要件がある。

9 不動産投資

テキストP171～172

38 **1** 単純利回りは、**年間賃料収入**を**投資額**で除して算出する。

$$単純利回り(\%)=\frac{年間賃料収入}{投資額}\times 100$$

39 **2** 不動産投資の**純利回り**（NOI利回り）は、純収益を投資総額で除して計算する。

$$純利回り(NOI利回り)(\%)=\frac{純収益(年間収入-年間費用)}{投資総額}\times 100$$

$$=\frac{270万円-110万円}{5,000万円}\times 100=3.2\%$$

40 **3** 土地の有効活用方式のうち、一般に、**土地所有者が土地の全部または一部を拠出**し、**デベロッパーが建設資金を負担**してマンション等を建設し、**それぞれの出資比率に応じて土地・建物に係る権利を取得する**方式を、等価交換方式という。**定期借地権方式**とは、土地所有者が土地を一定期間、借地人に賃貸する方式である。また、**建設協力金方式**とは、将来のテナントが建物の建築資金を建設協力金として土地所有者に差し入れ、その資金で建物を建設する方式である。

学科 不動産

次の各文章について、正しいものは○、誤っているものは×と答えてください。
3択の問題については、（　　）にあてはまる正しいものを1）～3）のなかから選んでください。

1 相続と法律

1 下記の〈親族関係図〉において、Aさんの相続における兄Cさんの法定相続分は、（　　）である。　2022.1□□□ ★★★

〈親族関係図〉

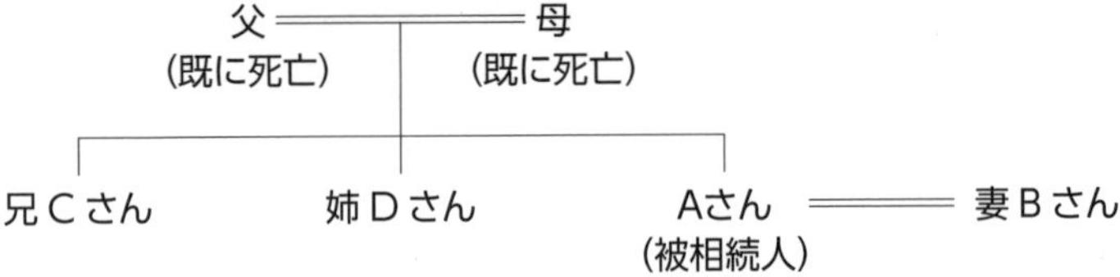

1）4分の1
2）6分の1
3）8分の1

2 下記の〈親族関係図〉において、Aさんの相続における孫Fさんの法定相続分は、（　　）である。なお、長男Dさんは、Aさんの相続開始前に死亡している。　2016.5 □□□ ★★★

〈親族関係図〉

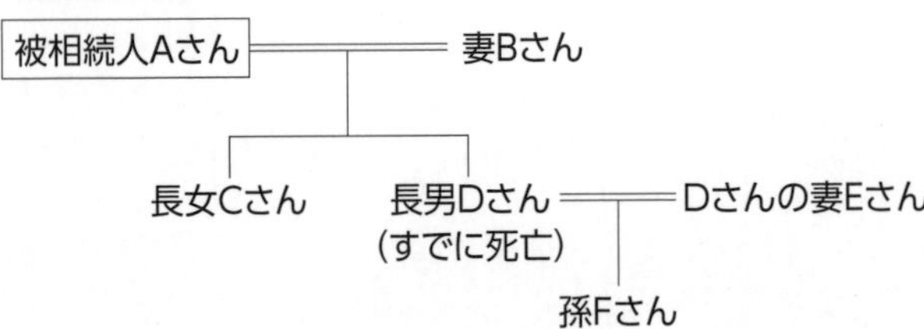

1）4分の1
2）8分の1
3）0（なし）

1回目	2回目	3回目
／40	／40	／40

解答・解説

1 相続と法律　テキストP174～183

1　3　**配偶者（妻Bさん）は相続人**となる。また、被相続人Aさんには**子および直系尊属がいない**ため、**兄弟姉妹（兄Cさん、姉Dさん）が相続人**となる。相続人が配偶者と兄弟姉妹の組合せの場合、**配偶者の法定相続分は4分の3、兄弟姉妹（全体）の法定相続分は4分の1**である。この4分の1を兄Cさんと姉Dさんで2等分するため、**兄Cさんと姉Dさんの法定相続分はそれぞれ**8分の1となる。

〈相続人の法定相続分〉

相続人の組合せ	法定相続分	
配偶者と子	配偶者 $\frac{1}{2}$	子 $\frac{1}{2}$
配偶者と直系尊属	配偶者 $\frac{2}{3}$	直系尊属 $\frac{1}{3}$
配偶者と兄弟姉妹	配偶者 $\frac{3}{4}$	兄弟姉妹 $\frac{1}{4}$

2　1　長男Dさんがすでに死亡しているため、**孫Fさんが代襲相続人となる。相続人は、妻Bさん、長女Cさん、孫Fさんの3人**である。相続人が配偶者と子の組合せの場合、**配偶者の法定相続分は2分の1、子（全体）の法定相続分は2分の1となる。孫Fさんの法定相続分は、「1／2×1／2」**で4分の1となる。

代襲相続人（孫Fさん）の法定相続分は、相続人となるべきであった人（長男Dさん）の法定相続分をそのまま引き継ぎます。

学科　相続・事業承継

3 相続において、養子の法定相続分は、実子の法定相続分の２分の１となる。

2024.1 □□□ ★★☆

4 特別養子縁組が成立した場合、養子となった者と実方の父母との親族関係は終了する。

2023.5 □□□ ★★☆

5 相続人が相続の放棄をするには、原則として、自己のために相続の開始があったことを知った時から（　①　）以内に、（　②　）にその旨を申述しなければならない。

2022.5 □□□ ★★☆

1）① ３ヵ月　　② 家庭裁判所
2）① ３ヵ月　　② 所轄税務署長
3）① ６ヵ月　　② 所轄税務署長

6 公正証書遺言を作成する場合、証人（　①　）以上の立会いが必要であるが、遺言者の推定相続人は、この証人になること（　②　）。

2021.9 □□□ ★★☆

1）① １人　　② ができる
2）① ２人　　② ができる
3）① ２人　　② はできない

7 自筆証書遺言は、遺言者が、その全文、日付および氏名を自書し、これに押印して作成するものであるが、自筆証書に添付する財産目録については、自書によらずにパソコンで作成しても差し支えない。

2022.1 □□□ ★★☆

8 自筆証書遺言書保管制度を利用して、法務局（遺言書保管所）に保管されている自筆証書遺言については、家庭裁判所による検認の手続を要しない。

2023.5 □□□ ★★☆

9 法定相続人である被相続人の（　　）は、遺留分権利者とはならない。

2023.1 □□□ ★★☆

1）父母
2）兄弟姉妹
3）養子

3 × 誤り。**実子**、**養子**は、いずれも第１順位の子であり、順位に違いはない。法定相続分についても違いはない。

4 ○ 正しい。養子には、普通養子と特別養子がある。**普通養子**は養子縁組により**実方の父母との親族関係が**終了しない。一方、特別養子は、養子縁組により**実方の父母との親族関係が**終了する。

5 1 相続人が相続の放棄をするには、原則として、自己のために相続の開始があったことを知った時から３ヵ月**以内**に、家庭裁判所にその旨を申述しなければならない。

6 3 **公正証書遺言**を作成する場合、**証人**２人**以上の立会いが必要**であるが、遺言者の**推定相続人**（相続人となるべき人）**は、この証人になること**はできない。推定相続人以外に、受遺者（遺言によって財産を取得する人）も証人になることはできない。

7 ○ 正しい。**自筆証書遺言**は、遺言者が、その全文、日付および氏名**を自書**し、これに押印して作成するものであるが、自筆証書に添付する**財産目録について**は、自書によらず**にパソコンで作成しても差し支えない**。

8 ○ 正しい。自筆証書遺言を作成した遺言者は、その遺言を法務局に保管することができる（**自筆証書遺言書保管制度**）。この制度を利用した遺言者が死亡した場合、相続人が家庭裁判所に対して検認の請求をする必要はない。なお、自宅等で保管している自筆証書遺言は、検認の請求が必要である。

9 2 遺留分権利者は、被相続人の**配偶者・子・直系尊属**である。被相続人の兄弟姉妹は、遺留分権利者とはならない。

⑩ 下記の〈親族関係図〉において、遺留分を算定するための財産の価額が２億4,000万円である場合、長女Eさんの遺留分の金額は、（　　）となる。

2023.5 □□□ ★★★

〈親族関係図〉

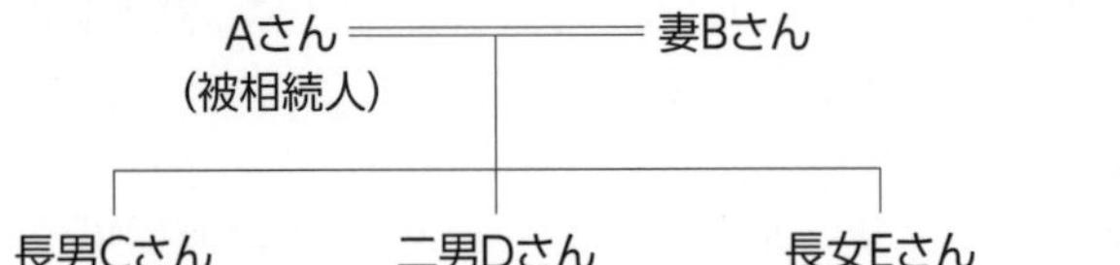

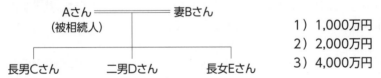

1）1,000万円
2）2,000万円
3）4,000万円

2 相続税

⑪ 相続税額の計算上、死亡保険金の非課税金額の規定による非課税限度額は、「(　　) ×法定相続人の数」の算式により算出される。 2023.1 □□□ ★★★

1）300万円
2）500万円
3）600万円

⑫ 相続税額の計算上、遺産に係る基礎控除額を計算する際の法定相続人の数は、相続人のうちに相続の放棄をした者がいる場合であっても、その放棄がなかったものとしたときの相続人の数とされる。 2024.1 □□□ ★★☆

⑬ 相続税における遺産に係る基礎控除額の計算上、被相続人に１人の実子と３人の養子がいる場合、「法定相続人の数」に被相続人の養子を（　　）。

2016.9 □□□ ★★☆

1）１人まで含めることができる
2）２人まで含めることができる
3）含めることはできない

10 2 **全体の遺留分の割合は財産の**2分の1となり、各相続人の遺留分は2分の1に各相続人の法定相続分を乗じた割合となる。下表のとおり、**長女Eさんの遺留分の割合は**12分の1である。

	妻B	長男C	二男D	長女E
法定相続分	$\frac{1}{2}$	$\frac{1}{6}$	$\frac{1}{6}$	$\frac{1}{6}$
遺留分	$\frac{1}{4}$	$\frac{1}{12}$	$\frac{1}{12}$	$\frac{1}{12}$

長女Eさんの遺留分の金額＝2億4,000万円× $\frac{1}{12}$ =2,000万円

2 相続税

テキストP184～194

11 2 **死亡保険金の非課税限度額**=500万円×**法定相続人の数**

〈法定相続人の数の数え方〉

①**放棄した者**は数に含む
②**普通養子**は、次の人数まで数に含む
・実子がいる場合……1人まで
・実子がいない場合…2人まで

12 ○ 正しい。**遺産に係る基礎控除額**（3,000万円+600万円×法定相続人の数）を計算する際の**法定相続人の数**は、**相続を放棄**した者がいる場合、その放棄がなかったものとしたときの相続人の数となる（つまり、放棄をした者は**法定相続人の数に含める**）。

13 1 **遺産に係る基礎控除額**（3,000万円+600万円×法定相続人の数）の計算上、被相続人に実子がいる場合、被相続人に養子が何人いても、「**法定相続人の数**」に被相続人の養子を1人まで含めることができる。

一方、被相続人に**実子**がいない場合は、養子を2人まで含めることができます。

学科
相続・事業承継

14 相続人が負担した被相続人に係る香典返戻費用は、相続税の課税価格の計算上、葬式費用として控除することができる。 2023.5 □□□ ★★★

15 相続税額の計算上、被相続人が生前に購入した墓碑の購入代金で、相続開始時において未払いであったものは、債務控除の対象となる。

2024.1 □□□ ★★☆

16 下記の〈親族関係図〉において、被相続人Aさんの相続における相続税額の計算上、遺産に係る基礎控除額は（　　　）である。 2023.1 □□□ ★★★

〈親族関係図〉

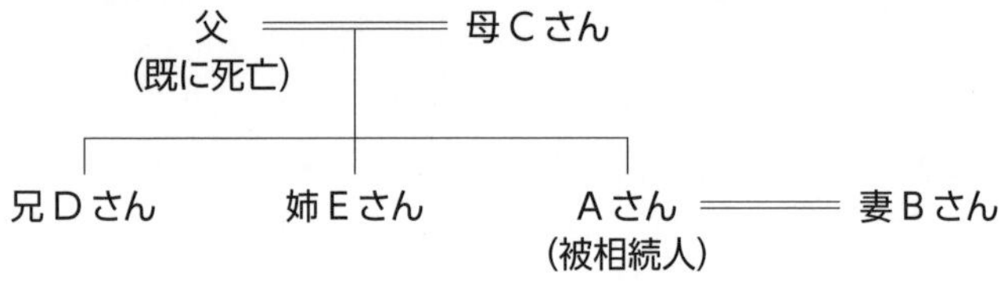

父（既に死亡）＝＝ 母Cさん

兄Dさん　姉Eさん　Aさん（被相続人）＝＝ 妻Bさん

1）4,200万円
2）4,800万円
3）5,400万円

17 被相続人の（　　　）が相続により財産を取得した場合、その者は相続税額の２割加算の対象となる。 2023.5 □□□ ★★★

1）兄弟姉妹
2）父母
3）孫（子の代襲相続人）

14 × 誤り。相続人が負担した被相続人の葬式に係る香典返戻費用は、相続税の課税価格の計算上、**葬式費用として**控除することはできない（**債務控除の対象とならない**）。

〈債務控除〉

	債務控除の対象	債務控除の対象外
債務	・借入金 ・未払い税金	・**生前に購入した墓地等の未払い代金** ・団体信用生命保険が付いた借入金
葬式費用	・通夜の費用 ・本葬の費用	・**香典返戻費用** ・**法要費用**（初七日、四十九日など） ・死亡後に購入した墓地等の購入代金

15 × 誤り。生前に購入した**墓碑**は相続税の非課税財産である。相続開始時における**非課税財産に係る**未払い代金**は、**債務控除の対象とならない。

16 1 **遺産に係る基礎控除額**=3,000万円+600万円×法定相続人の数
=3,000万円+600万円×**2人**（妻B、母C）
=4,200万円

17 1 「被相続人の配偶者、父母、子（代襲相続人となった孫を含む）」以外の人が財産を取得した場合、その者は**相続税額の**2割加算**の対象となる**。したがって、父母と孫（子の代襲相続人）は2割加算の対象とならないが、兄弟姉妹**は2割加算の対象となる**。

18 「配偶者に対する相続税額の軽減」の適用を受けた場合、配偶者の相続税の課税価格が、相続税の課税価格の合計額に対する配偶者の法定相続分相当額または（　　　）のいずれか多い金額までであれば、原則として、配偶者が納付すべき相続税額は算出されない。 2023.9 □□□ ★★☆

1）1億2,000万円
2）1億6,000万円
3）1億8,000万円

19 相続税額の計算において、「配偶者に対する相続税額の軽減」の適用を受けるためには、その適用を受けることにより納付すべき相続税額が算出されない場合であっても、相続税の申告書を提出しなければならない。

2022.9 □□□ ★★☆

20 相続税の申告書の提出は、原則として、その相続の開始があったことを知った日の翌日から（　　　）以内にしなければならない。 2022.9 □□□ ★★☆

1）4ヵ月
2）6ヵ月
3）10ヵ月

3 贈与と法律

21 贈与は、当事者の一方が財産を無償で相手方に与える意思表示をすれば、相手方が受諾しなくても、その効力が生じる。 2022.1 □□□ ★★☆

22 書面によらない贈与契約は、その履行前であれば、各当事者は契約の解除をすることができる。 2023.5 □□□ ★★☆

23 個人が死因贈与によって取得した財産は、課税の対象とならない財産を除き、（　　　）の課税対象となる。 2022.5 □□□ ★★★

1）贈与税
2）相続税
3）所得税

⑱ 2 **「配偶者に対する相続税額の軽減」**の適用を受けた場合、配偶者の相続税の課税価格が、相続税の課税価格の合計額に対する配偶者の法定相続分相当額**または**1億6,000万円**のいずれか**多い**金額まで**であれば、原則として、配偶者が納付すべき相続税額は算出されない。なお、適用を受けるために婚姻期間の長さに関する要件はないが、いわゆる内縁関係の場合には対象とならない。

⑲ ○ 正しい。**「配偶者に対する相続税額の軽減」**の適用を受けるためには、その適用を受けることにより納付すべき相続税額がゼロとなる場合であっても、相続税の申告書を提出しなければならない。

⑳ 3 **相続税の申告書の提出**は、原則として、その相続の開始があったことを知った日の翌日から10ヵ月**以内**にしなければならない。

3 贈与と法律

テキストP195

㉑ × 誤り。贈与は、当事者の一方が財産を無償で相手方に与える意思表示をし、相手方が受諾することによって効力が生じる。

㉒ ○ 正しい。**書面によらない贈与**（口頭による贈与）は、**まだ履行されていない部分**について、各当事者が解除することができる。既に履行が終わった部分は解除することができない。なお、**書面による贈与**は、まだ履行されていない部分も**解除することができない**。

㉓ 2 **死因贈与**とは、「私が死んだら私の家をあげる」というような贈与契約のことをいい、死因贈与により取得した財産は、**贈与税ではなく**相続税**の課税対象となる**。

4 贈与税

24 個人が法人からの贈与により取得する財産は、（　　　）の課税対象となる。

2023.5 □□□ ★★☆

1）法人税
2）贈与税
3）所得税

25 子が同一年中に父と母のそれぞれから贈与を受けた場合、その年分の暦年課税による贈与税額の計算上、課税価格から控除する基礎控除額は、最高で220万円である。

2021.5 □□□ ★★☆

26 贈与税の申告書は、原則として、贈与を受けた年の翌年の（　①　）から3月15日までの間に、（　②　）の住所地を所轄する税務署長に提出しなければならない。

2024.1 □□□ ★★☆

1）① 2月1日　　② 受贈者
2）① 2月1日　　② 贈与者
3）① 2月16日　　② 贈与者

27 贈与税の納付については、納期限までに金銭で納付することを困難とする事由があるなど、所定の要件を満たせば、延納または物納によることが認められている。

2019.1 □□□ ★★☆

5 相続時精算課税制度

28 相続時精算課税の適用を受けた場合、1年間に贈与を受けた財産の価額から基礎控除額110万円を控除し、さらに、特定贈与者ごとに特別控除額として累計（　①　）までの贈与には贈与税が課されず、その額を超えた部分については一律（　②　）の税率により贈与税が課される。

2022.9（一部変更）□□□ ★★★

1）① 2,000万円　　② 25%
2）① 2,000万円　　② 20%
3）① 2,500万円　　② 20%

4 贈与税　テキストP196～199

24　3　個人が**法人からの贈与**により取得する財産は、所得税**の課税対象となり、**贈与税の課税対象とならない。

25　×　誤り。**暦年課税**による贈与税の計算における**基礎控除額**は、**受贈者**（贈与により財産をもらった人）**1人につき**110万円である。同年中に**複数人から贈与**を受けた場合であっても、110万円である。

26　1　贈与税の申告書は、原則として、贈与を受けた年の翌年の2月1日**から3月15日まで**の間に、受贈者（贈与により財産をもらった人）**の住所地**を所轄する税務署長に提出しなければならない。

所得税の申告期限（2月16日から3月15日）と開始日が違うので注意!

27　×　誤り。**贈与税の納付**については、納期限までに金銭で納付することを困難とする事由があるなど、所定の要件を満たせば、延納（**分割払い**）**によることが**認められている。相続税の納付と異なり、金銭以外の財産で納める物納**によることは**認められていない。

5 相続時精算課税制度　テキストP200～201

28　3　相続時精算課税の適用を受けた場合、1年間に贈与を受けた財産の価額から基礎控除額110万円を控除し、さらに、特定贈与者ごとに特別控除額として累計2,500万円**までの贈与には贈与税が課されず**、その額を超えた部分については**一律**20％**の税率により贈与税が課される**。なお、相続時精算課税の適用対象者は、贈与者は60歳以上**の父母・祖父母**、受贈者は18歳以上**の子（推定相続人）・孫**である。

学科
相続・事業承継

29 子が父親からの贈与により取得した財産について相続時精算課税の適用を受けた場合、その適用を受けた年以後、子は父親からの贈与により取得した財産について暦年課税を選択することはできない。 2021.9 □□□ ★★☆

6 贈与税の特例

30 贈与税の配偶者控除は、婚姻期間が（ ① ）以上である配偶者から居住用不動産の贈与または居住用不動産を取得するための金銭の贈与を受け、所定の要件を満たす場合、贈与税の課税価格から基礎控除額のほかに最高（ ② ）を控除することができる特例である。 2024.1 □□□ ★★★

1）① 10年　② 2,000万円
2）① 20年　② 2,000万円
3）① 20年　② 2,500万円

31 「直系尊属から住宅取得等資金の贈与を受けた場合の贈与税の非課税」は、相続時精算課税と併用して適用を受けることができる。 2021.1 □□□ ★★☆

32 「直系尊属から教育資金の一括贈与を受けた場合の贈与税の非課税」の適用を受けた場合、受贈者１人につき（ ① ）までは贈与税が非課税となるが、学校等以外の者に対して直接支払われる金銭については、（ ② ）が限度となる。

2023.9 □□□ ★★★

1）① 1,000万円　② 500万円
2）① 1,500万円　② 300万円
3）① 1,500万円　② 500万円

33 「直系尊属から結婚・子育て資金の一括贈与を受けた場合の贈与税の非課税」の適用を受ける場合、贈与税が非課税となる金額は、受贈者１人につき最大（ ）である。 2022.9 □□□ ★★☆

1）1,000万円
2）1,500万円
3）2,000万円

29 ○ 正しい。子が父親からの贈与について**相続時精算課税**の適用を受けた場合、以後、父親からの贈与について相続時精算課税が継続して適用されるため、暦年課税を選択することはできない。

6 贈与税の特例

テキストP202～203

30 2 **贈与税の配偶者控除**は、**婚姻期間が**20年**以上**である配偶者から居住用不動産の贈与または居住用不動産を取得するための金銭の贈与を受け、所定の要件を満たす場合、贈与税の課税価格から**基礎控除額（110万円）のほかに最高**2,000万円**を控除することができる**特例である。

つまり、合わせて最高2,110万円
を控除することができます。

31 ○ 正しい。「直系尊属から住宅取得等資金の贈与を受けた場合の贈与税の非課税」は、**相続時精算課税と**併用して適用を受けることができる。つまり、特例の非課税金額と、相続時精算課税の基礎控除額（110万円）および特別控除額（2,500万円）を併用できる。

32 3 **「直系尊属から教育資金の一括贈与を受けた場合の贈与税の非課税」**の適用を受けた場合、**受贈者１人につき**1,500万円**までは贈与税が非課税**となるが、**学校等以外の者に対して直接支払われる金銭については、**500万円**が限度**となる。なお、受贈者の前年の合計所得金額が**1,000万円**を超える場合、適用を受けることができない。

33 1 **「直系尊属から結婚・子育て資金の一括贈与を受けた場合の贈与税の非課税」**の適用を受ける場合、贈与税が非課税となる金額は、**受贈者１人につき最大**1,000万円である。ただし、**結婚費用については**300万円**が限度**となる。なお、受贈者の前年の合計所得金額が**1,000万円**を超える場合、適用を受けることができない。

7 相続財産・贈与財産の評価

34 個人が、自己が所有する土地上に建築した店舗用建物を第三者に賃貸していた場合、相続税額の計算上、当該敷地は貸家建付地として評価される。

2024.1 □□□ ★★☆

35 自用地としての価額が5,000万円、借地権割合が70％、借家権割合が30％、賃貸割合が100％の貸家建付地の相続税評価額は、（　　　）である。

2021.1 □□□ ★★☆

1）1,500万円
2）3,500万円
3）3,950万円

36 相続人が相続により取得した宅地が「小規模宅地等についての相続税の課税価格の計算の特例」における特定事業用宅地等に該当する場合、その宅地のうち（　①　）までを限度面積として、評価額の（　②　）相当額を減額した金額を、相続税の課税価格に算入すべき価額とすることができる。

2023.5 □□□ ★★★

1）① 200㎡　　② 50％
2）① 330㎡　　② 80％
3）① 400㎡　　② 80％

37 2024年中に開始する相続により取得した宅地（面積350㎡）が「小規模宅地等についての相続税の課税価格の計算の特例」における特定居住用宅地等に該当する場合、相続税の課税価格に算入すべき価額の計算上、減額される金額は、（　　　）の算式により算出される。

2017.5（一部変更）□□□ ★☆☆

1）宅地の評価額×$\frac{200㎡}{350㎡}$×50％

2）宅地の評価額×$\frac{330㎡}{350㎡}$×80％

3）宅地の評価額×$\frac{350㎡}{400㎡}$×80％

7 相続財産・贈与財産の評価　テキストP204～209

34 ○ 自己が所有する土地上の建築した**貸家**（賃貸アパート、賃貸マンション、貸付用の店舗用建物など）を第三者に**賃貸**していた場合、相続税額の計算上、当該敷地は貸家建付地（かしやたてつけち）として評価される。

35 3 貸家建付地（かしやたてつけち）の相続税評価額
=**自用地としての価額**×（1 －借地権割合×借家権割合×賃貸割合）
=5,000万円×（1 －70%×30%×100%）=3,950万円

36 3 宅地が「**小規模宅地等についての相続税の課税価格の計算の特例**」における特定事業用宅地等に該当する場合、その宅地のうち400㎡**まで**を限度面積として、評価額の80%**相当額を減額**した金額を、相続税の課税価格に算入すべき価額とすることができる。

〈特例の適用限度面積と減額割合〉

宅地等の区分	限度面積	減額割合
特定居住用宅地等	330㎡	80%
特定事業用宅地等	400㎡	80%
貸付事業用宅地等	200㎡	50%

この特例は最頻出事項です。数字を正確に覚えよう。

37 2 「**小規模宅地等についての相続税の課税価格の計算の特例**」における特定居住用宅地等に該当する場合、350㎡の宅地は、330㎡**を限度面積**として、評価額の80%**を減額**することができる。

減額される金額=宅地の評価額×$\frac{330㎡}{350㎡}$×80%

38 賃貸アパート等の貸家の用に供されている家屋の相続税評価額は、（　　　）の算式により算出される。 2020.9 □□□ ★★☆

1）自用家屋としての評価額 ×（1 −借家権割合×賃貸割合）
2）自用家屋としての評価額 ×（1 −借地権割合×賃貸割合）
3）自用家屋としての評価額 ×（1 −借地権割合×借家権割合×賃貸割合）

39 相続税額の計算において、相続開始時に保険事故が発生していない生命保険契約に関する権利の価額は、原則として、相続開始時においてその契約を解約するとした場合に支払われることとなる解約返戻金の額によって評価する。

2022.5 □□□ ★★☆

40 2024年７月11日（木）に死亡したＡさんが所有していた上場株式Ｘを相続により取得した場合の１株当たりの相続税評価額は、下記の〈資料〉によれば、（　　　）である。 2024.1（一部変更）□□□ ★★★

〈資料〉上場株式Ｘの価格

2024年５月の毎日の最終価格の月平均額	540円
2024年６月の毎日の最終価格の月平均額	600円
2024年７月の毎日の最終価格の月平均額	620円
2024年７月11日（木）の最終価格	600円

1）540円
2）600円
3）620円

38 1 **貸家**の相続税評価額=自用家屋としての評価額 ×（1－借家権割合×賃貸割合）

なお、自用家屋としての評価額は、**固定資産税評価額**である。

39 ○ 正しい。相続税額の計算において、相続開始時に保険事故が発生していない生命保険契約に関する権利の価額は、原則として、相続開始時においてその契約を解約するとした場合に支払われることとなる解約返戻金の額によって評価する。

40 1 上場株式の相続税評価額は、**次の①～④のうち**最も低い額となる。

① **課税時期（死亡日）**の最終価格（600円） ② **死亡した月**の毎日の最終価格の平均額（620円） ③ 死亡した**前月**の毎日の最終価格の平均額（600円） ④ 死亡した**前々月**の毎日の最終価格の平均額（540円）

上場株式Xの相続税評価額は、①～④のうち最も低い④540円である。

学科

相続・事業承継

FP3級

実技試験

❶保険顧客資産相談業務

第1問対策 会社員と老齢年金
個人事業主と老齢年金①〜②
会社員と遺族年金

第2問対策 個人と生命保険①〜④

第3問対策 法人と生命保険①〜④

第4問対策 会社員と所得税①〜③
個人事業主と所得税

第5問対策 相続の事例問題①〜③
贈与・相続の事例問題

実技試験 ❶保険顧客資産相談業務

1 会社員と老齢年金　2023.5第１問（一部変更）

次の設例に基づいて、下記の各問（問１～問３）に答えなさい。

設 例

会社員のＡさん（55歳）は、妻Ｂさん（51歳）および長男Ｃさん（19歳）との３人暮らしである。Ａさんは、大学卒業後、Ｘ株式会社に入社し、現在に至るまで同社に勤務している。Ａさんは、今後の資金計画を検討するにあたり、公的年金制度から支給される老齢給付について理解を深めたいと思っている。また、来年20歳になる長男Ｃさんの国民年金保険料について、学生納付特例制度の利用を検討している。

そこで、Ａさんは、ファイナンシャル・プランナーのＭさんに相談することにした。

〈Ａさんとその家族に関する資料〉

（１）Ａさん（1968年11月28日生まれ・会社員）

・公的年金加入歴：下図のとおり（65歳までの見込みを含む）
20歳から大学生であった期間（29月）は国民年金に任意加入していない。

・全国健康保険協会管掌健康保険、雇用保険に加入中

20歳　22歳　65歳

国民年金 未加入期間 (29月)	厚生年金保険 被保険者期間 (511月)

（２）妻Ｂさん（1973年５月10日生まれ・パートタイマー）

・公的年金加入歴：18歳からＡさんと結婚するまでの９年間（108月）は、厚生年金保険に加入。結婚後は、国民年金に第３号被保険者として加入している。

・全国健康保険協会管掌健康保険の被扶養者である。

（３）長男Ｃさん（2005年５月19日生まれ・大学生）

・全国健康保険協会管掌健康保険の被扶養者である。

※妻Ｂさんおよび長男Ｃさんは、現在および将来においても、Ａさんと同居し、Ａさんと生計維持関係にあるものとする。

※家族全員、現在および将来においても、公的年金制度における障害等級に該当する障害の状態にないものとする。

※上記以外の条件は考慮せず、各問に従うこと。

問1 老齢基礎年金の年金額の計算式 □□□ ★★★

はじめに、Mさんは、設例の〈Aさんとその家族に関する資料〉に基づき、Aさんが老齢基礎年金の受給を65歳から開始した場合の年金額（2024年度価額）を試算した。Mさんが試算した老齢基礎年金の年金額の計算式として、次のうち最も適切なものはどれか。

1）816,000円× $\frac{451月}{480月}$

2）816,000円× $\frac{480月}{480月}$

3）816,000円× $\frac{511月}{480月}$

問2 老齢給付 □□□ ★★★

次に、Mさんは、Aさんおよび妻Bさんが受給することができる公的年金制度からの老齢給付について説明した。MさんのAさんに対する説明として、次のうち最も不適切なものはどれか。

1）「Aさんおよび妻Bさんには、特別支給の老齢厚生年金の支給はありません。原則として、65歳から老齢基礎年金および老齢厚生年金を受給することになります」

2）「Aさんが65歳から受給することができる老齢厚生年金の額には、妻Bさんが65歳になるまでの間、配偶者の加給年金額が加算されます」

3）「Aさんが60歳０ヵ月で老齢基礎年金および老齢厚生年金の繰上げ支給を請求した場合、年金の減額率は30％となります」

問3 学生納付特例制度

□□□ ★★☆

最後に、Mさんは、国民年金の学生納付特例制度（以下、「本制度」という）について説明した。Mさんが、Aさんに対して説明した以下の文章の空欄①～③に入る語句または数値の組合せとして、次のうち最も適切なものはどれか。

> 「本制度は、国民年金の第1号被保険者で大学等の所定の学校に在籍する学生について、（　①　）の前年所得が一定額以下の場合、所定の申請に基づき、国民年金保険料の納付を猶予する制度です。なお、本制度の適用を受けた期間は、老齢基礎年金の（　②　）されます。
>
> 本制度の適用を受けた期間の保険料は、（　③　）年以内であれば、追納することができます。ただし、本制度の承認を受けた期間の翌年度から起算して、3年度目以降に保険料を追納する場合には、承認を受けた当時の保険料額に経過期間に応じた加算額が上乗せされます」

1）① 世帯主　② 受給資格期間に算入　③ 5
2）① 学生本人　② 受給資格期間に算入　③ 10
3）① 世帯主　② 年金額に反映　③ 10

解答・解説

問1 正解 1 ▶テキストP25 ～ 26

老齢基礎年金の年金額の計算式（保険料免除期間がない場合）は、次のとおりである。

老齢基礎年金の年金額＝816,000円×$\frac{\text{保険料納付済月数}}{\text{480月}}$

Aさんの老齢基礎年金の年金額＝816,000円×$\frac{451\text{月}}{480\text{月}}$

厚生年金保険の加入期間は保険料納付済月数に含まれるが、国民年金の未加入期間（29月）は含まれない。また、**保険料納付済月数は、原則として、**20歳以上60歳未満（480月）**の保険料納付済月数とされている**ため、60歳から65歳に達するまでの厚生年金保険の加入期間（60月）は含まれない。したがって、Aさんの保険料納付済月数は「**480月－29月＝**451月」となる。

問2 正解 3 ▶テキストP 28 ～ 31

1）適切。Aさんは1961年４月２日以降**生まれの**男性であり、妻Bさんは1966年４月２日以降**生まれの**女性であるため、いずれも特別支給の老齢厚生年金の支給はなく、65歳から老齢基礎年金および老齢厚生年金を受給する。

2）適切。Aさんの厚生年金保険の被保険者期間が20年（240月）以上あるため、妻Bさんが**65歳**になるまでの間、Aさんの老齢厚生年金には配偶者の加給年金額が加算される。

3）不適切。Aさん（1962年４月２日以降生まれ）が老齢基礎年金および老齢厚生年金の**繰上げ支給**を請求した場合、**繰上げ１ヵ月当たり**0.4%**の減額率**で年金額が減額される。60歳０ヵ月で繰上げ支給の請求をした場合、**60月**（5年間）繰り上げることになるため、減額率は「**0.4%×60月＝**24%」となる。

問3 正解 2 ▶テキストP 23、25

① 学生納付特例制度は、学生本人の前年所得が一定額以下の場合、所定の申請に基づき、国民年金保険料の納付を猶予する制度である、**世帯主の所得は考慮しない。**

② 学生納付特例制度の適用を受けた期間は、**老齢基礎年金の**受給資格期間に算入されるが、**年金額には反映されない。**

③ 学生納付特例制度の適用を受けた期間の保険料は、10**年以内**であれば、**追納（遡って納付）することができる。**

2 個人事業主と老齢年金① 2024.1第1問（一部変更）

次の設例に基づいて、下記の各問（問1～問3）に答えなさい。

設例

Aさん（42歳）は、飲食店を営んでいる個人事業主である。Aさんは、大学卒業後に入社した食品メーカーを退職した後、現在の飲食店を開業した。店の業績は、堅調に推移している。

最近、Aさんは、老後の収入を増やすことができる各種制度を活用したいと考えている。

そこで、Aさんは、ファイナンシャル・プランナーのMさんに相談することにした。

〈Aさんに関する資料〉

（1）生年月日：1982年7月19日

（2）公的年金加入歴：下図のとおり（60歳までの見込みを含む）

大学卒業後から10年間（120月）、厚生年金保険に加入。その後は国民年金の保険料を納付している。

20歳　22歳　32歳　60歳

国民年金 保険料未納期間 33月	厚生年金保険 被保険者期間 120月	国民年金 保険料納付済期間 327月

※Aさんは、現在および将来においても、公的年金制度における障害等級に該当する障害の状態にないものとする。

※上記以外の条件は考慮せず、各問に従うこと。

問1 老齢基礎年金の年金額の計算式

□□□ ★★★

はじめに、Mさんは、〈Aさんに関する資料〉に基づき、Aさんが老齢基礎年金の受給を65歳から開始した場合の年金額（2024年度価額）を試算した。Mさんが試算した老齢基礎年金の年金額の計算式として、次のうち最も適切なものはどれか。

1）$816{,}000円 \times \dfrac{327月}{480月}$

2）$816{,}000円 \times \dfrac{447月}{480月}$

3）$816{,}000円 \times \dfrac{447月 + 33月 \times \dfrac{1}{3}}{480月}$

問2 老後の収入を増やすための制度

次に、Mさんは、老後の収入を増やすための各種制度について説明した。MさんのAさんに対する説明として、次のうち最も適切なものはどれか。

1）「Aさんが国民年金の付加保険料を納付して、65歳から老齢基礎年金を受け取る場合、『400円×付加保険料納付済期間の月数』の算式で計算した額を付加年金として受け取ることができます」

2）「国民年金基金は、老齢基礎年金に上乗せする年金を支給する任意加入の年金制度です。国民年金基金の老齢年金は、終身年金ではなく、5年もしくは10年の確定年金となります」

3）「国民年金の第1号被保険者は、国民年金基金に加入することができますが、国民年金基金に加入した場合は、国民年金の付加保険料を納付することができません」

問3 確定拠出年金の個人型年金 □□□ ★★☆

最後に、Mさんは、確定拠出年金の個人型年金（以下、「個人型年金」という）について説明した。Mさんが、Aさんに対して説明した以下の文章の空欄①～③に入る語句または数値の組合せとして、次のうち最も適切なものはどれか。

> 「Aさんが個人型年金に加入した場合、拠出することができる掛金の限度額は、年額（　①　）円となります。拠出した掛金は、所得控除の対象となり、運用益は課税されません。個人型年金の老齢給付金は、60歳到達時点で通算加入者等期間が（　②　）年以上ある場合、60歳から受け取ることができます。
> 個人型年金は、Aさんの指図に基づく運用実績により、将来の年金受取額が増減する点に留意する必要があります。また、個人型年金の実施機関である（　③　）に対して、加入時に2,829円、掛金拠出時に収納１回当たり105円の手数料を支払うほか、運営管理機関等が定める手数料を負担する必要があります」

1）① 816,000　② 10　③ 国民年金基金連合会
2）① 276,000　② 5　③ 国民年金基金連合会
3）① 276,000　② 10　③ 企業年金連合会

解答・解説

問1 正解 2 ▶テキストP25 ～ 26

老齢基礎年金の年金額の計算式（保険料免除期間がない場合）は、次のとおりである。

老齢基礎年金の年金額＝816,000円×$\frac{\text{保険料納付済月数}}{\text{480月}}$

Aさんの老齢基礎年金の年金額＝816,000円×$\frac{\text{447月}}{\text{480月}}$

厚生年金保険の加入期間は保険料納付済月数に含まれるが、国民年金の未加入期間（33月）は含まれない。したがって、Aさんの保険料納付済月数は「**120月＋327月＝**447月」となる。

問2 正解 3 ▶テキストP 40 ～ 41

1）不適切。65歳から受け取ることができる**付加年金の年金額は**「200円×**付加保険料納付済期間の月数**」の算式で計算した額である。なお、**付加保険料は月額**400円である。

2）不適切。国民年金基金の老齢年金は、終身年金**または確定年金**（５年・10年・15年）である。終身保険には２種類、確定年金には５種類のタイプがあり、加入は口数制である。どのタイプに何口加入するかによって、将来受け取る年金額が決まる。

3）適切。国民年金基金に加入した場合は、付加保険料（月額400円）を納付することができない。

問3 正解 1 ▶テキストP 39、41

① **国民年金の第１号被保険者**が個人型年金に加入した場合、拠出することができる掛金の限度額は、**年額**816,000**円**となる。

② 個人型年金の老齢給付金は、**60歳到達時点**で通算加入者等期間が10**年以上**ある場合、**60歳から受け取ることができる**。なお、10年未満の場合は、通算加入者等期間の長さに応じて、61歳～65歳までに受給を開始することができる。

③ 個人型年金の実施機関は、国民年金基金連合会である。加入時や掛金拠出時には手数料を負担する必要がある。

3 個人事業主と老齢年金② 2021.9第1問（一部変更）

次の設例に基づいて、下記の各問（問1～問3）に答えなさい。

設例

個人事業主のAさん（56歳）は、妻Bさん（56歳）との2人暮らしである。Aさんは、大学卒業後に入社した広告代理店を退職後、40歳のときに個人事業主として独立した。Aさんは、最近、老後の資金計画を検討するにあたり、公的年金制度から支給される老齢給付について知りたいと思っている。また、Aさんは、70歳までは働きたいと考えており、老齢基礎年金の繰下げ支給についても理解を深めたいと考えている。

そこで、Aさんは、ファイナンシャル・プランナーのMさんに相談することにした。

〈Aさん夫妻に関する資料〉

（1）Aさん（1967年11月13日生まれ）

・公的年金加入歴：下図のとおり（60歳までの見込みを含む）
20歳から大学生であった期間（29月）は国民年金に任意加入していない。

・国民健康保険に加入中

20歳　22歳　60歳

国民年金 未加入期間 29月	厚生年金保険 被保険者期間 212月	国民年金 保険料納付済期間 239月

（2）妻Bさん（1968年8月22日生まれ）

・公的年金加入歴：下図のとおり（60歳までの見込みを含む）
高校卒業後の18歳からAさんと結婚するまでの10年間（120月）、会社員として厚生年金保険に加入。結婚後は、国民年金に第3号被保険者として加入し、Aさんの独立後は、国民年金に第1号被保険者として加入している。

18歳　Aさんと結婚　60歳

厚生年金保険 被保険者期間 120月	国民年金 第3号被保険者期間 128月	国民年金 保険料納付済期間 248月

※妻Ｂさんは、現在および将来においても、Ａさんと同居し、Ａさんと生計維持関係にあるものとする。
※ＡさんおよびＢさんは、現在および将来においても、公的年金制度における障害等級に該当する障害の状態にないものとする。

※上記以外の条件は考慮せず、各問に従うこと。

問１ 老齢基礎年金の年金額の計算 □□□ ★★★

はじめに、Ｍさんは、設例の〈Ａさん夫妻に関する資料〉に基づき、Ａさんおよび妻Ｂさんが老齢基礎年金の受給を65歳から開始した場合の年金額（2024年度価額）を試算した。Ｍさんが試算した老齢基礎年金の年金額の計算式の組合せとして、次のうち最も適切なものはどれか。

1）Ａさん：816,000円×$\frac{239月}{480月}$　妻Ｂさん：816,000円×$\frac{376月}{480月}$

2）Ａさん：816,000円×$\frac{451月}{480月}$　妻Ｂさん：816,000円×$\frac{480月}{480月}$

3）Ａさん：816,000円×$\frac{451月}{480月}$　妻Ｂさん：816,000円×$\frac{496月}{480月}$

問２ 老齢基礎年金の繰上げ・繰下げ □□□ ★★☆

次に、Ｍさんは、老齢基礎年金の繰上げ支給および繰下げ支給について説明した。Ｍさんが、Ａさんに対して説明した以下の文章の空欄①～③に入る語句または数値の組合せとして、次のうち最も適切なものはどれか。

「Ａさんが（　①　）歳に達する前に老齢基礎年金の請求をしなかった場合、Ａさんは（　①　）歳に達した日以後の希望するときから、老齢基礎年金の繰下げ支給の申出をすることができます。支給開始を繰り下げた場合は、繰り下げた月数に応じて年金額が増額されます。仮に、Ａさんが70歳０ヵ月で老齢基礎年金の繰下げ支給の申出をした場合、年金の増額率は（　②　）％となります。

また、老齢基礎年金の繰上げ支給の請求をすることもできますが、繰り上げた月数に応じて年金額は減額されます。仮に、Ａさんが老齢基礎年金の繰上げ支給の請求をする場合、その請求と同時に老齢厚生年金の繰上げ支給の請求を（　③　）」

1）① 65　② 30　③ しなければなりません
2）① 66　② 30　③ するかどうか選択することができます
3）① 66　② 42　③ しなければなりません

問3 老齢給付

□□□ ★★☆

最後に、Mさんは、Aさんおよび妻Bさんが受給することができる公的年金制度からの老齢給付について説明した。MさんのAさんに対する説明として、次のうち最も適切なものはどれか。

1）「Aさんには国民年金の未加入期間がありますが、60歳から65歳になるまでの間、その未加入期間に相当する月数について、国民年金に任意加入して保険料を納付した場合、老齢基礎年金の年金額を増額することができます」

2）「Aさんが65歳から受給することができる老齢厚生年金の額には、配偶者の加給年金額が加算されます」

3）「妻Bさんは、原則として64歳から報酬比例部分のみの特別支給の老齢厚生年金を受給することができます」

解答・解説

問1　正解 2　▶テキストP25 ～ 26

老齢基礎年金の年金額の計算式（保険料免除期間がない場合）は、次のとおりである。

老齢基礎年金の年金額＝816,000円×$\frac{\text{保険料納付済月数}}{\text{480月}}$

Aさん：816,000円×$\frac{451\text{月}}{480\text{月}}$　　妻Bさん：816,000円×$\frac{480\text{月}}{480\text{月}}$

厚生年金保険の加入期間は保険料納付済月数に含まれるが、国民年金の未加入期間は含まれないため、Aさんの保険料納付済月数は「212月＋239月＝**451月**」となる。

また、**保険料納付済月数は、原則として、20歳以上60歳未満の保険料納付済月数とされている**ため、妻Bさんが18歳から20歳に達するまでの厚生年金保険の加入期間は含まれず、**妻Bさんの**保険料納付済月数は480月となる。

問2　正解 3　▶テキストP27、31

① 老齢基礎年金は、原則として65歳から支給されるが、66**歳**に達する前に老齢基礎年金の請求をしなかった場合、66**歳**に達した日以後の希望するときから、**老齢基礎年金の繰下げ支給の申出をすることができる。**

② 老齢基礎年金の支給開始を繰り下げた場合の年金の増額率は、**繰下げ１ヵ月あたり0.7%**である。したがって、**70歳０ヵ月で繰下げ支給の申出をした場合、繰下げ月数は60月となり、年金の増額率は「0.7%×60月=**42%**」となる。**

③ 老齢基礎年金の繰上げ支給の請求をする場合、その請求と**同時に老齢厚生年金の繰上げ支給の請求を**しなければならない。

問3　正解 1　▶テキストP25、28、30

1）適切。Aさんは、**60歳から65歳になるまでの間**、保険料納付済期間が480月になるまで**国民年金**に任意加入して保険料を納付することができる。納付した場合には、老齢基礎年金の年金額が増額される。

2）不適切。Aさんの厚生年金保険の被保険者期間（212月）は、**20年**（240月）**未満であるため、配偶者の加給年金額は**加算されない。

3）不適切。妻Bさんは、1966年４月２日以降**に生まれた**女性**であるため、特別支給の老齢厚生年金は**支給されない。

4 会社員と遺族年金　2021.1第1問（一部変更）

次の設例に基づいて、下記の各問（問1～問3）に答えなさい。

設例

会社員のAさん（40歳）は、妻Bさん（40歳）、長女Cさん（9歳）、二女Dさん（6歳）および三女Eさん（4歳）との5人暮らしである。Aさんは、最近、公的年金制度の遺族給付について確認し、教育資金の準備や生命保険の見直しなど、今後の資金計画を検討したいと思っている。また、Aさんは、40歳となり、公的介護保険の保険料負担が生じたことから、当該制度についても理解を深めたいと考えている。

そこで、Aさんは、ファイナンシャル・プランナーのMさんに相談することにした。

〈Aさんの家族構成〉

Aさん　　：1984年4月11日生まれ
　　　　　会社員(厚生年金保険・全国健康保険協会管掌健康保険に加入中)
妻Bさん　：1984年4月22日生まれ
　　　　　専業主婦（国民年金に第3号被保険者として加入している）
長女Cさん：2015年7月6日生まれ
二女Dさん：2018年10月10日生まれ
三女Eさん：2020年9月12日生まれ

〈公的年金加入歴（2024年12月まで)〉

	20歳	22歳　　　　　　　　　　40歳
Aさん	国民年金 第1号被保険者期間 (36月)	厚生年金保険 (213月)

	18歳	28歳（Aさんと結婚）　　40歳
妻Bさん	厚生年金保険 (120月)	国民年金 第3号被保険者期間 (141月)

※妻Bさん、長女Cさん、二女Dさんおよび三女Eさんは、現在および将来においても、Aさんと同居し、Aさんと生計維持関係にあるものとする。また、妻Bさんの就業の予定はないものとする。
※Aさんとその家族は、現在および将来においても、公的年金制度における障害等級に該当する障害の状態にないものとする。

※上記以外の条件は考慮せず、各問に従うこと。

問1 遺族基礎年金の年金額 □□□ ★★★

はじめに、Mさんは、Aさんが現時点において死亡した場合に妻Bさんが受給することができる遺族基礎年金の年金額（2024年度価額）を試算した。Mさんが試算した遺族基礎年金の年金額の計算式として、次のうち最も適切なものはどれか。

1）816,000円＋234,800円＋78,300円＋78,300円＝1,207,400円
2）816,000円＋234,800円＋234,800円＋78,300円＝1,363,900円
3）816,000円＋234,800円＋234,800円＋234,800円＝1,520,400円

問2 遺族厚生年金 □□□ ★★★

次に、Mさんは、Aさんが現時点において死亡した場合に妻Bさんが受給することができる遺族厚生年金について説明した。Mさんが、Aさんに対して説明した以下の文章の空欄①～③に入る語句または数値の組合せとして、次のうち最も適切なものはどれか。

「遺族厚生年金の額は、原則として、Aさんの厚生年金保険の被保険者記録を基礎として計算した老齢厚生年金の報酬比例部分の額の（ ① ）相当額となります。ただし、Aさんの場合、その計算の基礎となる被保険者期間の月数が（ ② ）月に満たないため、（ ② ）月とみなして年金額が計算されます。
また、三女Eさんの18歳到達年度の末日が終了し、妻Bさんの有する遺族基礎年金の受給権が消滅したときは、妻Bさんが65歳に達するまでの間、妻Bさんに支給される遺族厚生年金に（ ③ ）が加算されます」

1）① 4分の3 ② 300 ③ 中高齢寡婦加算
2）① 3分の2 ② 300 ③ 加給年金額
3）① 3分の2 ② 360 ③ 中高齢寡婦加算

問3 公的介護保険 □□□ ★★★

最後に、Mさんは、公的介護保険（以下、「介護保険」という）について説明した。Mさんが、Aさんに対して説明した以下の文章の空欄①～③に入る語句または数値の組合せとして、次のうち最も適切なものはどれか。

> 「介護保険の被保険者が保険給付を受けるためには（　①　）から要介護認定または要支援認定を受ける必要があります。また、Aさんのような介護保険の第2号被保険者は、（　②　）要介護状態または要支援状態となった場合に保険給付を受けることができます。
> 介護保険の第2号被保険者が保険給付を受けた場合、原則として実際にかかった費用（食費、居住費等を除く）の（　③　）割を自己負担する必要があります」

1）① 市町村（特別区を含む）　② 特定疾病が原因で　③ 1
2）① 都道府県　② 原因を問わず　③ 1
3）① 市町村（特別区を含む）　② 原因を問わず　③ 3

解答・解説

問1　正解 2　▶テキストP36

遺族基礎年金の年金額

＝816,000円＋子の加算額

（1人目と2人目は1人234,800円、3人目からは1人78,300円）

＝816,000円＋234,800円＋234,800円＋78,300円

＝1,363,900円

子の加算額の対象となる子とは、18歳到達年度の末日（3月31日）までにある子のことをいう。長女Cさん（9歳)、二女Dさん（6歳)、三女Eさん（4歳）は、全員、対象となる子であるため、**子は3人**となる。

子の加算額は、2人目までは23万円くらい、**3人目からはその3分の1**と覚えておけば、金額を正確に覚えていなくても正解できます。

問2　正解 1　▶テキストP37

① 遺族厚生年金の額は、原則として、厚生年金保険の被保険者記録を基礎として計算した**老齢厚生年金の報酬比例部分の額の4分の3相当額**となる。

② 厚生年金保険の被保険者が死亡した場合、遺族厚生年金の計算の基礎となる**被保険者期間の月数が300月に満たないときは、300月とみなして年金額が計算される。**

③ 妻Bさんの有する遺族基礎年金の受給権が消滅したときは、妻Bさんが**65歳に達するまでの間**、妻Bさんに支給される遺族厚生年金に**中高齢寡婦加算**が**加算される。**

問3　正解 1　▶テキストP17～18

① 介護保険の被保険者が保険給付を受けるためには市町村（特別区を含む）**から要介護認定または要支援認定を受ける必要がある。**

② 介護保険の**第2号被保険者**は、特定疾病が原因で要介護状態または要支援状態となった場合に保険給付を受けることができる。なお、特定疾病とは、加齢に起因した一定の疾病と一定のがんのことである。

③ 介護保険の**第2号被保険者**が保険給付を受けた場合、原則として実際にかかった費用（食費、居住費等を除く）の1割を自己負担する必要がある。なお、**第1号被保険者**（65歳以上の者）の自己負担割合は、所得に応じて**1割、2割、3割**のいずれかとなる。

5 個人と生命保険① 2022.1第2問

次の設例に基づいて、下記の各問（問1～問3）に答えなさい。

設例

会社員のAさん（40歳）は、妻Bさん（35歳）および長男Cさん（0歳）との3人暮らしである。Aさんは、長男Cさんの誕生を機に、生命保険の加入を検討していたところ、先日、Aさんの職域を担当する生命保険会社の営業担当者から下記の生命保険の提案を受けた。

そこで、Aさんは、ファイナンシャル・プランナーのMさんに相談することにした。

〈Aさんが提案を受けた生命保険に関する資料〉

保険の種類　　　：5年ごと配当付特約組立型総合保険（注1）
月払保険料　　　：20,100円
保険料払込期間　：70歳満了
契約者（=保険料負担者）・被保険者：Aさん
死亡保険金受取人：妻Bさん
指定代理請求人　：妻Bさん

特約の内容	保障金額	保険期間
終身保険特約	200万円	終身
定期保険特約	3,000万円	10年
三大疾病一時金特約（注2）	一時金200万円	10年
総合医療特約（180日型）	1日目から日額10,000円	10年
先進医療特約	先進医療の技術費用と同額	10年
指定代理請求特約	—	—
リビング・ニーズ特約	—	—

（注1）複数の特約を自由に組み合わせて加入することができる保険
（注2）がん（上皮内がんを含む）と診断確定された場合、または急性心筋梗塞・脳卒中で所定の状態に該当した場合に一時金が支払われる（死亡保険金の支払はない）。

※上記以外の条件は考慮せず、各問に従うこと。

問1 必要保障額の計算

□□□ ★★☆

はじめに、Mさんは、現時点の必要保障額を試算することにした。下記の〈算式〉および〈条件〉に基づき、Aさんが現時点で死亡した場合の必要保障額は、次のうちどれか。

1） 4,004万円
2） 6,004万円
3） 1億3,504万円

〈算式〉

必要保障額＝遺族に必要な生活資金等の支出の総額－遺族の収入見込金額

〈条件〉

1．長男Cさんが独立する年齢は、22歳（大学卒業時）とする。
2．Aさんの死亡後から長男Cさんが独立するまで（22年間）の生活費は、現在の日常生活費（月額30万円）の70%とし、長男Cさんが独立した後の妻Bさんの生活費は、現在の日常生活費（月額30万円）の50%とする。
3．長男Cさん独立時の妻Bさんの平均余命は、32年とする。
4．Aさんの死亡整理資金（葬儀費用等）、緊急予備資金は、500万円とする。
5．長男Cさんの教育資金の総額は、1,300万円とする。
6．長男Cさんの結婚援助資金の総額は、200万円とする。
7．住宅ローン（団体信用生命保険に加入）の残高は、2,000万円とする。
8．死亡退職金見込額とその他金融資産の合計額は、1,800万円とする。
9．Aさん死亡後に妻Bさんが受け取る公的年金等の総額は、7,500万円とする。

問2 生命保険の加入

□□□ ★★★

次に、Mさんは、生命保険の加入について説明した。MさんのAさんに対する説明として、次のうち最も不適切なものはどれか。

1）「Aさんが提案を受けた生命保険の死亡保障の金額は、現時点での必要保障額をカバーしていません。どの程度の死亡保障を準備するか、支出可能な保険料を把握したうえでご検討ください」
2）「生命保険は、一度加入したら終わりではありません。必要保障額は、通常、お子さまの成長とともに逓増していきますので、ライフイベントに合わせて、保障内容を定期的に見直すことが大切です」
3）「保障金額や保障内容を準備するうえでは、目的に応じた加入をされることをお勧めします。例えば、Aさんの葬儀費用やお子さまの教育資金は終身保険や定期保険特約等の一時金タイプで準備し、残されたご家族の生活費は収入保障特約等の年金タイプで準備することなどが考えられます」

問3 **生命保険の保障内容**

最後に、Mさんは、Aさんが提案を受けた生命保険の保障内容について説明した。Mさんの Aさんに対する説明として、次のうち最も不適切なものはどれか。

1）「Aさんが、がんに罹患した場合、三大疾病一時金特約から200万円を受け取ることができます。ただし、通常、がんの保障については契約日から4ヵ月間の免責期間があります」

2）「Aさんが提案を受けた生命保険には、総合医療特約が付加されていますが、がん保障に特化したものや、入院1日目（日帰り入院）から相応の一時金が支払われるものなど、Aさんのニーズに合わせて医療保障を充実させることも検討事項の1つになります」

3）「Aさんが、厚生労働大臣が定めた先進医療による療養を受けた場合、先進医療特約から先進医療給付金を受け取ることができます。また、所定の先進医療については、一部の医療機関において、保険会社から医療機関へ直接技術料を支払う制度もありますので、特約に関する内容をご確認ください」

解答・解説

 **正解 1**　　▶テキストP47 ～ 48

必要保障額＝①遺族に必要な生活資金等の支出の総額－②遺族の収入見込金額

① **遺族に必要な生活資金等の支出の総額**
＝ **遺族の生活費＋死亡整理資金・緊急予備資金＋教育資金＋結婚援助資金**
＝ (30万円×**70％**×12 ヵ月×**22年**)＋(30万円×**50％**×12 ヵ月×**32年**)
＋500万円＋1,300万円＋200万円＝ **1億3,304万円**

住宅ローンは**団体信用生命保険**に加入しているため、Aさんの死亡時にその残高は保険金で完済される。したがって、住宅ローンの残高2,000万円は、遺族に必要な生活資金等に含まない。

② **遺族の収入見込金額**
＝ **死亡退職金見込額・金融資産＋公的年金等**
＝ 1,800万円＋7,500万円＝**9,300万円**

③ **必要保障額**
①**1億3,304万円**－②**9,300万円**＝4,004万円

問2 **正解 2**　　▶テキストP47

1）適切。Aさんが提案を受けた生命保険の死亡保障の金額は、「終身保険特約200万円＋定期保険特約3,000万円＝**3,200万円**」であり、現時点での必要保障額（**問1**より**4,004万円**）をカバーしていない。
2）不適切。必要保障額は、通常、**子どもの成長とともに**逓減していく。
3）適切。保障金額や保障内容を準備するうえでは、目的に応じた加入が望ましい。

問3 **正解 1**　　▶テキストP57

1）不適切。通常、**がんの保障**については契約日から3ヵ月間（**または90日間**）**の免責期間**（支払事由に該当しても保障されない期間）がある。
2）適切。ニーズに合わせて医療保障を充実させることも検討事項である。
3）適切。先進医療特約について、所定の先進医療については、一部の医療機関において、保険会社から医療機関へ直接技術料を支払う制度もある（**先進医療給付金の直接支払制度**）。

6 個人と生命保険②　2022.5第2問（一部変更）

次の設例に基づいて、下記の各問（問1～問3）に答えなさい。

設例

Ｘ株式会社（以下、「Ｘ社」という）に勤務するＡさん（55歳）は、専業主婦である妻Ｂさん（53歳）との２人暮らしである。Ａさん夫妻には２人の子がいるが、いずれも結婚して独立している。

Ａさんは、Ｘ社が実施する早期退職制度を利用して2025年１月末日付でＸ社を退職し、飲食店を開業する予定である。Ａさんは、退職後の健康保険や公的年金がどのように変わるのか、個人事業主としてどのようなリスクに備える必要があるのかなど、理解を深めたいと思っている。なお、Ａさんは、現在、全国健康保険協会管掌健康保険および厚生年金保険の被保険者である。

そこで、Ａさんは、ファイナンシャル・プランナーのＭさんに相談することにした。

〈Ａさんが現在加入している生命保険の内容〉

保険の種類　　　：定期保険特約付終身保険
契約年月日　　　：2010年６月１日
月払保険料　　　：26,300円（保険料払込期間：70歳満了）
契約者（＝保険料負担者）・被保険者：Ａさん
死亡保険金受取人：妻Ｂさん

主契約および特約の内容	保障金額	保険期間
終身保険	200万円	終身
定期保険特約	2,000万円	10年
特定疾病保障定期保険特約	300万円	10年
傷害特約	500万円	10年
入院特約	１日目から日額10,000円	10年
生活習慣病特約	１日目から日額5,000円	10年
リビング・ニーズ特約	—	—

※上記以外の条件は考慮せず、各問に従うこと。

問1　個人事業主となった場合の社会保険　□□□ ★★☆

はじめに、Mさんは、Aさんが個人事業主となった場合の社会保険の取扱いについて説明した。MさんのAさんに対する説明として、次のうち最も適切なものはどれか。

1）「Aさんは、退職日の翌日から60歳になるまでの間、健康保険に任意継続被保険者として加入することができます」

2）「Aさんが国民健康保険に加入した場合、妻Bさんを国民健康保険の被扶養者とすることができます」

3）「AさんがX社を退職し、厚生年金保険の被保険者でなくなった場合、妻Bさんは、国民年金の第3号被保険者から第1号被保険者への種別変更の届出を行い、国民年金の保険料を納付することになります」

問2　個人事業主のリスク

次に、Mさんは、Aさんに想定されるリスクについて説明した。MさんのAさんに対する説明として、次のうち最も不適切なものはどれか。

1）「Aさんのような公的介護保険の第2号被保険者は、要介護状態または要支援状態となった原因が特定疾病によって生じたものでなければ、公的介護保険からの保険給付は受けられません」

2）「個人事業主が加入する国民健康保険には、高額療養費制度が設けられていないため、会社員に比べて医療費の自己負担額が多くなる傾向があります。そのため、ケガや病気の場合の治療費の準備を充実させることをご検討ください」

3）「個人事業主となったAさんが生活習慣病等で働けなくなった場合、会社員のときよりも収入が減少するリスクが高くなると思われます。そのため、治療費の準備に加えて、働けなくなった場合の所得補償の準備もご検討ください」

問3　生命保険のアドバイス　□□□ ★★★

最後に、Mさんは、生命保険の見直しについてアドバイスした。MさんのAさんに対するアドバイスとして、次のうち最も不適切なものはどれか。

1）「会社員と個人事業主とでは、妻Bさんが受け取る公的年金等の総額や、死亡退職金の有無など、必要保障額を計算する際の条件が異なります。Aさんが個人事業主となった場合の必要保障額を計算することをお勧めします」

2）「最近では、入院1日目から相応の一時金が支払われるタイプや、退院後の通院治療のために給付金が支払われるタイプの保険（特約）が販売されています。保険会社各社の保障内容をよく比較して、見直しを検討しましょう」

3）「現在加入している生命保険を払済終身保険に変更した場合、死亡保険金額は減少しますが、現在付加されている入院特約は残り、月々の保険料負担は軽減されます」

解答・解説

問1　正解 3　▶テキストP16～17、22

1）不適切。Aさんは、退職日の翌日から**最長２年間**、**健康保険に**任意継続被保険者として加入する**ことが**できる。

2）不適切。**国民健康保険には**被扶養者の制度はないため、妻Bさんは被保険者となる。

3）適切。AさんがX社を退職し、厚生年金保険の被保険者（国民年金の第２号被保険者）でなくなった場合、妻Bさんは、**国民年金の**第３号被保険者から第１号被保険者へ種別変更となるため、所定の届出を行い、**国民年金の**保険料を納付する。

問2　正解 2　▶テキストP17～18

1）適切。**公的介護保険の**第２号被保険者（40歳以上65歳未満）は、要介護状態または要支援状態となった原因が特定疾病（加齢に起因する一定の疾病と一定のがん）によって生じたものでなければ、公的介護保険からの**保険給付は受けられない**。

2）不適切。国民健康保険には、健康保険と同様に、高額療養費制度が設けられている。

3）適切。**個人事業主**の場合、毎月決まった月給が支払われる会社員のときよりも収入が減少するリスクが高い。なお、国民健康保険（保険者が都道府県・市区町村であるもの）の被保険者となった場合、健康保険とは異なり、通常、**傷病手当金の制度がない**。

問3　正解 3　▶テキストP55、57

1）適切。会社員と個人事業主とでは、妻Bさんが受け取る公的年金等（遺族年金等）の総額や、死亡退職金の有無など、必要保障額を計算する際の条件が異なる。Aさんが**個人事業主となった場合の**必要保障額を、改めて計算する**ことが大切である**。

2）適切。現在、医療保険（特約）では、**入院１日目から一時金が支払われる**タイプや、退院後の通院治療**のために給付金が支払われる**タイプが販売されている。

3）不適切。現在加入している生命保険を**払済終身保険に変更**した場合、**死亡保険金額は減少**し、現在付加されている入院特約は消滅する。なお、払済終身保険に変更後は、保険料の支払いは不要である。

7 個人と生命保険③ 2023.5第2問

次の設例に基づいて、下記の各問（問1～問3）に答えなさい。

設例

会社員のAさん（52歳・全国健康保険協会管掌健康保険の被保険者）は、妻Bさん（50歳）および長女Cさん（19歳）との3人暮らしである。先日、Aさんは、Y生命保険の営業担当者からがん保険の見直しの提案を受けた。Aさんは、30代の頃からX生命保険のがん保険に加入しており、保障内容がより充実しているものであれば、見直してもよいと考えている。

そこで、Aさんは、ファイナンシャル・プランナーのMさんに相談することにした。

〈Aさんが提案を受けたY生命保険のがん保険に関する資料〉

保険の種類：5年ごと配当付終身がん保険（終身払込）

月払保険料：7,300円

契約者（＝保険料負担者）・被保険者・受取人：Aさん

主契約および特約の内容	保障金額	保険期間
主契約：がん診断給付金（注1）	一時金100万円	終身
がん治療保障特約（注2）	月額10万円	終身
抗がん剤治療特約（注3）	月額10万円	10年
がん先進医療特約	先進医療の技術料と同額	10年

（注1）生まれて初めて所定のがん（悪性新生物）と診断された場合や、前回当該給付金の支払事由に該当した日から1年経過後に、新たに所定のがん（悪性新生物）と診断された場合に一時金が支払われる。

（注2）がん（悪性新生物）の治療を目的とする入院、所定の手術または放射線治療をした月ごとに支払われる。

（注3）がん（悪性新生物）の治療を目的とする所定の抗がん剤治療をした月ごとに支払われる。

〈Aさんが現在加入しているX生命保険のがん保険に関する資料〉

保険の種類：無配当終身がん保険（終身払込）

契約年月日：2005年10月1日／月払保険料：4,100円

契約者（＝保険料負担者）・被保険者・受取人：Aさん

主契約の内容	保障金額	保険期間
がん診断給付金（注4）	一時金100万円	終身
がん入院給付金	日額10,000円	終身
がん手術給付金	一時金10万円または20万円	終身
がん通院給付金	日額10,000円	終身

（注４）生まれて初めて所定のがん（悪性新生物）と診断された場合に一時金が支払われる。

※上記以外の条件は考慮せず、各問に従うこと。

問１　がんの保障の見直し

□□□ ★★☆

はじめに、Ｍさんは、がんの保障の見直しについて説明した。ＭさんのＡさんに対する説明として、次のうち最も不適切なものはどれか。

１）「がんは、再発のリスクがあり、治療期間が長期にわたるケースもあります。そのため、がんの保障を準備する際には、再発時の保障の有無やその内容を確認する必要があります」

２）「ＡさんがＸ生命保険のがん保険に加入した当時と比べて、がんによる入院日数は短期化し、通院により治療が行われる場合も多くなっています。入院日数の長短にかかわらず一定額を受け取ることができる保障を準備することは検討に値します」

３）「提案を受けたがん保険の保険料払込期間を終身払込から有期払込に変更することで、毎月の保険料負担は減少し、保険料の払込総額も少なくなります」

問２　がん保険

次に、Ｍさんは、Ａさんが提案を受けたがん保険の保障内容等について説明した。ＭさんのＡさんに対する説明として、次のうち最も適切なものはどれか。

１）「Ａさんが生まれて初めて所定のがん（悪性新生物）に罹患した場合、がん診断給付金100万円を受け取ることができます。ただし、通常、がんの保障については契約日から６ヵ月間の免責期間があります」

２）「Ａさんががん診断給付金を受け取った場合、当該給付金は非課税所得として扱われます」

３）「先進医療の治療を受けた場合、診察料、投薬料および技術料は全額自己負担になります。重粒子線治療や陽子線治療など、技術料が高額となるケースもありますので、がん先進医療特約の付加をお勧めします」

問3　健康保険（高額療養費制度）　□□□ ★★☆

最後に、Mさんは、全国健康保険協会管掌健康保険の高額療養費制度について説明した。Mさんが、Aさんに対して説明した以下の文章の空欄①～③に入る語句または数値の組合せとして、次のうち最も適切なものはどれか。

> 「Aさんに係る医療費の一部負担金の割合は、原則として（　①　）割となりますが、（　②　）内に、医療機関等に支払った医療費の一部負担金等の合計が自己負担限度額を超えた場合、所定の手続により、自己負担限度額を超えた額が高額療養費として支給されます。この一部負担金等の合計には、差額ベッド代、入院時の食事代、先進医療に係る費用等は含まれず、70歳未満の者の場合、原則として、医療機関ごとに、入院・外来、医科・歯科別に一部負担金等が（　③　）円以上のものが計算対象となります」

1）① 1　② 同一月　③ 12,000
2）① 3　② 同一月　③ 21,000
3）① 3　② 同一年　③ 12,000

解答・解説

問1 正解 3

1）適切。がん再発時の保障の有無やその内容は、保険会社や商品、加入時期によって異なるため、がんの保障を準備する際に確認する必要がある。

2）適切。以前と比較して**がんによる入院日数は短期化している**ため、入院日数の長短にかかわらず一定額を受け取ることができる保障を準備することは検討に値する。

3）不適切。終身がん保険の保険料払込期間を「終身払込」から**「有期払込(10年間、65歳払込満了など)」**に変更すると、**毎月の保険料負担は増加する**。毎月の保険料負担を抑えたい場合には、終身払込が適している。

問2 正解 2 ▶テキストP57、70

1）不適切。通常、がん保険におけるがんの保障については、**契約日から3ヵ月間の免責期間**があり、この間にがんと診断された場合、がん診断給付金は支払われない。免責期間経過後、生まれて初めて所定のがんに罹患した場合には、がん診断給付金を受け取ることができる。

2）適切。被保険者が受け取る**がん診断給付金**は、非課税所得である。なお、がん保険のその他の特約に関する給付金も、非課税所得である。

3）不適切。**先進医療**の治療を受けた場合、その技術料は全額自己負担となり高額となるケースもあるため、がん先進医療特約を付加することは検討に値する。なお、診察料と投薬料は公的医療保険が適用されるため、全額自己負担とはならない。

問3 正解 2 ▶テキストP15

① Aさん（**70歳未満**の被保険者）に係る医療費の一部負担金の割合は、原則として3**割**となる。

② 同一月**内**に、医療機関等に支払った医療費の一部負担金等の合計が自己負担限度額を超えた場合、所定の手続により、**自己負担限度額を超えた額が高額療養費として支給される**。

③ 70歳未満の者の場合、原則として、医療機関ごとに、入院・外来、医科・歯科別に一部負担金等が21,000**円以上**のものが高額療養費の計算対象となる。

8 個人と生命保険④ 2024.1第2問

次の設例に基づいて、下記の各問（問1～問3）に答えなさい。

設例

会社員のAさん（54歳）は、会社員の妻Bさん（53歳）との2人暮らしである。Aさん夫妻には子が1人いるが、既に結婚して独立している。

Aさんは、先日、生命保険会社の営業担当者から終身介護保険の提案を受けたことを機に、要介護状態になった場合の保障を充実させたいと思うようになった。

そこで、Aさんは、ファイナンシャル・プランナーのMさんに相談することにした。

〈Aさんが提案を受けた生命保険に関する資料〉

保険の種類　　：無配当終身介護保険
月払保険料　　：6,700円（全額が介護医療保険料控除の対象）
保険料払込期間：終身払込（注1）
契約者（＝保険料負担者）・被保険者・受取人：Aさん
指定代理請求人：妻Bさん

主契約の内容	保障金額	保険期間
終身介護年金（注2）	年額60万円	終身

特約の内容	保障金額	保険期間
介護一時金特約（注2・3）	一時金100万円	終身
指定代理請求特約	－	－

（注1）保険料払込期間は、契約時に有期払込を選択することができる。
（注2）公的介護保険制度の要介護3以上と認定された場合、または保険会社所定の要介護状態になった場合に支払われる（死亡保険金の支払はない）。
（注3）介護一時金が支払われた場合、介護一時金特約は消滅する。

※上記以外の条件は考慮せず、各問に従うこと。

問1　公的介護保険 

はじめに、Mさんは、公的介護保険について説明した。MさんのAさんに対する説明として、次のうち最も不適切なものはどれか。

1）「公的介護保険の保険給付を受けるためには、市町村（特別区を含む）から、要介護認定または要支援認定を受ける必要があります」
2）「公的介護保険の第２号被保険者は、要介護状態または要支援状態となった原因が特定疾病によって生じたものでなければ、公的介護保険の保険給付は受けられません」
3）「公的介護保険の第２号被保険者が、公的介護保険の保険給付を受けた場合、原則として、実際にかかった費用の３割を自己負担する必要があります」

問2　終身介護保険の保障内容 

次に、Mさんは、Aさんが提案を受けた生命保険の保障内容等について説明した。MさんのAさんに対する説明として、次のうち最も不適切なものはどれか。

1）「保険料払込期間を終身払込から有期払込にした場合、毎月の保険料負担は減少し、保険料の払込総額も少なくなります。保険料払込期間は有期払込を選択することを検討してはいかがでしょうか」
2）「介護保障を準備するうえでは、目的に応じて保障内容を組み立てることが大切です。例えば、自宅の増改築費用は一時金タイプで準備し、毎月の介護費用は年金タイプで準備することなどが考えられます」
3）「保険会社所定の認知症の状態に該当した場合や、身体障害者福祉法に連動して保険金・給付金が支払われる保険商品もあります。複数（他社）の保険商品の保障内容や保険料水準を確認することをお勧めします」

問3　生命保険の課税関係 □□□ ★★★

最後に、Mさんは、Aさんが提案を受けた生命保険の課税関係について説明した。MさんのAさんに対する説明として、次のうち最も不適切なものはどれか。

1）「当該生命保険の保険料は介護医療保険料控除の対象となります。適用限度額は、所得税で40,000円、住民税で28,000円となります」
2）「Aさんが終身介護年金を受け取る場合、当該年金は非課税所得として扱われます」
3）「指定代理請求特約により、妻BさんがAさんに代わって受け取る介護一時金特約の一時金は、一時所得として総合課税の対象となります」

解答・解説

問1　正解 3　▶テキストP17～18

1）適切。公的介護保険の保険給付を受けるためには、市町村（特別区を含む）から、要介護認定（1～5）または要支援認定（1または2）を受ける必要がある。

2）適切。公的介護保険の第2号被保険者（**40歳以上65歳未満**）は、要介護状態または要支援状態となった原因が特定疾病（加齢に起因する一定の疾病または一定のがん）によって生じたものでなければ、公的介護保険の保険給付は受けられない。なお、**第1号被保険者**（**65歳以上**）は、**原因にかかわらず**、公的介護保険の保険給付を受けることができる。

3）不適切。公的介護保険の**第2号被保険者**が、公的介護保険の保険給付を受けた場合、原則として、実際にかかった費用の1割**を自己負担**する必要がある。

第1号被保険者の自己負担は、所得に応じて1割・2割・3割となります。

問2　正解 1

1）不適切。毎月の保険料負担は、有期払込（10年間、65歳払込満了など）よりも終身払込のほうが毎月の保険料負担は少なくなる。保険料の払込総額についてどちらが少なくなるかは、死亡時期によって異なる。

2）適切。介護保障を準備するうえでは、目的（自宅増改築費用、毎月の介護費用など）に応じて保障内容を組み立てることが大切である。

3）適切。保険会社の介護保険には、どのような状態や条件に該当した場合に保険金・給付金が支払われるのかについて、さまざまな保険商品がある。

問3　正解 3　▶テキストP66～67、70

1）適切。保険会社の介護保険（死亡保険金の支払なし）の保険料は、介護医療保険料控除**の対象**となる。適用限度額は、**所得税で**40,000円、**住民税で**28,000円となる。

2）適切。被保険者が受け取る**介護年金**は、非課税所得である。

3）不適切。**指定代理請求人**（妻Bさん）が受け取る一時金は、非課税所得である。

9 法人と生命保険①　2021.5第3問

次の設例に基づいて、下記の各問（問1～問3）に答えなさい。

設例

Aさん（43歳）は、X株式会社（以下、「X社」という）の創業社長である。Aさんは、先日、生命保険会社の営業担当者から、自身の退職金準備を目的とした下記の〈資料〉の生命保険の提案を受けた。

そこで、Aさんは、ファイナンシャル・プランナーのMさんに相談することにした。

〈資料〉Aさんが提案を受けた生命保険の内容

保険の種類：無配当低解約返戻金型終身保険（特約付加なし）	
契約者（＝保険料負担者）	：X社
被保険者	：Aさん
死亡・高度障害保険金受取人	：X社
死亡・高度障害保険金額	：5,000万円
保険料払込期間	：65歳満了
年払保険料	：200万円
65歳までの払込保険料累計額（①）	：4,400万円
65歳時の解約返戻金額（②）	：4,600万円（低解約返戻金期間満了直後）
受取率（②÷①）	：104.5％（小数点第2位以下切捨て）

※解約返戻金額の80％の範囲内で、契約者貸付制度を利用することができる。

※上記以外の条件は考慮せず、各問に従うこと。

問1 退職所得の金額の計算　□□□ ★★★

仮に、将来X社がAさんに役員退職金5,000万円を支給した場合、Aさんが受け取る役員退職金に係る退職所得の金額として、次のうち最も適切なものはどれか。なお、Aさんの役員在任期間（勤続年数）を40年とし、これ以外に退職手当等の収入はなく、障害者になったことが退職の直接の原因ではないものとする。

1）1,400万円
2）2,200万円
3）2,800万円

問2 終身保険の経理処理（保険料）

設例の終身保険の第１回保険料払込時の経理処理（仕訳）として、次のうち最も適切なものはどれか。

1）

借　方		貸　方	
保険料積立金	200万円	現金・預金	200万円

2）

借　方		貸　方	
定期保険料	100万円	現金・預金	200万円
前払保険料	100万円		

3）

借　方		貸　方	
定期保険料	200万円	現金・預金	200万円

問3 終身保険

Mさんは設例の終身保険について説明した。MさんのＡさんに対する説明として、次のうち最も適切なものはどれか。

1）「Ａさんが所定の高度障害状態になった場合、高度障害保険金5,000万円がＸ社に支払われます。さらに、その後Ａさんが死亡した場合には、死亡保険金5,000万円がＸ社に支払われます」

2）「急な資金需要の発生により、Ｘ社が契約者貸付制度を利用した場合、当該終身保険契約は継続しているため、経理処理は必要ありません」

3）「Ａさんの勇退時に、役員退職金の一部として当該終身保険の契約者をＡさん、死亡保険金受取人をＡさんの相続人に名義変更し、当該終身保険をＡさんの個人の保険として継続することが可能です」

解答・解説

問1 **正解 1** ▶テキストP125～126

① **退職所得控除額**（勤続年数20年超の場合）
＝800万円＋70万円×（勤続年数－20年）
＝800万円＋70万円×（40年－20年）＝2,200万円

② **退職所得の金額**

$$＝（収入金額－退職所得控除額）\times\frac{1}{2}$$

$$＝（5,000万円－①2,200万円）\times\frac{1}{2}＝1,400万円$$

問2 **正解 1** ▶テキストP80

借　　方		貸　　方	
保険料積立金	200万円	現金・預金	200万円

保険料（200万円）を支払うと**現金・預金が減る**ため、右側（貸方）に仕訳する。**終身保険の保険料は、全額を資産計上**するため、保険料積立金**として左側（借方）に仕訳**する。

問3 **正解 3** ▶テキストP44、77

1）不適切。高度障害保険金が支払われると**契約は消滅する**ため、その後Ａさんが死亡しても死亡保険金は支払われない。

2）不適切。**契約者貸付制度**を利用した場合、借入金として負債に計上する経理**処理が必要となる**。

3）適切。Ａさんの勇退時に、役員退職金の一部として当該終身保険の契約者をＡさん、死亡保険金受取人をＡさんの相続人に名義変更し、当該終身保険をＡさんの個人の保険として継続することが可能である（**退職金の現物支給**）。なお、Ｘ社では、それまでの当該終身保険に係る**資産計上額を取り崩す経理処理が必要となる**。

10 法人と生命保険② 2024.1第3問（一部変更）

次の設例に基づいて、下記の各問（問1～問3）に答えなさい。

設 例

Ａさん（48歳）は、Ｘ株式会社（以下、「Ｘ社」という）の創業社長である。Ｘ社は、現在、役員退職金の準備を目的として、下記の〈資料１〉の生命保険に加入している。

Ａさんは先日、生命保険会社の営業担当者であるファイナンシャル・プランナーのＭさんから、下記の〈資料２〉の生命保険の提案を受けた。

〈資料１〉Ｘ社が現在加入している生命保険に関する資料

保険の種類：５年ごと利差配当付長期平準定期保険（特約付加なし）
契約年月日：2016年６月１日
契約者（＝保険料負担者）：Ｘ社
被保険者：Ａさん
死亡保険金受取人：Ｘ社
死亡・高度障害保険金額：１億円
保険期間・保険料払込期間：98歳満了
年払保険料：230万円
65歳時の解約返戻金額：4,950万円
65歳時の払込保険料累計額：5,750万円
※解約返戻金額の80％の範囲内で、契約者貸付制度を利用することができる。
※保険料の払込みを中止し、払済終身保険に変更することができる。

〈資料２〉Ａさんが提案を受けた生命保険に関する資料

保険の種類：無配当特定疾病保障定期保険（無解約返戻金型・特約付加なし）
契約者（＝保険料負担者）：Ｘ社
被保険者：Ａさん
死亡保険金受取人：Ｘ社
死亡・高度障害・特定疾病保険金額：5,000万円
保険期間：10年（自動更新タイプ）
年払保険料：50万円
※死亡・所定の高度障害状態に該当した場合に加え、がん（悪性新生物）と診断確定された場合、または急性心筋梗塞・脳卒中で所定の状態に該当した場合に保険金が契約者に支払われる。

※上記以外の条件は考慮せず、各問に従うこと。

問1 退職所得の金額の計算 □□□ ★★★

仮に、将来X社がAさんに役員退職金4,000万円を支給した場合、Aさんが受け取る役員退職金に係る退職所得の金額として、次のうち最も適切なものはどれか。なお、Aさんの役員在任期間（勤続年数）を25年とし、これ以外に退職手当等の収入はなく、障害者になったことが退職の直接の原因ではないものとする。

1）1,425万円
2）1,500万円
3）2,850万円

問2 定期保険 □□□ ★★☆

Mさんは、〈資料1〉および〈資料2〉の定期保険について説明した。MさんのAさんに対する説明として、次のうち最も適切なものはどれか。

1）「〈資料1〉の定期保険の単純返戻率（解約返戻金額÷払込保険料累計額）は、保険始期から上昇し、保険期間満了直前にピークを迎えます」
2）「〈資料1〉の定期保険をAさんが65歳のときに解約した場合、解約時点における払込保険料累計額と解約返戻金額との差額を雑損失として経理処理します」
3）「〈資料2〉の定期保険は、〈資料1〉の定期保険のようなキャッシュバリューは期待できませんが、X社が受け取る特定疾病保険金は、Aさんががん等の治療で不在の間、事業を継続させるための資金として活用することができます」

問3 定期保険の経理処理（仕訳） □□□ ★★☆

〈資料2〉の定期保険の第1回保険料払込時の経理処理（仕訳）として、次のうち最も適切なものはどれか。

1）

借　方		貸　方	
定期保険料	50万円	現金・預金	50万円

2）

借　方		貸　方	
定期保険料	20万円	現金・預金	50万円
前払保険料	30万円		

3）

借　方		貸　方	
保険料積立金	50万円	現金・預金	50万円

解答・解説

問1 正解 1 ▶テキストP125～126

① **退職所得控除額**（勤続年数20年超の場合）

＝800万円＋70万円×（勤続年数－20年）

＝800万円＋70万円×（25年－20年）＝1,150万円

② **退職所得の金額**

$$＝（収入金額－退職所得控除額）×\frac{1}{2}$$

$$＝（4,000万円－①1,150万円）×\frac{1}{2}＝1,425万円$$

問2 正解 3 ▶テキストP76

1）不適切。長期平準定期保険の**単純返戻率**（解約返戻金額÷払込保険料累計額）は、保険期間の経過に伴って徐々に上昇するが、保険期間の途中でピークを迎えた後は**徐々に低下**し、保険期間満了時にはゼロになる。

2）不適切。Ｘ社が当該生命保険をＡさんが65歳のときに解約した場合、解約時点における資産計上額（払込保険料累計額5,750万円×１／２＝2,875万円）と解約返戻金額（4,950万円）との**差額（2,075万円）を**雑収入**として経理処理**する。仕訳は次のとおりである。

借　　方		貸　　方	
現金・預金	4,950万円	前払保険料	2,875万円
		雑収入	2,075万円

3）適切。〈資料２〉の定期保険は、**無解約返戻金型**であるため、キャッシュバリュー（解約返戻金）は期待できないが、Ｘ社は、Ａさんががん等と診断確定された場合などに**特定疾病保険金**を受けることができる。この特定疾病保険金は、Ａさんが治療で不在の間、事業を継続させるための資金として活用することができる。

問3 正解 1 ▶テキストP78～80

借　　方		貸　　方	
定期保険料	50万円	現金・預金	50万円

保険料（50万円）を支払うと**現金・預金が減る**ため、右側（貸方）に仕訳する。

無解約返戻金型の**定期保険の保険料は、全額を損金算入**するため、定期保険料**と**して左側（借方）に仕訳**する。**

11 法人と生命保険③　2023.1第３問（一部変更）

次の設例に基づいて、下記の各問（問１～問３）に答えなさい。

設例

Aさん（65歳）は、X株式会社（以下、「X社」という）の創業社長である。Aさんは、今期限りで勇退し、X社の専務取締役である長男Bさん（43歳）が社長に就任する予定である。X社は、Aさんに支給する役員退職金の原資として、下記〈資料〉の生命保険の解約返戻金を活用することを検討している。

そこで、Aさんは、生命保険会社の営業担当者であるファイナンシャル・プランナーのMさんに相談することにした。

〈資料〉X社が現在加入している生命保険の契約内容

保険の種類	：長期平準定期保険（特約付加なし）
契約年月日	：2005年４月１日
契約者（＝保険料負担者）	：X社
被保険者	：Aさん
死亡保険金受取人	：X社
保険期間・保険料払込期間	：99歳満了
死亡・高度障害保険金額	：１億円
年払保険料	：240万円
現時点の解約返戻金額	：4,400万円
現時点の払込保険料累計額	：4,800万円

※解約返戻金額の80％の範囲内で、契約者貸付制度を利用することができる。
※保険料の払込みを中止し、払済終身保険に変更することができる。

※上記以外の条件は考慮せず、各問に従うこと。

問 1　退職所得の金額の計算

仮に、X社がAさんに役員退職金5,000万円を支給した場合、Aさんが受け取る役員退職金に係る退職所得の金額として、次のうち最も適切なものはどれか。なお、Aさんの役員在任期間（勤続年数）を35年とし、これ以外に退職手当等の収入はなく、障害者になったことが退職の直接の原因ではないものとする。

1）1,575万円
2）1,850万円
3）3,150万円

問 2　長期平準定期保険の経理処理（解約返戻金）

X社が現在加入している設例の長期平準定期保険を下記〈条件〉にて解約した場合の経理処理（仕訳）として、次のうち最も適切なものはどれか。

〈条件〉

・X社が解約時までに支払った保険料の累計額は、4,800万円である。
・解約返戻金の額は、4,400万円である。
・配当等、上記以外の条件は考慮しないものとする。

1）

借　方		貸　方	
現金・預金	4,400万円	前払保険料	2,400万円
雑　損　失	400万円	定期保険料	2,400万円

2）

借　方		貸　方	
現金・預金	4,400万円	前払保険料	2,400万円
		雑　収　入	2,000万円

3）

借　方		貸　方	
前払保険料	2,200万円	現金・預金	4,400万円
定期保険料	2,200万円		

問3 長期平準定期保険

□□□ ★★☆

Mさんは、設例の長期平準定期保険について説明した。MさんのAさんに対する説明として、次のうち最も不適切なものはどれか。

1）「X社が当該生命保険を解約した場合にX社が受け取る解約返戻金は、Aさんに支給する役員退職金の原資として活用する以外に、設備投資等の事業資金としても活用することができます」

2）「現時点で当該生命保険を払済終身保険に変更する場合、契約は継続するため、経理処理は必要ありません」

3）「当該生命保険を払済終身保険に変更し、Aさんが勇退する際に、契約者をAさん、死亡保険金受取人をAさんの相続人に名義を変更することで、当該払済終身保険を役員退職金の一部としてAさんに現物支給することができます」

解答・解説

問1 正解 1 ▶テキストP125～126

① **退職所得控除額**（勤続年数20年超の場合）
＝800万円＋70万円×（勤続年数－20年）
＝800万円＋70万円×（35年－20年）＝1,850万円

② **退職所得の金額**

$$＝（収入金額－退職所得控除額）\times\frac{1}{2}$$

$$＝（5{,}000万円－①1{,}850万円）\times\frac{1}{2}＝1{,}575万円$$

問2 正解 2 ▶テキストP83～84

借　方		貸　方	
現金・預金	4,400万円	前払保険料	2,400万円
		雑　収　入	2,000万円

解約返戻金（4,400万円）を受け取ると**現金・預金が増える**ため、左側（借方）に仕訳する。

解約時までに支払った長期平準定期保険の保険料累計額4,800万円は、その**2分の1（2,400万円）が左側（借方）に前払保険料として資産計上**されている。この**資産計上額を取り崩す**ため、**右側（貸方）に仕訳**する。**解約返戻金額と資産計上額との差額**2,000万円**は**雑収入**として益金算入され、右側（貸方）に仕訳**する。

問3 正解 2 ▶テキストP77

1）適切。長期平準定期保険の解約返戻金の使途に制限はない。

2）不適切。現時点で**払済終身保険に変更**した場合、解約返戻金額（4,400万円）と資産計上額（2,400万円）との**差額（2,000万円）を**雑収入として計上する**経理処理が必要**である。なお、仕訳は次のとおりである。

借　方		貸　方	
保険料積立金	4,400万円	前払保険料	2,400万円
		雑　収　入	2,000万円

3）適切。当該生命保険を**払済終身保険に変更**し、Aさんが勇退する際に、契約者をAさん、死亡保険金受取人をAさんの相続人に**名義を変更**することで、当該払済終身保険を役員退職金**の一部としてAさんに**現物支給**することができる。**

12 法人と生命保険④　2019.9第3問

次の設例に基づいて、下記の各問（問1～問3）に答えなさい。

設例

Ｘ株式会社（以下、「Ｘ社」という）は、Ａさん（40歳）が設立した会社である。Ａさんは、現在、従業員の退職金準備の方法について検討している。そこで、Ａさんは生命保険会社の営業担当者であるＭさんに相談することにした。

〈Ｍさんの提案内容〉

従業員の退職金準備を目的として、中小企業退職金共済制度（Ｘ社は加入要件を満たしている）および下記〈資料〉の生命保険（福利厚生プラン）を提案した。

〈資料〉

保険の種類	養老保険（特約付加なし）
契約者（＝保険料負担者）	Ｘ社
被保険者	全従業員（30名）
死亡保険金受取人	被保険者の遺族
満期保険金受取人	Ｘ社
保険期間・保険料払込期間	60歳満期
死亡・高度障害保険金額	500万円（１人当たり）
年払保険料	600万円（30名の合計）

※上記以外の条件は考慮せず、各問に従うこと。

問1 中小企業退職金共済制度

Mさんは、中小企業退職金共済制度（以下、「中退共」という）の特徴について説明した。Mさんが、Aさんに対して説明した以下の文章の空欄①～③に入る語句または数値の組合せとして、次のうち最も適切なものはどれか。

> 「中退共は、中小企業の事業主が退職金を社外に積み立てる退職金準備の共済制度です。毎月の掛金は、被共済者（従業員）１人につき月額5,000円から30,000円までの16種類のなかから任意に選択することができ、その（　①　）を損金の額に算入することができます。また、新しく中退共に加入する事業主に対して、掛金月額の２分の１（従業員ごと上限5,000円）を加入後４ヵ月目から（　②　）年間、国が助成します。被共済者（従業員）が中途（生存）退職したときは、退職金が（　③　）支給され、一時金で受け取った場合、退職所得として課税の対象となります」

1）① 全額　　② 1　　③ 従業員本人に直接
2）① ３分の1　　② 2　　③ 従業員本人に直接
3）① 全額　　② 3　　③ 法人を経由して従業員に

問2 福利厚生プランの経理処理（保険料）

設例の〈資料〉の福利厚生プランの保険料払込時の経理処理（仕訳）として、次のうち最も適切なものはどれか。

1）

借　　方		貸　　方	
保険料積立金	600万円	現金・預金	600万円

2）

借　　方		貸　　方	
福利厚生費	600万円	現金・預金	600万円

3）

借　　方		貸　　方	
福利厚生費	300万円	現金・預金	600万円
保険料積立金	300万円		

問3 福利厚生プラン

□□□ ★★☆

Mさんは、設例の〈資料〉の福利厚生プランについて説明した。MさんのAさんに対する説明として、次のうち最も不適切なものはどれか。

1）「福利厚生プランは、原則として、従業員全員を被保険者とする等の普遍的加入でなければなりませんので、制度導入後に入社した従業員について加入漏れがないように注意してください」

2）「福利厚生プランを導入する際は、退職金の支給根拠を明確にするため、退職金規程を整えてください」

3）「保険期間中に被保険者である従業員が中途（生存）退職した場合、解約返戻金は退職する従業員本人に直接支給されます」

解答・解説

問1 正解 1 ▶テキストP41

① 中退共（中小企業退職金共済制度）は、中小企業の事業主が退職金を社外に積み立てる退職金準備の共済制度である。中退共の掛金は、全額を事業主が支払い、全額を損金の額に算入することができる。

② 新しく中退共に加入する事業主に対して、掛金月額の２分の１（従業員ごと上限5,000円）を加入後４ヵ月目から１年間、国が助成する。

③ 被共済者（従業員）が中途（生存）退職したときは、退職金が従業員本人に直接支給される（法人経由ではない）。一時金で受け取った場合、退職所得として課税の対象となる。

問2 正解 3 ▶テキストP81 ～ 82

借　方		貸　方	
福利厚生費	300万円	現金・預金	600万円
保険料積立金	300万円		

保険料（600万円）を支払うと現金・預金が減るため、右側（貸方）に仕訳する。

福利厚生プランの養老保険の保険料は、２分の１を福利厚生費として損金算入し、２分の１を保険料積立金として資産計上する。保険料600万円のうち２分の１の300万円を福利厚生費として、残り300万円を保険料積立金として左側（借方）に仕訳する。

問3 正解 3 ▶テキストP74

1）適切。福利厚生プランは、原則として、従業員全員を被保険者とする等の普遍的加入でなければならない。したがって、制度導入後に入社した従業員の加入漏れがないように注意する必要がある。

2）適切。退職金の支給根拠を明確にしなければ、福利厚生プランとして保険料の２分の１を損金算入することが認められないケースがあるため、退職金規程を整えておく必要がある。

3）不適切。福利厚生プランに限らず、生命保険契約の解約返戻金は、契約者に支払われるため、X社に支払われる。

13 会社員と所得税①　2021.1第４問（一部変更）

次の設例に基づいて、下記の各問（問１～問３）に答えなさい。

設例

会社員のＡさんは、妻Ｂさん、長男Ｃさんおよび二男Ｄさんとの４人家族である。Ａさんは、2024年中に終身保険の解約返戻金480万円および一時払変額個人年金保険（10年確定年金）の解約返戻金600万円を受け取っている。

〈Ａさんとその家族に関する資料〉

Ａさん　（50歳）：会社員
妻Ｂさん　（50歳）：専業主婦。2024年中の収入はない。
長男Ｃさん（21歳）：大学生。2024年中に、アルバイトにより給与収入120万円を得ている。
二男Ｄさん（19歳）：大学生。2024年中の収入はない。

〈Ａさんの2024年分の収入等に関する資料〉

（１）給与収入の金額　：800万円
（２）終身保険の解約返戻金
　契約年月　：1996年７月
　契約者（＝保険料負担者）・被保険者：Ａさん
　死亡保険金受取人　：妻Ｂさん
　解約返戻金額　：480万円
　正味払込保険料　：410万円
（３）一時払変額個人年金保険（10年確定年金）の解約返戻金
　契約年月　：2016年10月
　契約者（＝保険料負担者）・被保険者：Ａさん
　死亡給付金受取人　：妻Ｂさん
　解約返戻金額　：600万円
　正味払込保険料　：500万円

※妻Ｂさん、長男Ｃさんおよび二男Ｄさんは、Ａさんと同居し、生計を一にしている。
※Ａさんとその家族は、いずれも障害者および特別障害者には該当しない。
※Ａさんとその家族の年齢は、いずれも2024年12月31日現在のものである。

※上記以外の条件は考慮せず、各問に従うこと。

問1　所得税の課税

Aさんの2024年分の所得税の課税等に関する次の記述のうち、最も適切なものはどれか。

1）「Aさんが受け取った一時払変額個人年金保険の解約返戻金は、契約から10年以内の解約のため、源泉分離課税の対象となります」
2）「Aさんの場合、総所得金額に算入される一時所得の金額の合計額が20万円を超えるため、Aさんは所得税の確定申告をしなければなりません」
3）「会社員であるAさんが所得税の確定申告をする場合、確定申告書は、Aさんの勤務先を経由して勤務先の住所地の所轄税務署長に提出することになります」

問2　所得控除

□□□ ★★★

Aさんの2024年分の所得税における所得控除に関する以下の文章の空欄①～③に入る数値の組合せとして、次のうち最も適切なものはどれか。

ⅰ）「Aさんは配偶者控除の適用を受けることができます。Aさんが適用を受けることができる配偶者控除の控除額は、（　①　）万円となります」
ⅱ）「長男Cさんの合計所得金額は（　②　）万円を超えるため、Aさんは長男Cさんに係る扶養控除の適用を受けることはできません」
ⅲ）「二男Dさんは特定扶養親族に該当するため、Aさんが適用を受けることができる二男Dさんに係る扶養控除の控除額は、（　③　）万円となります」

1）① 26　② 48　③ 58
2）① 38　② 38　③ 58
3）① 38　② 48　③ 63

問3 総所得金額の計算 □□□ ★★★

Aさんの2024年分の所得税における総所得金額は、次のうちどれか。

1）610万円

2）670万円

3）730万円

〈資料〉給与所得控除額

給与収入金額			給与所得控除額
万円超		万円以下	
	～	180	収入金額×40％－ 10万円（55万円に満たない場合は、55万円）
180	～	360	収入金額×30％＋ 8万円
360	～	660	収入金額×20％＋ 44万円
660	～	850	収入金額×10％＋ 110万円
850	～		195万円

解答・解説

問1 正解 2 ▶テキストP68～69、140～141

1）不適切。一時払変額個人年金保険（確定年金）の解約返戻金は、**契約から5年以内の解約の場合には源泉分離課税の対象となる**が、契約から**5年超の解約の場合には一時所得として総合課税の対象となる。**

2）適切。Aさんの場合、**総所得金額に算入される一時所得の金額**は「**120万円×1／2＝60万円**（問3参照）」となり20万円を超える。給与所得者であっても、**給与所得および退職所得以外の所得金額が20万円を超える場合には、**確定申告をしなければならない。

3）不適切。確定申告書は、**Aさん（納税者）自身が、**Aさん（納税者）の住所地の**所轄税務署長に提出**する。

問2 正解 3 ▶テキストP135～137

① Aさんの合計所得金額は**900万円以下**（問3参照）で、妻Bさん（70歳未満）の合計所得金額が**48万円以下**であるため、**配偶者控除の控除額は**38万円となる。

② 長男Cさんの合計所得金額（給与所得の金額）は、以下のとおり48万円**を超えるため、**Aさんは長男Cさんに係る**扶養控除の適用を受けることはできない。**
長男Cさんの給与所得の金額＝給与収入金額－給与所得控除額
＝120万円－55万円＝65万円 ＞48万円

③ **特定扶養親族（19歳以上23歳未満の控除対象扶養親族）**に係る扶養控除の控除額は、63万円である。

問3 正解 2 ▶テキストP124、128

① **給与所得**の金額＝給与収入金額－**給与所得控除額**
＝800万円－（800万円×10％＋110万円）＝**610万円**

② **一時所得**の金額＝総収入金額－支出金額－**特別控除額（最高**50万円）
＝（480万円＋600万円）－（410万円＋500万円）－50万円
＝**120万円**

③ **総所得金額**＝①610万円＋②120万円×$\frac{1}{2}$＝670万円

一時所得の金額のうち、総所得金額に算入されるのは、その2分の1である。

14 会社員と所得税② 2023.9第４問（一部変更）

次の設例に基づいて、下記の各問（問１～問３）に答えなさい。

設例

会社員のＡさんは、妻Ｂさん、長女Ｃさんとの３人家族である。Ａさんは、2024年中に一時払変額個人年金保険（10年確定年金）の解約返戻金を受け取っている。

〈Ａさんとその家族に関する資料〉

Ａさん　（50歳）：会社員
妻Ｂさん　（45歳）：パートタイマー。2024年中に給与収入100万円を得ている。
長女Ｃさん　（17歳）：高校生。2024年中の収入はない。

〈Ａさんの2024年分の収入等に関する資料〉

（１）給与収入の金額　：650万円
（２）一時払変額個人年金保険（10年確定年金）の解約返戻金
契約年月　：2017年６月
契約者（＝保険料負担者）・被保険者：Ａさん
死亡保険金受取人　：妻Ｂさん
解約返戻金額　：440万円
正味払込保険料　：400万円

〈Ａさんが2024年中に支払った生命保険の保険料に関する資料〉

（１）終身保険（特約付加なし）
契約年月　：2014年５月
契約者（＝保険料負担者）・被保険者：Ａさん
年間正味払込保険料：12万円（全額が一般の生命保険料控除の対象）
（２）終身がん保険（死亡保障なし）
契約年月　：2024年６月
契約者（＝保険料負担者）・被保険者：Ａさん
年間正味払込保険料：９万円（全額が介護医療保険料控除の対象）

※妻Ｂさんおよび長女Ｃさんは、Ａさんと同居し、生計を一にしている。
※Ａさんとその家族は、いずれも障害者および特別障害者には該当しない。
※Ａさんとその家族の年齢は、いずれも2024年12月31日現在のものである。

※上記以外の条件は考慮せず、各問に従うこと。

問1　総所得金額の計算

Aさんの2024年分の所得税における総所得金額は、次のうちどれか。

1）476万円
2）496万円
3）516万円

〈資料〉給与所得控除額

給与収入金額			給与所得控除額
万円超		万円以下	
	～	180	収入金額×40％－10万円（55万円に満たない場合は、55万円）
180	～	360	収入金額×30％＋８万円
360	～	660	収入金額×20％＋44万円
660	～	850	収入金額×10％＋110万円
850	～		195万円

問2　所得税の課税

Aさんの2024年分の所得税の課税に関する次の記述のうち、最も適切なものはどれか。

1）「Aさんは、2024年中に解約した一時払変額個人年金保険の解約差益が20万円を超えるため、所得税の確定申告をしなければなりません」
2）「Aさんが適用を受けることができる配偶者控除の控除額は、38万円です」
3）「Aさんが適用を受けることができる扶養控除の控除額は、63万円です」

問3　生命保険料控除の計算

□□□ ★★☆

Aさんの2024年分の所得税における生命保険料控除の控除額は、次のうちどれか。

1）４万円
2）８万円
3）10万円

解答・解説

問1　正解 1　▶テキストP124、128

① **給与所得の金額**＝給与収入金額－**給与所得控除額**
＝650万円－（650万円×20％＋44万円）＝476万円

② **一時所得の金額**＝総収入金額－支出金額－**特別控除額（最高50万円）**
＝440万円－400万円－40万円＝０円

③ **総所得金額**＝476万円（給与所得）

一時所得の計算上、特別控除額は「最高」50万円なので、この問題では40万円を差し引いて、一時所得の金額は「0円」になります。

問2　正解 2　▶テキストP135～137、141

1）不適切。Aさん（給与所得者）は、解約した一時払変額個人年金保険の解約差益（40万円）は20万円を超えるが、**一時所得の金額は０円**（問1参照）であるため、所得税の確定申告は不要である。

2）適切。Aさんの合計所得金額は**900万円以下**（問1参照）で、妻Bさん（70歳未満）の合計所得金額（給与所得の金額）は下記のとおり**48万円以下**であるため、Aさんが適用を受けることができる**配偶者控除の控除額は、**38万円**である。**
妻Bさんの給与所得の金額＝給与収入金額－給与所得控除
＝100万円－55万円＝45万円≦48万円

3）不適切。長女Cさん（17歳）は16歳以上19歳未満で**一般の控除対象扶養親族**に該当するため、Aさんが適用を受けることができる**扶養控除の控除額は、**38万円である。

問3　正解 2　▶テキストP66～67

① **終身保険（特約付加なし）**
契約年月（2014年５月）が2012年以降であるため、生命保険料控除の新制度が適用され、年間正味払込保険料が８万円超の場合、**一般の生命保険料控除の控除額は**４万円となる。

② **終身がん保険（死亡保障なし）**
契約年月（2024年６月）が2012年以降であるため、生命保険料控除の新制度が適用され、年間正味払込保険料が８万円超の場合、**介護医療保険料控除の控除額は**４万円となる。

③ **生命保険料控除の控除額**
①４万円＋②４万円＝８万円

15 会社員と所得税③　2019.1第4問（一部変更）

次の設例に基づいて、下記の各問（問1～問3）に答えなさい。

設例

会社員のAさんは、妻Bさんおよび長男Cさんの3人家族である。Aさんは、住宅ローンを利用して2024年9月に新築マンション（認定長期優良住宅に該当）を取得し、同月中に入居した。

Aさんとその家族に関する資料等は、以下のとおりである。

〈Aさんとその家族に関する資料〉

Aさん　　（35歳）：会社員
妻Bさん　（35歳）：2024年中にパートにより給与収入80万円を得ている。
長男Cさん（8歳）：小学生。2024年中の収入はない。

〈Aさんの2024年分の収入等に関する資料〉

（1）給与収入の金額：850万円

（2）終身保険の解約返戻金

契約年月　：2012年5月
契約者（＝保険料負担者）・被保険者：Aさん
死亡保険金受取人　：妻Bさん
解約返戻金額　：240万円
正味払込済保険料　：270万円

〈Aさんが利用した住宅ローンに関する資料〉

借入年月日　：2024年9月1日
2024年12月末の借入金残高：2,000万円

※住宅借入金等特別控除の適用要件は、すべて満たしている。
※取得した新築マンションは、認定長期優良住宅に該当する。

※妻Bさんおよび長男Cさんは、Aさんと同居し、生計を一にしている。
※Aさんとその家族は、いずれも障害者および特別障害者には該当しない。
※Aさんとその家族の年齢は、いずれも2024年12月31日現在のものである。

※上記以外の条件は考慮せず、各問に従うこと。

問1 所得税の課税

□□□ ★★★

Aさんの2024年分の所得税の課税に関する次の記述のうち、最も適切なものはどれか。

1）「Aさんの合計所得金額は1,000万円以下となりますので、Aさんは配偶者控除の適用を受けることができます」
2）「終身保険の解約返戻金は、一時所得の収入金額として総合課税の対象となりますので、給与所得の金額と合計して、所得税の確定申告を行う必要があります」
3）「長男Cさんは一般の控除対象扶養親族に該当するため、長男Cさんに係る扶養控除の控除額は38万円となります」

問2 住宅借入金等特別控除

住宅借入金等特別控除に関する以下の文章の空欄①～③に入る語句または数値の組合せとして、次のうち最も適切なものはどれか。

> ⅰ）「Aさんの場合、2024年分の所得税に係る住宅借入金等特別控除の控除額は（　①　）万円です。なお、Aさんは、2024年中に新築マンション（認定長期優良住宅に該当）を取得して居住の用に供しているため、住宅借入金等特別控除の控除期間は最長（　②　）年間となります」
> ⅱ）「住宅借入金等特別控除の適用を受ける最初の年分は所得税の確定申告を行う必要があります。確定申告書は、Aさんの（　③　）を所轄する税務署長に提出してください」

1）① 14　② 13　③ 住所地
2）① 14　② 10　③ 勤務地
3）① 20　② 10　③ 住所地

問3 総所得金額の計算

Aさんの2024年分の所得税における総所得金額は、次のうちどれか。

1）625万円
2）655万円
3）845万円

〈資料〉給与所得控除額

給与収入金額			給与所得控除額
万円超		万円以下	
	～	180	収入金額×40％－10万円（55万円に満たない場合は、55万円）
180	～	360	収入金額×30％＋８万円
360	～	660	収入金額×20％＋44万円
660	～	850	収入金額×10％＋110万円
850	～		195万円

解答・解説

問1 正解 1 ▶テキストP130、135 ~ 137

1）適切。Aさんの合計所得金額は1,000万円以下（問3参照）で、妻Bさんの合計所得金額（給与所得の金額）は次のとおり、48万円以下であるため、Aさんは配偶者控除の適用を受けることができる。
妻Bさんの給与所得の金額＝給与収入金額－**給与所得控除額**
＝80万円－55万円＝25万円≦48万円

2）不適切。終身保険の解約返戻金は、一時所得の収入金額として総合課税の対象となるが、正味払込済保険料のほうが大きく、**一時所得の金額は「240万円－270万円＝▲30万円」**の損失となる。**一時所得の損失は、他の所得の金額と**損益通算することはできないため、給与所得の金額と合計（損益通算）することはできない。したがって、確定申告は不要である。

3）不適切。長男Cさん（8歳）は、16歳未満**であるため控除対象扶養親族に**該当しない。したがって、Aさんは扶養控除の適用を受けることはできない。

損益通算できる損失（4つだけ）は、所得の頭文字で不事山譲（ふじさんじょう）（**富士山上**）と覚えましょう。**一時所得の損失は含まれていません。**

問2 正解 1 ▶テキストP138 ~ 140

① Aさんが2024年に居住を開始した場合、所得税に係る**住宅借入金等特別控除**の控除額は、「**2024年12月末の**住宅ローン借入金残高×0.7%」で計算する。したがって、「**2,000万円**×0.7%＝14**万円**」となる。

② 2024年中に新築住宅（認定長期優良住宅）を取得して居住の用に供した場合の住宅借入金等特別控除の**控除期間**は、最長13**年間**である。

③ 所得税の確定申告書は、Aさん（納税者）の住所地**を所轄する税務署長に提出**する。Aさんの勤務地を所轄する税務署長ではない。

問3 正解 2 ▶テキストP124

一時所得の損失は、他の所得の金額と損益通算できないため（問1 2）参照）、Aさんの**総所得金額は、給与所得の金額と同額**となる。

給与所得の金額＝給与収入金額－**給与所得控除額**
＝850万円－（850万円×10%＋110万円）
＝655万円（**総所得金額**）

16 個人事業主と所得税　2023.1第４問（一部変更）

次の設例に基づいて、下記の各問（問１～問３）に答えなさい。

設例

個人事業主であるＡさんは、開業後直ちに青色申告承認申請書と青色事業専従者給与に関する届出書を所轄税務署長に対して提出している青色申告者である。Ａさんは、2024年中に終身保険の解約返戻金を受け取っている。

〈Ａさんとその家族に関する資料〉

Ａさん　　（50歳）：個人事業主（青色申告者）
妻Ｂさん　（47歳）：Ａさんの事業に専ら従事し、2024年中に、青色事業専従者として給与収入80万円を得ている。
長女Ｃさん（21歳）：大学生。2024年中に、塾講師のアルバイトとして給与収入90万円を得ている。
二女Ｄさん（17歳）：高校生。2024年中の収入はない。

〈Ａさんの2024年分の収入等に関する資料〉

（１）事業所得の金額　：450万円（青色申告特別控除後）
（２）終身保険の解約返戻金
　契約年月　：2012年５月
　契約者（＝保険料負担者）・被保険者　：Ａさん
　死亡保険金受取人　：妻Ｂさん
　解約返戻金額　：240万円
　正味払込保険料　：270万円

※妻Ｂさん、長女Ｃさんおよび二女Ｄさんは、Ａさんと同居し、生計を一にしている。
※Ａさんとその家族は、いずれも障害者および特別障害者には該当しない。
※Ａさんとその家族の年齢は、いずれも2024年12月31日現在のものである。

※上記以外の条件は考慮せず、各問に従うこと。

問1　青色申告制度

所得税における青色申告制度に関する以下の文章の空欄①～③に入る数値の組合せとして、次のうち最も適切なものはどれか。

> ｉ）「事業所得の金額の計算上、青色申告特別控除として最高（　①　）万円を控除することができます。（　①　）万円の青色申告特別控除の適用を受けるためには、事業所得に係る取引を正規の簿記の原則に従い記帳し、その記帳に基づいて作成した貸借対照表、損益計算書その他の計算明細書を添付した確定申告書を法定申告期限内に提出することに加えて、e-Taxによる申告（電子申告）または電子帳簿保存を行う必要があります。なお、確定申告書を法定申告期限後に提出した場合、青色申告特別控除額は最高（　②　）万円となります」
>
> ⅱ）「青色申告者が受けられる税務上の特典として、青色申告特別控除のほかに、青色事業専従者給与の必要経費算入、純損失の（　③　）年間の繰越控除、純損失の繰戻還付、棚卸資産の評価について低価法を選択することができることなどが挙げられます」

1）① 55　② 10　③ 7
2）① 65　② 55　③ 7
3）① 65　② 10　③ 3

問2　所得控除

□□□ ★★★

Ａさんの2024年分の所得税における所得控除に関する次の記述のうち、最も不適切なものはどれか。

1）「妻Ｂさんは青色事業専従者として給与の支払を受けているため、Ａさんは、配偶者控除の適用を受けることができません」
2）「長女Ｃさんは、特定扶養親族に該当するため、Ａさんは、長女Ｃさんについて63万円の扶養控除の適用を受けることができます」
3）「二女Ｄさんは、控除対象扶養親族に該当しないため、Ａさんは、二女Ｄさんについて扶養控除の適用を受けることができません」

問3　総所得金額の計算

□□□ ★★★

Ａさんの2024年分の所得税における総所得金額は、次のうちどれか。

1）420万円
2）450万円
3）690万円

解答・解説

問1 正解 3 ▶テキストP142～143

① 事業所得の金額の計算上、**青色申告特別控除**として**最高65万円**を控除することができる。65万円を適用するためには、一定の要件をすべて満たした上で、e-Taxによる申告（電子申告）**または電子帳簿保存**を行う必要がある。

② 確定申告書を**法定申告期限後に提出**した場合、**青色申告特別控除額**は**最高10万円**となる。

③ 青色申告者が受けられる税務上の特典として、**純損失の3年間の繰越控除**などがある。純損失の繰越控除とは、損益通算しても残った損失（純損失）を、その後、原則として3年間にわたり黒字の所得から控除できる制度である。

問2 正解 3 ▶テキストP135～137

1）適切。**青色事業専従者**として給与の支払を受けている配偶者は、合計所得金額の多寡にかかわらず、配偶者控除の対象とならない。

2）適切。長女Cさん（21歳）は、**19歳以上23歳未満**であるため**特定扶養親族**に該当し、扶養控除の控除額は63万円となる。

3）不適切。二女Dさん（17歳）は、**16歳以上19歳未満**であるため一般の控除対象扶養親族に該当し、扶養控除の控除額は**38万円**となる。

問3 正解 2 ▶テキストP128、130

① **一時所得**の金額＝総収入金額－支出金額－特別控除額（最高50万円）
＝240万円－270万円＝▲30万円（**損失**）

② **総所得金額**＝450万円（事業所得）

一時所得の損失は、他の所得の金額と損益通算できないため、Aさんの総所得金額は、**事業所得の金額と同額**となる。

17 相続の事例問題① 2021.1第5問（一部変更）

次の設例に基づいて、下記の各問（問1～問3）に答えなさい。

設例

Aさん（74歳）は、妻Bさん（70歳）、長女Cさん（42歳）および長男Dさん（40歳）との4人暮らしである。Aさんは、妻Bさんには自宅を、長女Cさんには賃貸アパートを相続させたいと考えており、遺言の作成を検討している。また、Aさんは、現在、一時払終身保険への加入を検討している。

〈Aさんの家族構成（推定相続人）〉
妻Bさん　：　Aさんと自宅で同居している。
長女Cさん　：　会社員。Aさん夫妻と同居している。
長男Dさん　：　会社員。Aさん夫妻と同居している。

〈Aさんが保有する主な財産（相続税評価額）〉

現預金	：	1億3,000万円
自宅（敷地300㎡）	：	3,000万円（注）
自宅（建物）	：	1,000万円
賃貸アパート（敷地300㎡）	：	3,000万円（注）
賃貸アパート（建物）	：	2,000万円

（注）「小規模宅地等についての相続税の課税価格の計算の特例」適用前の金額

〈Aさんが加入を検討している一時払終身保険の内容〉
契約者（＝保険料負担者）・被保険者：Aさん
死亡保険金受取人　：妻Bさん
死亡保険金額　：2,500万円

※上記以外の条件は考慮せず、各問に従うこと。

問1　遺言　□□□ ★★★

遺言に関する次の記述のうち、最も不適切なものはどれか。

1）「公正証書遺言は、証人２人以上の立会いのもと、遺言者が遺言の趣旨を公証人に口授し、公証人がこれを筆記して作成するものです。相続開始後に円滑に手続を進めるために、妻Ｂさんや長女Ｃさんを証人にすることをお勧めします」

2）「自筆証書遺言は、遺言者が、その遺言の全文、日付および氏名を自書し、これに押印して作成するものですが、自筆証書遺言に添付する財産目録については、パソコン等で作成することも認められています」

3）「自筆証書遺言は、所定の手続により、法務局（遺言書保管所）に保管することができます。法務局（遺言書保管所）に保管された自筆証書遺言は、相続開始時、家庭裁判所での検認が不要となります」

問2　相続　□□□ ★★★

Ａさんの相続等に関する以下の文章の空欄①～③に入る数値の組合せとして、次のうち最も適切なものはどれか。

ⅰ）「妻Ｂさんおよび長女Ｃさんが相続財産の大半を取得した場合、長男Ｄさんの遺留分を侵害する可能性があります。仮に、遺留分を算定するための財産の価額が２億円である場合、長男Ｄさんの遺留分の金額は（　①　）万円です」

ⅱ）「Ａさんが加入を検討している一時払終身保険の死亡保険金は、みなし相続財産として相続税の課税対象となります。Ａさんの相続開始後、妻Ｂさんが受け取る死亡保険金2,500万円のうち、相続税の課税価格に算入される金額は、（　②　）万円となります」

ⅲ）「Ａさんの相続が開始し、妻Ｂさんが特定居住用宅地等に該当する自宅の敷地を相続により取得し、その敷地の全部について『小規模宅地等についての相続税の課税価格の計算の特例』の適用を受けた場合、自宅の敷地（相続税評価額3,000万円）について、相続税の課税価格に算入すべき価額を（　③　）万円とすることができます」

1）① 2,500　② 500　③ 2,400

2）① 5,000　② 1,000　③ 2,400

3）① 2,500　② 1,000　③ 600

問3 相続税の総額の計算

仮に、Aさんの相続が現時点で開始し、Aさんの相続に係る課税遺産総額（課税価格の合計額－遺産に係る基礎控除額）が1億8,000万円であった場合の相続税の総額は、次のうちどれか。

1）3,300万円
2）3,400万円
3）5,500万円

〈資料〉相続税の速算表（一部抜粋）

法定相続分に応ずる取得金額			税率	控除額
万円超		万円以下		
	～	1,000	10%	－
1,000	～	3,000	15%	50万円
3,000	～	5,000	20%	200万円
5,000	～	10,000	30%	700万円
10,000	～	20,000	40%	1,700万円
20,000		30,000	45%	2,700万円

解答・解説

問1 正解 1 ▶テキストP181

1）不適切。公正証書遺言の作成において、２人以上の証人が必要であるが、推定相続人である妻Ｂさんや長女Ｃさんを証人にすることはできない。

2）適切。自筆証書遺言に添付する財産目録については、自書でなくてもよい。

3）適切。法務局における自筆証書遺言書保管制度を利用した自筆証書遺言は、遺言者の相続開始後、家庭裁判所での検認が不要である。

問2 正解 3 ▶テキストP182、186、206

① 全体の遺留分は財産の２分の１である。長男Ｄさんの法定相続分は「1／2×1／2」で４分の１となり、遺留分はその２分の１の８分の１となる。

長男Ｄさんの遺留分の金額＝２億円×$\frac{1}{8}$＝2,500万円

② 死亡保険金の非課税金額＝500万円×法定相続人の数（３人）＝1,500万円
相続税の課税価格に算入される金額＝2,500万円－1,500万円
＝1,000万円

③ 自宅の敷地について「小規模宅地等についての相続税の課税価格の計算の特例」の適用を受けた場合、330㎡までの部分について評価額を80％減額することができる。自宅の敷地は300㎡であるため、敷地全体が80％減額される。
課税価格に算入すべき価額＝3,000万円－（3,000万円×80％）
＝600万円

問3 正解 2 ▶テキストP190～191

① 法定相続人が法定相続分どおりに取得したと仮定した取得金額

・妻Ｂ　１億8,000万円×$\frac{1}{2}$＝9,000万円……❶

・長女Ｃ　１億8,000万円×$\frac{1}{2}$×$\frac{1}{2}$＝4,500万円……❷

・長男Ｄ　１億8,000万円×$\frac{1}{2}$×$\frac{1}{2}$＝4,500万円……❸

② 相続税の総額（❶～❸に対する税額の合計）

・妻Ｂ　❶9,000万円×30％－700万円＝2,000万円
・長女Ｃ　❷4,500万円×20％－200万円＝　700万円
・長男Ｄ　❸4,500万円×20％－200万円＝　700万円

合計（相続税の総額）3,400万円

18 相続の事例問題②　2023.5第5問（一部変更）

次の設例に基づいて、下記の各問（問1～問3）に答えなさい。

設例

Aさん（70歳）は、妻Bさん（70歳）との2人暮らしである。Aさん夫妻には、子がいない。Aさんは、妻Bさんに全財産を相続させたいと考えており、遺言書の準備を検討している。

〈Aさんの親族関係図〉

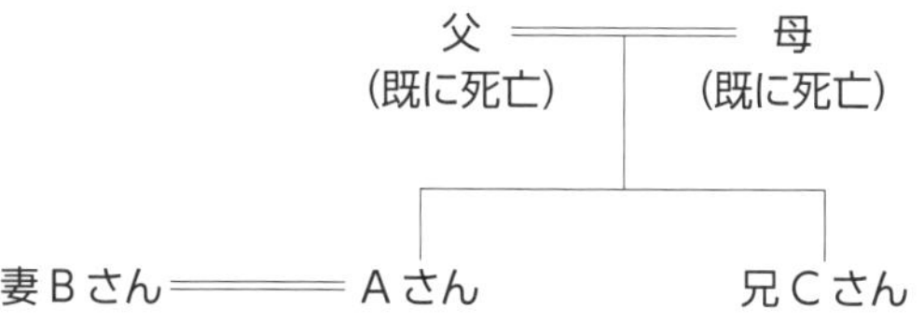

〈Aさんの主な所有財産（相続税評価額）〉

現預金	:	1億円
上場株式	:	3,000万円
自宅敷地（330㎡）	:	7,000万円（注）
自宅建物	:	1,000万円
賃貸アパート敷地（300㎡）	:	5,000万円（注）
賃貸アパート建物（6室）	:	3,000万円
合計	:	2億9,000万円

（注）「小規模宅地等についての相続税の課税価格の計算の特例」適用前の金額

※上記以外の条件は考慮せず、各問に従うこと。

問1　遺言　□□□ ★★★

遺言に関する次の記述のうち、最も不適切なものはどれか。

1）「遺言により、Aさんの全財産を妻Bさんに相続させた場合、兄Cさんが遺留分侵害額請求権を行使する可能性があります」

2）「Aさんは、自身が作成した自筆証書遺言を法務局（遺言書保管所）に預けることができます」

3）「Aさんが公正証書遺言を作成する場合、証人2人以上の立会いが必要となりますが、妻Bさんは証人になることはできません」

問2　相続税の総額の計算　□□□ ★★★

仮に、Aさんの相続が現時点で開始し、Aさんの相続に係る課税遺産総額（課税価格の合計額－遺産に係る基礎控除額）が2億円であった場合の相続税の総額は、次のうちどれか。

1）4,600万円

2）5,100万円

3）6,300万円

〈資料〉相続税の速算表（一部抜粋）

法定相続分に応ずる取得金額			税率	控除額
万円超		万円以下		
	～	1,000	10%	－
1,000	～	3,000	15%	50万円
3,000	～	5,000	20%	200万円
5,000	～	10,000	30%	700万円
10,000	～	20,000	40%	1,700万円

問3 相続

□□□ ★★★

現時点において、Aさんの相続が開始した場合に関する以下の文章の空欄①～③に入る語句または数値の組合せとして、次のうち最も適切なものはどれか。

ⅰ）「妻Bさんが自宅の敷地を相続により取得し、当該敷地の全部について、『小規模宅地等についての相続税の課税価格の計算の特例』の適用を受けた場合、減額される金額は（　①　）万円となります」
ⅱ）「『配偶者に対する相続税額の軽減』の適用を受けた場合、妻Bさんが相続により取得した財産の金額が、配偶者の法定相続分相当額と1億6,000万円とのいずれか（　②　）金額までであれば、原則として、妻Bさんが納付すべき相続税額は算出されません」
ⅲ）「相続税の申告書は、原則として、相続の開始があったことを知った日の翌日から（　③　）ヵ月以内に、Aさんの死亡時の住所地を所轄する税務署長に提出しなければなりません」

1）① 3,500　② 少ない　③ 10
2）① 5,600　② 少ない　③ 3
3）① 5,600　② 多い　③ 10

解答・解説

問1　正解 1　▶テキストP181 ～ 182

1）不適切。被相続人の兄弟姉妹**は遺留分権利者とならず**遺留分はない。したがって、兄Cさんが遺留分侵害額請求権を行使することはない。

2）適切。**「自筆証書遺言書保管制度」**を利用することにより、自筆証書遺言を法務局（遺言書保管所）に預けることができる。本制度を利用した自筆証書遺言は、遺言者の相続開始後に家庭裁判所による検認が不要となる。

3）適切。**公正証書遺言**を作成する場合、**証人２人以上**の立会いが必要となるが、遺言者の配偶者など推定相続人**（相続人となるべき人）**は証人になることはできない。

問2　正解 2　▶テキストP190 ～ 191

① 法定相続人が法定相続分どおりに取得したと仮定した取得金額

・妻B　２億円×$\frac{3}{4}$＝１億5,000万円…❶

・兄C　２億円×$\frac{1}{4}$＝5,000万円………❷

② 相続税の総額（❶、❷に対する税額の合計）

・妻B　❶　１億5,000万円×40％－1,700万円＝4,300万円
・兄C　❷　5,000万円×20%　－200万円＝　800万円

合計（相続税の総額）5,100万円

問3　正解 3　▶テキストP192 ～ 193、206

① 自宅の敷地について**「小規模宅地等についての相続税の課税価格の計算の特例」**の適用を受けた場合、330㎡までの部分について評価額を80％減額することができる。自宅の敷地は330㎡であるため、敷地全体が80％減額される。減額される金額は「7,000万円×80％＝5,600万円」である。

② **「配偶者に対する相続税額の軽減」**の適用を受けた場合、妻Bさんが相続により取得した財産の金額が、**配偶者の法定相続分相当額と**１億6,000万円**とのいずれか**多い**金額まで**であれば、原則として、妻Bさんが納付すべき相続税額は算出されない。

③ **相続税の申告書**は、原則として、相続の開始があったことを知った日の翌日から10**ヵ月以内**に、被相続人の死亡時の住所地を所轄する税務署長に提出しなければない。

19 相続の事例問題③　2022.1第5問（一部変更）

次の設例に基づいて、下記の各問（問1～問3）に答えなさい。

設例

Aさんは、2024年4月11日に病気により81歳で死亡した。Aさんの親族関係図等は、以下のとおりである。なお、Aさんは、生前に自筆証書遺言を作成し、自宅に保管していた（自筆証書遺言書保管制度は利用していない）。

妻Bさん（78歳）、長女Cさん（56歳）、二女Dさん（54歳）、孫Fさん（23歳）、孫Gさん（21歳）は、自筆証書遺言の内容に従い、相続により財産を取得する予定である。なお、長男Eさんは、Aさんの相続開始前に死亡している。

〈Aさんの親族関係図〉

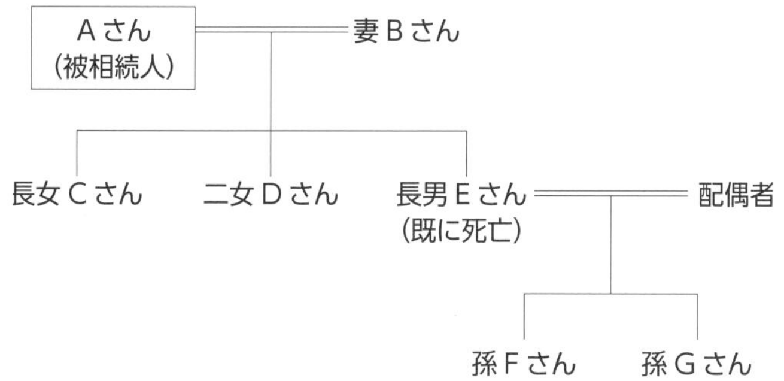

〈Aさんが加入していた生命保険の内容〉

保険の種類　　　　　　　　　　　　：一時払終身保険
死亡保険金額　　　　　　　　　　　：3,000万円
契約者（＝保険料負担者）・被保険者：Aさん
死亡保険金受取人　　　　　　　　　：妻Bさん

※上記以外の条件は考慮せず、各問に従うこと。

問1 相続

Aさんの相続に関する以下の文章の空欄①～③に入る語句または数値の組合せとして、次のうち最も適切なものはどれか。

> ⅰ）「Aさんの相続に係る法定相続人の数は５人となり、孫Fさんおよび孫Gさんの法定相続分はそれぞれ（　①　）です」
> ⅱ）「Aさんの相続における遺産に係る基礎控除額は、（　②　）万円です」
> ⅲ）「相続税の申告書の提出期限は、原則として、相続の開始があったことを知った日の翌日から（　③　）ヵ月以内となります」

1）① 8分の1　② 6,000　③ 4
2）① 8分の1　② 5,400　③ 10
3）① 12分の1　② 6,000　③ 10

問2 相続

Aさんの相続に関する次の記述のうち、最も不適切なものはどれか。

1）「Aさんの自宅から自筆証書遺言を発見した相続人は、相続の開始を知った後、遅滞なく、その遺言書を家庭裁判所に提出し、その検認を請求しなければなりません」
2）「妻Bさんが受け取る死亡保険金は、みなし相続財産として相続税の課税対象となりますが、死亡保険金の非課税金額の規定の適用を受けることで、相続税の課税価格に算入される金額は500万円となります」
3）「孫Fさんおよび孫Gさんは、相続税額の２割加算の対象となります」

問3 相続税の総額の計算

Aさんの相続に係る課税遺産総額（「課税価格の合計額－遺産に係る基礎控除額」）が3億円であった場合の相続税の総額は、次のうちどれか。

1）　6,550万円
2）　8,160万円
3）1億800万円

〈資料〉相続税の速算表

法定相続分に応ずる取得金額			税率	控除額
万円超		万円以下		
	～	1,000	10%	－
1,000	～	3,000	15%	50万円
3,000	～	5,000	20%	200万円
5,000	～	10,000	30%	700万円
10,000	～	20,000	40%	1,700万円
20,000	～	30,000	45%	2,700万円
30,000	～	60,000	50%	4,200万円
60,000	～		55%	7,200万円

解答・解説

問1　正解 3　▶テキストP176 ～ 178、189、193

① 相続人は、**妻B、長女C、二女D、代襲相続人である孫Fおよび孫Gの5人**である。配偶者と子の組合せの場合、**配偶者の法定相続分は2分の1、子（全体）の法定相続分は2分の1**である、子の法定相続分は3人（長女C、二女D、既に死亡した長男E）で3等分するが、既に死亡した長男Eの分（6分の1）は孫Fおよび孫Gで2等分するため12分の1ずつとなる。

相続人	妻B	長女C	二女D	孫F	孫G
法定相続分	$\frac{1}{2}$	$\frac{1}{2}\times\frac{1}{2}=\frac{1}{6}$	$\frac{1}{2}\times\frac{1}{2}=\frac{1}{6}$	$\frac{1}{6}\times\frac{1}{2}=\frac{1}{12}$	$\frac{1}{6}\times\frac{1}{2}=\frac{1}{12}$

② 遺産に係る基礎控除額＝**3,000万円＋600万円×法定相続人の数（5人）**
＝**6,000万円**

③ **相続税の申告書の提出期限**は、原則として、相続の開始があったことを知った日の翌日から10ヵ**月以内**となる。

問2　正解 3　▶テキストP181、186、191 ～ 192

1）適切。自筆証書遺言書保管制度を利用していない**自筆証書遺言**は、遺言者の相続開始後、**家庭裁判所に対して検認の請求が**必要である。なお、自筆証書遺言書保管制度を利用している自筆証書遺言は、検認の請求は不要である。

2）適切。**相続人**が受け取った死亡保険金は、非課税金額の規定の適用を受けることができる。
死亡保険金の非課税金額＝500万円×法定相続人の数（5人）＝**2,500万円**
相続税の課税価格に算入される金額＝3,000万円－2,500万円＝500万円

3）不適切。相続税額の**2割加算**の対象者は、**「被相続人の配偶者・父母・子」**以外の者である。原則として孫は2割加算の対象となるが、代襲相続人である孫は2割加算の対象とならない。

問3 **正解 1**　▶テキストP190～191

① 法定相続人が法定相続分どおりに取得したと仮定した取得金額

・妻B　3億円×$\frac{1}{2}$=1億5,000万円……❶

・長女C　3億円×$\frac{1}{6}$=5,000万円……❷

・二女D　3億円×$\frac{1}{6}$=5,000万円……❸

・孫F　3億円×$\frac{1}{12}$=2,500万円……❹

・孫G　3億円×$\frac{1}{12}$=2,500万円……❺

② 相続税の総額（❶～❺に対する税額の合計）

・妻B	❶	1億5,000万円×40%－	1,700万円＝	4,300万円
・長女C	❷	5,000万円×20%－	200万円＝	800万円
・二女D	❸	5,000万円×20%－	200万円＝	800万円
・孫F	❹	2,500万円×15%－	50万円＝	325万円
・孫G	❺	2,500万円×15%－	50万円＝	325万円
			合計（相続税の総額）	6,550万円

20 贈与・相続の事例問題　2022.5第5問（一部変更）

次の設例に基づいて、下記の各問（問1～問3）に答えなさい。

設例

Aさん（73歳）は、X市内の自宅で妻Bさん（72歳）との2人暮らしである。

Aさんには、2人の子がいる。X市内の企業に勤務する二男Dさん（43歳）は、妻および孫Eさん（9歳）の3人で賃貸マンションに住んでいる。一方、長男Cさん（45歳）は、県外で働いており、X市に戻る予定はない。

Aさんは、普段から身の回りの世話をしてくれる二男Dさんに対して、生活資金や孫の学費等について面倒を見てやりたいと思っており、現金の贈与を検討している。

また、長男Cさんと二男Dさんの関係は悪くないものの、Aさんは、自身の相続が起こった際に遺産分割で争いが生じるのではないかと心配している。

〈Aさんの親族関係図〉

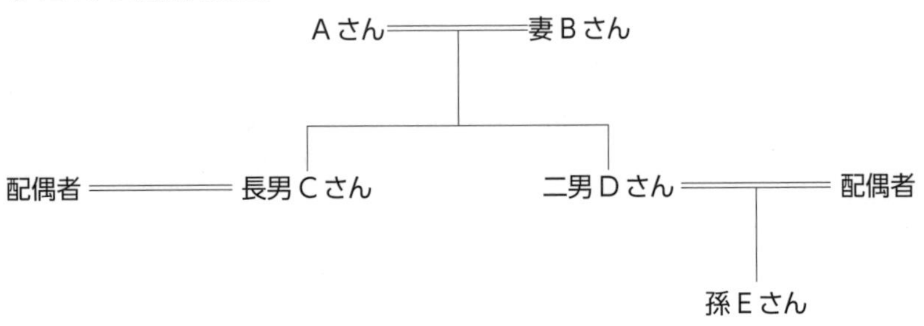

〈Aさんが加入している一時払終身保険の内容〉

契約者（＝保険料負担者）・被保険者：Aさん
死亡保険金受取人：妻Bさん
死亡保険金額：2,000万円

※上記以外の条件は考慮せず、各問に従うこと。

問1 相続 □□□ ★★★

Aさんの相続等に関する次の記述のうち、最も不適切なものはどれか。

1）「自筆証書遺言は、その遺言の全文および財産目録をパソコンで作成し、日付および氏名を自書して押印することで作成することができます」
2）「公正証書遺言は、証人２人以上の立会いのもと、遺言者が遺言の趣旨を公証人に口授し、公証人がこれを筆記して作成します」
3）「妻Ｂさんが受け取る一時払終身保険の死亡保険金は、みなし相続財産として相続税の課税対象となりますが、死亡保険金の非課税金額の規定の適用を受けることで、相続税の課税価格に算入される金額は、500万円となります」

問2 贈与 □□□ ★★☆

生前贈与に関する次の記述のうち、最も不適切なものはどれか。

1）「Ａさんが二男Ｄさんに現金を贈与し、二男Ｄさんが暦年課税を選択した場合、その年にＡさんから二男Ｄさんへ贈与した財産の価額が贈与税の基礎控除額を超えるときは、受贈者である二男Ｄさんが贈与税の申告書を提出しなければなりません」
2）「Ａさんが2024年中に二男Ｄさんに現金を贈与し、二男Ｄさんが相続時精算課税制度を選択した場合、2,610万円までの贈与について贈与税は課されません」
3）「『直系尊属から教育資金の一括贈与を受けた場合の贈与税の非課税』の適用を受けた場合、受贈者１人につき2,000万円までは贈与税が非課税となります」

問3 贈与税額の計算 □□□ ★★☆

仮に、二男Ｄさんが暦年課税（各種非課税制度の適用はない）により、2024年中にＡさんから現金600万円の贈与を受けた場合の贈与税額は、次のうちどれか。

1）68万円
2）82万円
3）90万円

〈資料〉贈与税の速算表（一部抜粋）

基礎控除後の課税価格	特例贈与財産		一般贈与財産	
	税率	控除額	税率	控除額
万円超 ～ 万円以下				
～ 200	10%	－	10%	－
200 ～ 300	15%	10万円	15%	10万円
300 ～ 400	15%	10万円	20%	25万円
400 ～ 600	20%	30万円	30%	65万円

解答・解説

問1　正解 1　　▶テキストP181、185～186

1）不適切。**自筆証書遺言**は、その遺言の**全文、日付および氏名を自書**して押印することで作成することができる。なお、財産目録については自書でなくてもよいため、パソコンで作成することができる。

2）適切。**公正証書遺言**は、公証役場において、証人2人以上の立会いのもと、遺言者が遺言の趣旨を公証人に口授し、**公証人がこれを筆記して作成**される。

3）適切。**死亡保険金**は、みなし相続財産として**相続税の課税対象**となるが、**死亡保険金の非課税金額の規定**の適用を受けることで、相続税の課税価格に算入される金額は、以下のとおり500万円となる。

死亡保険金の非課税金額＝500万円×法定相続人の数（3人*）＝**1,500万円**

＊法定相続人の数は、妻B、長男C、二男Dの3人である。

相続税の課税価格に算入される金額＝2,000万円－1,500万円＝500万円

問2　正解 3　　▶テキストP198、201、203

1）適切。暦年課税による贈与財産の価額が**基礎控除額**（110万円）**を超えるときは、受贈者が贈与税の申告書を提出しなければならない。**

2）適切。二男Dさんが**相続時精算課税制度**を選択した場合、**基礎控除額**（110万円）および**特別控除額**（2,500万円）までの贈与（**合計**2,610万円）について贈与税は課されず、それを超える部分は**一律**20%の税率により贈与税が課される。

3）不適切。**「直系尊属から教育資金の一括贈与を受けた場合の贈与税の非課税」**の適用を受けた場合、受贈者1人につき1,500万円までは贈与税が非課税となる。

問3　正解 1　　▶テキストP198

基礎控除後の課税価格＝600万円－110万円（**基礎控除額**）＝490万円

贈与税額＝**基礎控除後の課税価格×税率－控除額**

＝490万円×20%－30万円＝68万円

※18歳以上の者が直系尊属から贈与された財産は、特例贈与財産となる。

110万円（基礎控除額）を引くのを忘れないようにしよう。

FP3級

実技試験

❷個人資産相談業務

第1問対策 個人事業主と老齢年金
会社員と老齢年金
会社員と遺族年金

第2問対策 株式投資・債券投資
株式投資
外貨預金

第3問対策 個人事業主と所得税
会社員と所得税
退職金と所得税

第4問対策 土地の有効活用①～④

第5問対策 相続の事例問題①～②
贈与・相続の事例問題

1 個人事業主と老齢年金　2024.1第1問（一部変更）

次の設例に基づいて、下記の各問（問1～問3）に答えなさい。

設例

Aさん（45歳）は、X株式会社を2021年3月末日に退職し、個人事業主として独立した。独立から3年以上が経過した現在、収入は安定している。

Aさんは、最近、公的年金制度について理解したうえで、老後の収入を増やすことができる各種制度を利用したいと考えている。

そこで、Aさんは、ファイナンシャル・プランナーのMさんに相談することにした。

〈Aさんに関する資料〉

（1）生年月日　　　　　：1978年9月3日

（2）公的年金の加入歴：下図のとおり（60歳までの見込みを含む）

20歳	22歳	41歳　60歳
国民年金 保険料未納期間 （31月）	厚生年金保険 被保険者期間 （228月）	国民年金 保険料納付済期間 （221月）

※Aさんは、現在および将来においても、公的年金制度における障害等級に該当する障害の状態にないものとする。

※上記以外の条件は考慮せず、各問に従うこと。

問1 老齢基礎年金の年金額の計算式

□□□ ★★★

はじめに、Mさんは、設例の〈Aさんに関する資料〉に基づき、Aさんが老齢基礎年金の受給を65歳から開始した場合の年金額を試算した。Mさんが試算した老齢基礎年金の年金額の計算式として、次のうち最も適切なものはどれか。なお、老齢基礎年金の年金額は、2024年度価額に基づいて計算するものとする。

1）816,000円×$\frac{221月}{480月}$

2）816,000円×$\frac{449月}{480月}$

3）816,000円×$\frac{480月}{480月}$

問2 小規模企業共済制度

□□□ ★★☆

次に、Mさんは、小規模企業共済制度について説明した。Mさんが、Aさんに対して説明した以下の文章の空欄①～③に入る語句の組合せとして、次のうち最も適切なものはどれか。

> 「小規模企業共済制度は、個人事業主が廃業等した場合に必要となる資金を準備しておくための制度です。毎月の掛金は、1,000円から（　①　）までの範囲内（500円単位）で選択でき、支払った掛金は（　②　）の対象となります。共済金（死亡事由以外）の受取方法には『一括受取り』『分割受取り』『一括受取りと分割受取りの併用』があり、『一括受取り』の共済金は、（　③　）として所得税の課税対象となります」

1）① 68,000円　② 所得控除　③ 一時所得
2）① 70,000円　② 所得控除　③ 退職所得
3）① 70,000円　② 税額控除　③ 一時所得

問3　老後の年金収入を増やす制度　□□□ ★★★

最後に、Mさんは、老後の年金収入を増やすことができる各種制度について説明した。MさんのAさんに対する説明として、次のうち最も不適切なものはどれか。

1）「確定拠出年金の個人型年金は、加入者自身が掛金の運用方法を選択し、資産を形成する年金制度です。将来受け取ることができる年金額は、運用実績により増減します」

2）「国民年金基金は、国民年金の第1号被保険者の老齢基礎年金に上乗せする年金を支給する任意加入の年金制度です。加入は口数制となっており、1口目は2種類の終身年金（A型・B型）のいずれかを選択します」

3）「国民年金の付加年金は、月額200円の付加保険料を納付することにより、老齢基礎年金と併せて受給することができる年金です。なお、国民年金基金に加入している間は、付加保険料を納付することができません」

解答・解説

問1 正解 2 ▶テキストP25 ～ 26

老齢基礎年金の年金額の計算式（保険料免除期間がない場合）は、次のとおりである。

老齢基礎年金の年金額＝816,000円×$\dfrac{\text{保険料納付済月数}}{\text{480月}}$

Aさんの老齢基礎年金の年金額＝816,000円×$\dfrac{\text{449月}}{\text{480月}}$

厚生年金保険の加入期間は保険料納付済月数に含まれるが、国民年金の保険料未納期間（31月）は含まれない。したがって、Aさんの保険料納付済月数は「228月＋221月＝449月」となる。

問2 正解 2 ▶テキストP41 ～ 42

① 小規模企業共済制度の毎月の掛金は、1,000円から70,000円までの範囲内（500円単位）で選択できる。

② 小規模企業共済制度で支払った掛金は、**全額**、所得控除（**小規模企業共済等掛金控除**）の対象となる。

③ 小規模企業共済制度共済金（死亡事由以外）を**一括受取り**にした場合、退職所得として所得税の課税対象となる。なお、**分割受取り**にした場合には、**雑所得**として所得税の課税対象となる。

問3 正解 3 ▶テキストP38、40 ～ 41

1）適切。**確定拠出年金**は、「拠出額（積立額）は確定」しているが、将来受け取ることができる年金額は運用実績により増減する年金制度である。運用商品は、加入者自身が選択する。

2）適切。**国民年金基金**の加入は口数制となっており、**1口目は2種類の**終身年金（**A型・B型）のいずれかを選択する**が、2口目以降は、2種類の終身年金および5種類の**確定年金**から選択することができる。

3）不適切。国民年金の**付加年金**は、**月額**400円**の付加保険料**を納付することにより、老齢基礎年金と併せて受給することができる年金（**年金額＝200円×付加保険料納付済月数**）である。

2 会社員と老齢年金　2021.5第1問（一部変更）

次の設例に基づいて、下記の各問（問1～問3）に答えなさい。

設例

Ｘ株式会社（以下、「Ｘ社」という）に勤務するＡさん（59歳）は、妻Ｂさん（60歳）との２人暮らしである。Ａさんは、大学卒業後から現在に至るまでＸ社に勤務しており、2024年10月に定年を迎えるが、Ｘ社の継続雇用制度を利用しない予定としている。定年退職後は仕事をせず、趣味を楽しみながら暮らしたいと考えている。

Ａさんは、老後の生活設計を考えるために、公的年金等の社会保険制度の仕組みについて、理解を深めたいと思っている。そこで、Ａさんは、懇意にしているファイナンシャル・プランナーのＭさんに相談することにした。

〈Ａさん夫妻に関する資料〉

（１）Ａさん（1964年10月11日生まれ）

・公的年金加入歴：下図のとおり（60歳でＸ社を退職した場合の見込みを含む）20歳から大学生であった期間（30月）は国民年金に任意加入していない。

・全国健康保険協会管掌健康保険、雇用保険に加入中

	20歳	22歳	60歳
Ａさん	国民年金 未加入期間 (30月)	厚 生 年 金 保 険 (450月)	

（２）妻Ｂさん（1964年４月17日生まれ・専業主婦）

・公的年金加入歴：18歳からＡさんと結婚するまでの期間（182月）は、厚生年金保険に加入。結婚後は、国民年金に第３号被保険者として加入している。

	18歳	34歳（Ａさんと結婚）	60歳
妻Ｂさん	厚生年金保険 (182月)	国　民　年　金 (310月)	

※妻Ｂさんは、現在および将来においても、Ａさんと同居し、Ａさんと生計維持

関係にあるものとする。
※Aさんおよび妻Bさんは、現在および将来においても、公的年金制度における障害等級に該当する障害の状態にないものとする。

※上記以外の条件は考慮せず、各問に従うこと。

問1 老齢給付

□□□ ★★★

はじめに、Mさんは、Aさん夫妻に係る公的年金制度からの老齢給付について説明した。Mさんが、Aさんに対して説明した以下の文章の空欄①～③に入る数値の組合せとして、次のうち最も適切なものはどれか。

「老齢厚生年金の支給開始年齢は原則として65歳ですが、経過的措置として、老齢基礎年金の受給資格期間（　①　）年を満たし、かつ、厚生年金保険の被保険者期間が（　②　）年以上あることなどの所定の要件を満たしている方は、65歳到達前に特別支給の老齢厚生年金を受け取ることができます。
ただし、Aさんのように1961年4月2日以後生まれの男性の場合、特別支給の老齢厚生年金の支給はありません。他方、1964年4月17日生まれの妻Bさんは、原則として、（　③　）歳から報酬比例部分のみの特別支給の老齢厚生年金を受け取ることができます」

1）① 10　② 1　③ 64
2）① 10　② 10　③ 63
3）① 25　② 1　③ 64

問2 老齢基礎年金の年金額

□□□ ★★★

次に、Mさんは、Aさん夫妻が老齢基礎年金の受給を65歳から開始した場合の年金額を試算した。Mさんが試算した老齢基礎年金の年金額（2024年度価額）の計算式として、次のうち最も適切なものはどれか。

1）Aさん：816,000円×$\frac{450月}{480月}$　妻Bさん：816,000円×$\frac{492月}{480月}$

2）Aさん：816,000円×$\frac{450月}{480月}$　妻Bさん：816,000円×$\frac{480月}{480月}$

3）Aさん：816,000円×$\frac{480月}{480月}$　妻Bさん：816,000円×$\frac{492月}{480月}$

問3 **老齢厚生年金・社会保険** □□□ ★★☆

最後に、Mさんは、Ａさんが65歳以後に受給することができる老齢厚生年金および定年退職後の社会保険に関する各種取扱いについて説明した。MさんのＡさんに対する説明として、次のうち最も適切なものはどれか。

1）「Ａさんが65歳から受給することができる老齢厚生年金の額には、配偶者の加給年金額が加算されます」

2）「Ａさんは、定年退職後、介護保険の第２号被保険者から第１号被保険者に種別を変更する届出書を住所地の市町村（特別区を含む）に提出する必要があります」

3）「Ａさんは、退職日の翌日から最長２年間、全国健康保険協会管掌健康保険に任意継続被保険者として加入することができますが、保険料はＡさんが全額負担します」

解答・解説

問1 正解 1　　▶テキストP25、28 ～ 29

①② 老齢基礎年金の受給資格期間**10年**を満たし、かつ、厚生年金保険の被保険者期間が 1 **年以上**あることなどの所定の要件を満たしている人は、65歳到達前に**特別支給の老齢厚生年金を受け取ることができる**。

③ 1964年 4 月17日生まれの妻Ｂさんは、**1964年 4 月 2 日から1966年 4 月 1 日までに生まれた女性**であるため、原則として、**64歳から報酬比例部分のみの特別支給の老齢厚生年金を受け取ることができる**。

問2 正解 2　　▶テキストP25 ～ 26

老齢基礎年金の年金額の計算式（保険料免除期間がない場合）は、次のとおりである。

$$\textbf{老齢基礎年金の年金額}=816{,}000\text{円}\times\frac{\text{保険料納付済月数}}{480\text{月}}$$

Ａさん：$816{,}000\text{円}\times\frac{450\text{月}}{480\text{月}}$　　妻Ｂさん：$816{,}000\text{円}\times\frac{480\text{月}}{480\text{月}}$

厚生年金保険の加入期間は、保険料納付済月数に含まれるが、国民年金の未加入期間は含まれない。したがって、Ａさんの保険料納付済月数は**450月**となる。

また、**保険料納付済月数は、原則として、20歳以上60歳未満の保険料納付済月数とされている**ため、妻Ｂさんが18歳から20歳に達するまでの厚生年金保険の加入期間は含まれず、**妻Ｂさんの**保険料納付済月数は480月となる。

問3 正解 3　　▶テキストP17 ～ 18、30

1）不適切。加給年金額は、65歳未満の配偶者がいる場合に、一定の要件を満たせば加算される。**Ａさんが65歳到達時には、妻Ｂさんはすでに65歳になっているため、**加給年金額は加算されない。

2）不適切。介護保険の第 2 号被保険者の年齢は40歳以上65歳未満である。Ａさんが**60歳で定年退職した場合、**第 2 号被保険者のままで変わらない。

3）適切。健康保険の**任意継続被保険者の保険料は、**被保険者が全額負担する。

3 会社員と遺族年金　2022.9第1問（一部変更）

次の設例に基づいて、下記の各問（問1～問3）に答えなさい。

設例

会社員のAさん（39歳）は、妻Bさん（38歳）、長男Cさん（10歳）および二男Dさん（6歳）との4人暮らしである。Aさんは、自分に万一のことがあった場合に、妻Bさんが受給することができる公的年金制度の遺族給付について知りたいと思っている。また、まもなく保険料の徴収が始まる公的介護保険の保険給付についても確認しておきたいと思っている。

そこで、Aさんは、ファイナンシャル・プランナーのMさんに相談することにした。

〈Aさんの家族構成〉

Aさん　：1984年11月14日生まれ
　　　　会社員（厚生年金保険・全国健康保険協会管掌健康保険に加入）
妻Bさん　：1986年6月20日生まれ
　　　　国民年金に第3号被保険者として加入している。
長男Cさん：2014年6月1日生まれ
二男Dさん：2018年1月4日生まれ

〈公的年金加入歴（2024年8月分まで）〉

	20歳	22歳	39歳
Aさん	国民年金 保険料納付済期間 （29月）	厚生年金保険 被保険者期間 （209月）	

	20歳	22歳	Aさんと結婚	38歳
妻Bさん	国民年金 保険料納付済期間 （34月）	厚生年金保険 被保険者期間 （48月）	国民年金 第3号被保険者期間 （137月）	

※妻Bさん、長男Cさんおよび二男Dさんは、現在および将来においても、Aさんと同居し、Aさんと生計維持関係にあるものとする。
※家族全員、現在および将来においても、公的年金制度における障害等級に該当する障害の状態にないものとする。

※上記以外の条件は考慮せず、各問に従うこと。

問1　**遺族基礎年金の年金額**　□□□ ★★☆

現時点においてAさんが死亡した場合、妻Bさんに支給される遺族基礎年金の年金額（2024年度価額）は、次のうちどれか。

1）816,000円＋78,300円＋78,300円＝972,600円
2）816,000円＋234,800円＋78,300円＝1,129,100円
3）816,000円＋234,800円＋234,800円＝1,285,600円

問2　**遺族厚生年金**　□□□ ★★☆

Mさんは、現時点においてAさんが死亡した場合に、妻Bさんに支給される遺族厚生年金の金額等について説明した。Mさんが、Aさんに対して説明した以下の文章の空欄①～③に入る語句または数値の組合せとして、次のうち最も適切なものはどれか。

> 「遺族厚生年金の額は、原則として、Aさんの厚生年金保険の被保険者記録を基礎として計算した老齢厚生年金の報酬比例部分の額の（　①　）相当額となります。ただし、Aさんの場合、その計算の基礎となる被保険者期間の月数が（　②　）月に満たないため、（　②　）月とみなして年金額が計算されます。
>
> また、二男Dさんの18歳到達年度の末日が終了し、妻Bさんの有する遺族基礎年金の受給権が消滅したときは、妻Bさんが65歳に達するまでの間、妻Bさんに支給される遺族厚生年金に（　③　）が加算されます」

1）① 3分の2　② 240　③ 中高齢寡婦加算
2）① 4分の3　② 300　③ 中高齢寡婦加算
3）① 4分の3　② 240　③ 経過的寡婦加算

問3　公的介護保険

Mさんは、公的介護保険（以下、「介護保険」という）について説明した。Mさんが、Aさんに対して説明した以下の文章の空欄①～③に入る語句の組合せとして、次のうち最も適切なものはどれか。

> 「介護保険の被保険者が保険給付を受けるためには、市町村（特別区を含む）から要介護・要支援認定を受ける必要があります。介護保険の被保険者は、（　①　）以上の第1号被保険者と40歳以上（　①　）未満の医療保険加入者である第2号被保険者に区分されます。介護保険の第2号被保険者は、（　②　）要介護状態または要支援状態となった場合に保険給付を受けることができます。
>
> 介護保険の第2号被保険者が介護給付を受けた場合、原則として、実際にかかった費用（食費、居住費等を除く）の（　③　）を自己負担する必要があります」

1）① 60歳　② 特定疾病が原因で　③ 2割
2）① 65歳　② 原因を問わず　③ 2割
3）① 65歳　② 特定疾病が原因で　③ 1割

解答・解説

問1　**正解 3**　▶テキストP35 ～ 36

遺族基礎年金の年金額

＝**816,000円＋子の加算額**

（1人目と2人目は1人**234,800円**、3人目からは1人**78,300円**）

＝816,000円＋234,800円＋234,800円＝1,285,600円

子の加算額の対象となる子とは、**18歳到達年度末日（3月31日）までにある子**のことをいう。長男Cさん（10歳）および二男Dさん（6歳）が対象となるため、**子は**2人となる。

子の加算額は、2人目までは23万円くらい、3人目以降はその3分の1と覚えておけば、金額を正確に覚えていなくても正解できます。

問2　**正解 2**　▶テキストP37

①遺族厚生年金の額は、原則として、Aさんの厚生年金保険の被保険者記録を基礎として計算した**老齢厚生年金の報酬比例部分の額の**4分の3**相当額**となる。

②厚生年金保険の被保険者が死亡した場合、計算の基礎となる**被保険者期間の月数が300月に満たないときは、300月とみなして**遺族厚生年金の年金額が計算される。

③二男Dさんの18歳到達年度の末日が終了し、妻Bさんの有する**遺族基礎年金の受給権が消滅したとき**は、妻Bさんが65歳に達するまでの間、妻Bさんに支給される**遺族厚生年金に中高齢寡婦加算が加算**される。

問3　**正解 3**　▶テキストP18

①介護保険の被保険者は、**65歳以上の第1号被保険者と40歳以上65歳未満の医療保険加入者である第2号被保険者**に区分される。

②介護保険の**第2号被保険者**は、特定疾病が原因で要介護状態または要支援状態となった場合に保険給付を受けることができる。特定疾病とは、加齢に起因する一定の疾病および一定のがんのことである。

③介護保険の**第2号被保険者**が介護給付を受けた場合、原則として、実際にかかった費用（食費、居住費等を除く）の1割**を自己負担**する必要がある。なお、第1号被保険者の場合は、被保険者の所得に応じて1割、2割、3割のいずれかとなる。

4 株式投資・債券投資 2023.1第２問

次の設例に基づいて、下記の各問（問１～問３）に答えなさい。

設例

会社員のＡさん（32歳）は、株式投資による運用を始めたいと考えている。先日、会社の上司から「リスク分散のため、株式だけでなく債券も保有している」という話を聞いたことから、債券投資にも興味を持った。

そこで、Ａさんは、ファイナンシャル・プランナーのMさんに相談することにした。Mさんは、Ａさんに対して、Ｘ社株式（東京証券取引所上場）および国内の大手企業が発行しているＹ社債（特定公社債）を例として、説明を行うことにした。

〈Ｘ社に関する資料〉

総資産	4,000億円
自己資本（純資産）	2,000億円
当期純利益	200億円
年間配当金総額	45億円
発行済株式数	5,000万株
株価	6,000円
決算期	3月31日

〈Ｙ社債に関する資料〉

・発行会社　：　国内の大手企業
・購入価格　：　102円（額面100円当たり）
・表面利率　：　0.8％
・利払日　：　年１回
・残存期間　：　５年
・償還価格　：　100円
・格付　：　Ａ

※上記以外の条件は考慮せず、各問に従うこと。

問1　株式の投資指標の計算等　□□□ ★★★

Mさんは、Ｘ社株式の投資指標について説明した。MさんのＡさんに対する説明として、次のうち最も不適切なものはどれか。

1）「〈Ｘ社に関する資料〉から算出されるＸ社株式のPERは、15.0倍です。一般に、PERが高いほうが株価は割高、低いほうが株価は割安と判断されます」

2）「〈Ｘ社に関する資料〉から算出されるＸ社のROEは、5.0％です。一般に、ROEが高い会社ほど、自己資本の効率的な活用がなされていると判断することができます」

3）「配当性向は、株主に対する利益還元の割合を示す指標です。〈Ｘ社に関する資料〉から算出されるＸ社の配当性向は、22.5％です」

問2　債券投資　□□□ ★★☆

Mさんは、Ｙ社債に投資する場合の留意点等について説明した。MさんのＡさんに対する説明として、次のうち最も適切なものはどれか。

1）「債券投資において、債券の格付は重要な投資指標です。一般に、BBB（トリプルＢ）格相当以上の格付が付与されている債券は、投資適格とされます」

2）「発行会社の財務状況の悪化等により、利子の支払や償還に懸念が生じるリスクを、一般に、金利リスクといいます。債券投資においては、金利リスクだけでなく、そのほかのリスクについても検討したうえで投資判断をすることが重要です」

3）「Ｙ社債の利子は、申告分離課税の対象となり、利子の支払時に所得税および復興特別所得税と住民税の合計で14.21％相当額が源泉徴収等されます」

問3　債券の最終利回りの計算　□□□ ★★☆

Ｙ社債を設例の条件で購入した場合の最終利回り（年率・単利）は、次のうちどれか。なお、計算にあたっては税金等を考慮せず、答は％表示における小数点以下第３位を四捨五入している。

1）0.39％

2）0.40％

3）0.78％

解答・解説

問1 正解 2 ▶テキストP98～100

1）適切。PER（株価収益率）（倍）$= \dfrac{\text{株価}}{\text{1株当たり純利益}}$

$= \dfrac{6{,}000\text{円}}{200\text{億円} \div 5{,}000\text{万株}} = 15.0\text{倍}$

PERが高いほうが株価は割高、低いほうが株価は割安と判断される。

2）不適切。ROE（自己資本利益率）（%）$= \dfrac{\text{当期純利益}}{\text{自己資本}} \times 100$

$= \dfrac{200\text{億円}}{2{,}000\text{億円}} \times 100 = 10.0\%$

ROEが高い会社ほど、自己資本の効率的な活用がなされていると判断される。

3）適切。配当性向（%）$= \dfrac{\text{年間配当金総額}}{\text{当期純利益}} \times 100 = \dfrac{45\text{億円}}{200\text{億円}} \times 100 = 22.5\%$

問2 正解 1 ▶テキスト95～96、107

1）適切。BBB（トリプルB）格相当以上の格付が付与されている債券は、投資適格とされる。一方、BB（ダブルB）格相当以下の格付が付されている債券は、投機的（投資不適格）とされる。

2）不適切。発行会社の財務状況の悪化等により、利子の支払や償還に懸念が生じるリスクを、一般に、信用リスクという。

3）不適切。Y社債（特定公社債）の利子は、申告分離課税の対象となり、利子の支払時に所得税および復興特別所得税と住民税の合計で20.315%相当額が源泉徴収等される。

問3 正解 1 ▶テキストP92～93

最終利回りとは、すでに発行された債券を購入し、償還（満期）まで保有する場合の利回りのことをいう。償還価格は、額面金額（100円）である。

$$\text{最終利回り}(\%) = \frac{\text{1年間の利子} + \dfrac{\text{償還価格}(100\text{円}) - \text{購入価格}}{\text{残存期間}}}{\text{購入価格}} \times 100$$

$$= \frac{0.8\text{円} + \dfrac{100\text{円} - 102\text{円}}{5\text{年}}}{102\text{円}} \times 100 = 0.392\cdots \rightarrow 0.39\%$$

5 株式投資　2020.9第２問（一部変更）

次の設例に基づいて、下記の各問（問１～問３）に答えなさい。

設例

会社員のＡさん（33歳）は、将来に向けた資産形成のため、上場株式等に投資したいと考えている。会社の同僚からは、「今は、Ｘ社株式（東京証券取引所プライム市場）と上場不動産投資信託（J－REIT）を保有している。今年は株価が大きく下落する局面もあったが、短期的な売買ではなく、長期投資を前提とした資産運用を心がけている」と聞かされた。

そこで、Ａさんは、懇意にしているファイナンシャル・プランナーのMさんに相談することにした。

〈Ｘ社の財務データ〉

売上高	：３兆6,000億円
営業利益	：3,800億円
経常利益	：3,500億円
当期純利益	：2,900億円
配当金（年間）	：１株当たり150円
配当金総額	：1,200億円

〈Ｘ社株式の関連情報〉

PER	：11.03倍
PBR	：1.33倍
ROE	：12.08％
配当利回り	：3.75％
株価	：4,000円
発行済株式数	：８億株

※決算期：2025年１月31日（金）（配当の権利が確定する決算期末）

※上記以外の条件は考慮せず、各問に従うこと。

問1　株式の投資指標

□□□ ★★★

Mさんは、X社株式の投資指標について説明した。MさんのAさんに対する説明として、次のうち最も不適切なものはどれか。

1）「X社株式のPBRは、1.33倍です。これは、株価が1株当たり当期純利益の何倍であるかを示す指標です。一般に、PBRが高いほうが株価は割高、低いほうが株価は割安と判断されます」

2）「X社のROEは、12.08％です。これは、自己資本に対する当期純利益の割合を示す指標です。一般に、ROEが高い会社ほど、資産の効率的な活用がなされていると考えることができます」

3）「X社株式の配当利回りは、3.75％です。これは、株価に対する1株当たりの年間配当金の割合を示す指標です。配当利回りの高さを基準に銘柄を選択する際には、過去の配当の状況、配当方針、収益の安定性などを考慮することが大切です」

問2　株式投資

□□□ ★★★

Mさんは、X社株式の購入等についてアドバイスした。MさんのAさんに対するアドバイスとして、次のうち最も適切なものはどれか。

1）「X社株式の次回の配当を受け取るためには、2025年1月31日（金）の4営業日前である2025年1月27日（月）までにX社株式を購入してください。2025年1月28日（火）以後にX社株式を購入した場合、次回の配当を受け取ることはできません」

2）「Aさんが特定口座（源泉徴収あり）でX社株式を株価4,000円で100株購入し、同年中に株価4,500円で全株売却した場合、その他の取引や手数料等を考慮しなければ、売買益5万円に対して20.315％相当額が源泉徴収等されます」

3）「証券取引所における株式の売買注文のうち、希望する売買価格を明示せず、希望する銘柄、売り買いの別および数量を指定して注文する方法のことを、指値注文といいます」

問3　上場不動産投資信託（J-REIT）

□□□ ★☆☆

Mさんは、上場不動産投資信託（J-REIT）についてアドバイスした。MさんのAさんに対するアドバイスとして、次のうち最も適切なものはどれか。

1）「上場不動産投資信託（J-REIT）は、実物不動産等に投資し、その賃貸収入や売買益を投資家に分配する投資信託です。上場不動産投資信託（J-REIT）の投資対象の不動産は、オフィスビルに限られています」

2）「上場不動産投資信託（J-REIT）は、上場株式と同様に証券取引所を通じて購入することができます」

3）「上場不動産投資信託（J-REIT）は、毎年の分配金の最低額が保証されており、比較的安定した配当が期待できる金融商品です」

解答・解説

問1 正解 1　▶テキストP98 ～ 100

1）不適切。PBR（株価純資産倍率）は、株価が1株当たり純資産の何倍であるかを示す指標である。株価が1株当たり当期純利益の何倍であるかを示す指標は、PER（株価収益率）である。いずれも、数値が高いほうが株価は割高、低いほうが株価は割安と判断される。

$$\text{PBR（株価純資産倍率）（倍）}=\frac{\text{株価}}{\text{1株当たり純資産}}$$

$$\text{PER（株価収益率）（倍）}=\frac{\text{株価}}{\text{1株当たり純利益}}$$

2）適切。$\text{ROE（自己資本利益率）（\%）}=\frac{\text{当期純利益}}{\text{自己資本}}\times100$

3）適切。$\text{配当利回り（\%）}=\frac{\text{1株当たり配当金}}{\text{株価}}\times100$

問2 正解 2　▶テキストP97、108

1）不適切。X社株式の次回の配当を受け取るためには、2025年1月31日（金）の2営業日前である2025年1月29日（水）までにX社株式を購入する必要がある。29日（水）に購入した場合、29日（水）から起算して3営業日目の31日（金）が受渡日となる。

2）適切。売却益＝（4,500円－4,000円）×100株＝5万円
特定口座（源泉徴収あり）では、売却益に対して20.315％相当額が源泉徴収等される。

3）不適切。証券取引所における株式の売買注文のうち、希望する売買価格を明示せず、希望する銘柄、売り買いの別および数量を指定して注文する方法のことを、成行注文という。指値注文とは、希望をする売買価格を明示する注文方法である。

問3 正解 2　▶テキストP103、108

1）不適切。上場不動産投資信託（J-REIT）の投資対象の不動産は、オフィスビルに限られてはいない。マンションやホテルなども投資対象となる。

2）適切。上場不動産投資信託（J-REIT）は、上場株式と同様に証券取引所を通じて購入することができる。

3）不適切。上場不動産投資信託（J-REIT）は、毎年の分配金の最低額は保証されていない。

6 外貨預金　2023.9第2問

次の設例に基づいて、下記の各問（問1～問3）に答えなさい。

設例

会社員のAさん（58歳）は、国内の銀行であるX銀行の米ドル建定期預金のキャンペーン広告を見て、その金利の高さに魅力を感じているが、これまで外貨建金融商品を利用した経験がなく、留意点や課税関係について知りたいと思っている。

そこで、Aさんは、ファイナンシャル・プランナーのMさんに相談することにした。

〈X銀行の米ドル建定期預金に関する資料〉

・預入金額　　：10,000米ドル
・預入期間　　：6ヵ月
・利率（年率）：4.0％（満期時一括支払）
・為替予約なし

※上記以外の条件は考慮せず、各問に従うこと。

問1 外貨預金　□□□ ★★☆

Mさんは、設例の米ドル建定期預金について説明した。MさんのAさんに対する説明として、次のうち最も適切なものはどれか。

1）「米ドル建定期預金の満期時の為替レートが、預入時の為替レートに比べて円高・米ドル安となった場合、円換算の運用利回りは向上します」
2）「X銀行に預け入れた米ドル建定期預金は、金額の多寡にかかわらず、預金保険制度の保護の対象となりません」
3）「X銀行の米ドル建定期預金に10,000米ドルを預け入れた場合、Aさんが満期時に受け取ることができる利息額は400米ドル（税引前）になります」

問2 外貨預金の元利金の計算

□□□ ★★☆

Aさんが、設例および下記の〈資料〉の条件で、10,000米ドルを預け入れ、満期時に円貨で受け取った場合における元利金の合計額として、次のうち最も適切なものはどれか。なお、計算にあたっては税金等を考慮せず、預入期間6ヵ月は0.5年として計算すること。

〈資料〉適用為替レート（円／米ドル）

	TTS	TTM	TTB
預入時	129.00円	128.50円	128.00円
満期時	131.00円	130.50円	130.00円

1）1,326,000円
2）1,331,100円
3）1,336,200円

問3 外貨預金の課税関係

□□□ ★★☆

Mさんは、Aさんに対して、設例の米ドル建定期預金に係る課税関係について説明した。Mさんが説明した以下の文章の空欄①～③に入る語句の組合せとして、次のうち最も適切なものはどれか。

i）「AさんがX銀行の米ドル建定期預金に預け入れをした場合、当該預金の利子に係る利子所得は、所得税および復興特別所得税と住民税を合わせて20.315％の税率による（　①　）の対象となります」
ii）「外貨預金による運用では、外国為替相場の変動により、為替差損益が生じることがあります。為替差益は（　②　）として、所得税および復興特別所得税と住民税の課税対象となります。なお、為替差損による損失の金額は、外貨預金の利子に係る利子所得の金額と損益通算することが（　③　）」

1）① 源泉分離課税　② 雑所得　③ できません
2）① 源泉分離課税　② 一時所得　③ できます
3）① 申告分離課税　② 雑所得　③ できます

解答・解説

問1 正解 2 ▶テキストP105、111

1）不適切。米ドル建定期預金の満期時の為替レートが、預入時の為替レートに比べて**円安・米ドル高**となった場合、**円換算の**運用利回りは向上する。

2）適切。外貨預金は、**預金保険制度による**保護の対象とならない。

3）不適切。満期時に受け取ることができる利息額（税引前）は、**6ヵ月（0.5年）分**となるため、「**10,000米ドル×4.0％×0.5年＝200米ドル**」である。

問2 正解 1 ▶テキストP105

① **満期時の米ドルの元利金合計額**

元本10,000米ドル＋利息200米ドル（問1 3）参照）＝10,200米ドル

② **満期時の円貨の元利金合計額**

①10,200米ドル×130.00円（TTB）＝1,326,000円

＊**満期時に米ドルを円貨に換える際に適用される為替レートは**、TTBである。

問3 正解 1 ▶テキストP109

① 米ドル建定期預金の利子に係る**利子所得**は、所得税および復興特別所得税と住民税を合わせて20.315％の税率による源泉分離課税の対象となる。

② 外貨預金による**為替差益**は雑所得として、所得税および復興特別所得税と住民税の課税対象となる。

③ 為替差損による損失の金額は、外貨預金の利子に係る利子所得の金額と損益通算することはできない。雑**所得の損失は利子所得の金額と損益通算することができない。**

損益通算できる損失は、「不動産所得・事業所得・山林所得・譲渡所得」の損失だけです。
頭文字で不事山譲（ふじさんじょう）（**富士山上**）と覚えましょう。

7 個人事業主と所得税　2023.9第３問（一部変更）

次の設例に基づいて、下記の各問（問１～問３）に答えなさい。

設例

　小売店を営む個人事業主であるＡさんは、開業後直ちに青色申告承認申請書と青色事業専従者給与に関する届出書を所轄税務署長に対して提出している青色申告者である。

〈Ａさんとその家族に関する資料〉

Ａさん　　（45歳）：個人事業主（青色申告者）
妻Ｂさん　（40歳）：Ａさんが営む事業に専ら従事している。2024年中に、青色事業専従者として、給与収入90万円を得ている。
長男Ｃさん（15歳）：中学生。2024年中の収入はない。
母Ｄさん　（73歳）：2024年中の収入は、公的年金の老齢給付のみであり、その収入金額は120万円である。

〈Ａさんの2024年分の収入等に関する資料〉

（１）事業所得の金額　：580万円（青色申告特別控除後）
（２）一時払変額個人年金保険（10年確定年金）の解約返戻金
　契約年月　：2016年10月
　契約者（＝保険料負担者）・被保険者　：Ａさん
　死亡保険金受取人　：妻Ｂさん
　解約返戻金額　：480万円
　正味払込保険料　：400万円

※妻Ｂさん、長男Ｃさんおよび母Ｄさんは、Ａさんと同居し、生計を一にしている。
※Ａさんとその家族は、いずれも障害者および特別障害者には該当しない。
※Ａさんとその家族の年齢は、いずれも2024年12月31日現在のものである。

※上記以外の条件は考慮せず、各問に従うこと。

問1 青色申告制度

□□□ ★★☆

所得税における青色申告制度に関する以下の文章の空欄①～③に入る語句または数値の組合せとして、次のうち最も適切なものはどれか。

i）「事業所得の金額の計算上、青色申告特別控除として最高（ ① ）万円を控除することができます。（ ① ）万円の青色申告特別控除の適用を受けるためには、事業所得に係る取引を正規の簿記の原則に従い記帳し、その記帳に基づいて作成した貸借対照表、損益計算書その他の計算明細書を添付した確定申告書を法定申告期限内に提出することに加えて、e-Taxによる申告（電子申告）または電子帳簿保存を行う必要があります。なお、確定申告書を法定申告期限後に提出した場合、青色申告特別控除額は最高（ ② ）万円となります」

ii）「青色申告者が受けられる税務上の特典として、青色申告特別控除のほかに、青色事業専従者給与の必要経費算入、純損失の３年間の繰越控除、純損失の繰戻還付、棚卸資産の評価について（ ③ ）を選択することができることなどが挙げられます」

1）① 55　② 10　③ 低価法
2）① 65　② 10　③ 低価法
3）① 65　② 55　③ 定額法

問2 所得税の課税

Aさんの2024年分の所得税の課税に関する次の記述のうち、最も適切なものはどれか。

1）「Aさんが受け取った一時払変額個人年金保険の解約返戻金は、源泉分離課税の対象となります」
2）「Aさんは、妻Bさんに係る配偶者控除の適用を受けることができ、その控除額は38万円です」
3）「Aさんは、母Dさんに係る扶養控除の適用を受けることができ、その控除額は58万円です」

問3 総所得金額の計算

Aさんの2024年分の所得税における総所得金額は、次のうちどれか。

1）580万円
2）595万円
3）610万円

解答・解説

問1　正解 2　▶テキストP142 ～ 143

① 事業所得の金額の計算上、**青色申告特別控除**として**最高65万円**を控除することができる。65万円を控除することができるのは、一定の要件をすべて満たした上で、**e-Taxによる申告（電子申告）または電子帳簿保存を行う場合**である。

② 確定申告書を法定申告期限後に提出した場合、青色申告特別控除額は**最高10万円**となる。

③ 青色申告者が受けられる税務上の特典として、棚卸資産の評価について低価法を選択することができることなどがある（低価法とは、時価と取得価額のうち低いほうで評価する方法のこと）。その他の特典としては、**青色事業専従者給与の必要経費算入、純損失の３年間の繰越控除、純損失の繰戻還付**などがある。

問2　正解 3　▶テキストP68 ～ 69、135 ～ 137

1）不適切。Ａさんが受け取った一時払変額個人年金保険（10年確定年金）の解約返戻金は、**契約後５年超経過後**の解約であるため、一時所得として総合課税の対象となる。なお、５年以内に解約した場合には**「金融類似商品」**として源泉分離課税となる。

2）不適切。妻Ｂさんは、Ａさんが営む事業に専ら従事している**青色事業専従者**であるため、**合計所得金額の多寡にかかわらず**配偶者控除の対象とならない。

3）適切。母Ｄさん（73歳）は、**70歳以上**でＡさんと**同居**し、合計所得金額（公的年金等の雑所得）が次のように**48万円以下**のため同居老親等に該当し、Ａさんが適用を受けることができる**扶養控除の控除額は**58万円である。

母Ｄさんの雑所得の金額＝収入金額－公的年金等控除額（最低110万円）
＝120万円－110万円＝10万円≦48万円

問3　正解 2　▶テキストP128

① 事業所得の金額：580万円

② 一時所得の金額（一時払変額個人年金保険の解約返戻金）
＝総収入金額－支出金額－**特別控除額**（**最高**50万円）
＝480万円－400万円－50万円＝30万円

③ 総所得金額＝①580万円（事業所得）＋②30万円（一時所得）$\times \frac{1}{2}$＝595万円

一時所得のうち、総所得金額に算入されるのは、その2分の1**である。**

8 会社員と所得税　2024.1第３問（一部変更）

次の設例に基づいて、下記の各問（問１～問３）に答えなさい。

設例

会社員のＡさんは、妻Ｂさん、長男Ｃさんおよび長女Ｄさんとの４人家族である。2024年５月に20歳になった長男Ｃさんの国民年金保険料は、Ａさんが毎月支払っている。

〈Ａさんとその家族に関する資料〉

Ａさん　　（45歳）：会社員
妻Ｂさん　（44歳）：パートタイマー。2024年中に、給与収入80万円を得ている。
長男Ｃさん（20歳）：大学生。2024年中の収入はない。
長女Ｄさん（17歳）：高校生。2024年中の収入はない。

〈Ａさんの2024年分の収入等に関する資料〉

（１）給与収入の金額　：750万円
（２）不動産所得の金額　：30万円
（３）一時払養老保険（10年満期）の満期保険金
　契約年月　：2014年８月
　契約者（＝保険料負担者）・被保険者：Ａさん
　死亡保険金受取人　：妻Ｂさん
　満期保険金受取人　：Ａさん
　満期保険金額　：350万円
　正味払込保険料　：330万円

※妻Ｂさん、長男Ｃさんおよび長女Ｄさんは、Ａさんと同居し、生計を一にしている。
※Ａさんとその家族は、いずれも障害者および特別障害者には該当しない。
※Ａさんとその家族の年齢は、いずれも2024年12月31日現在のものである。

※上記以外の条件は考慮せず、各問に従うこと。

問1 総所得金額の計算 □□□ ★★★

Aさんの2024年分の所得税における総所得金額は、次のうちどれか。

1）595万円
2）605万円
3）615万円

〈資料〉給与所得控除額

給与収入金額			給与所得控除額
万円超		万円以下	
	～	180	収入金額×40％－10万円（55万円に満たない場合は、55万円）
180	～	360	収入金額×30％＋８万円
360	～	660	収入金額×20％＋44万円
660	～	850	収入金額×10％＋110万円
850	～		195万円

問2 所得控除 □□□ ★★★

Aさんの2024年分の所得税における所得控除に関する次の記述のうち、最も適切なものはどれか。

1）「Aさんが適用を受けることができる基礎控除の控除額は、38万円です」
2）「Aさんが適用を受けることができる扶養控除の控除額は、101万円です」
3）「Aさんが適用を受けることができる配偶者控除の控除額は、48万円です」

問3 所得税の課税 □□□ ★★★

Aさんの2024年分の所得税の課税に関する次の記述のうち、最も不適切なものはどれか。

1）「Aさんが2024年中に支払った長男Cさんの国民年金保険料は、その全額を社会保険料控除として総所得金額等から控除することができます」
2）「Aさんが受け取った一時払養老保険の満期保険金に係る差益は、源泉分離課税の対象となります」
3）「Aさんは、不動産所得の金額が20万円を超えるため、所得税の確定申告をしなければなりません」

解答・解説

問1 **正解 1** ▶テキストP124、128

① 給与所得の金額＝給与収入金額－**給与所得控除額**
＝750万円－（750万円×10％＋110万円）＝565万円

② 一時所得の金額（一時払養老保険（10年満期）の満期保険金）
＝総収入金額－支出金額－**特別控除額（最高50万円）**
＝350万円－330万円－**20万円**＝０円

③ 総所得金額＝565万円（給与所得）＋30万円（不動産所得）＝595万円

問2 **正解 2** ▶テキストP135～137

1）不適切。Aさんの合計所得金額は**2,400万円以下**であるため、適用を受けることができる**基礎控除の控除額は**48万円である。

2）適切。長男Cさん（20歳）は、**19歳以上23歳未満**であるため特定扶養親族に該当し、扶養控除の控除額は63万円である。長女Dさん（17歳）は、**16歳以上19歳未満**であるため一般の控除対象扶養親族に該当し、扶養控除の控除額は38万円である。したがって、Aさんが適用を受けることができる**扶養控除の控除額は「63万円＋38万円＝**101万円」である。

3）不適切。Aさんの合計所得金額は**900万円以下**、妻Bさん（70歳未満）の合計所得金額は次のように**48万円以下**であるため、適用を受けることができる**配偶者控除の控除額は**38万円である。
妻Bさんの給与所得の金額＝給与収入金額－給与所得控除額
＝80万円－55万円＝25万円≦48万円

問3 **正解 2** ▶テキストP68～69、134、141

1）適切。Aさんが支払った生計を一にする親族（長男Cさん）の国民年金保険料は、その**全額**がAさんの社会保険料控除**の対象**となる。

自分の分の社会保険料だけでなく、配偶者や生計を一にする親族の分の社会保険料を支払ったときも、社会保険料控除の対象となります。

2）不適切。Aさんが受け取った一時払養老保険（10年満期）の満期保険金は、**保険期間が５年を超えているため、一時所得として**総合課税**の対象**となる。

3）適切。給与所得者であっても、給与所得以外の所得の金額が20万円**を超える**場合には、所得税の確定申告をしなければならない。

9 退職金と所得税　2017.1第３問（一部変更）

次の設例に基づいて、下記の各問（問１～問３）に答えなさい。

設例

Ａさん（65歳）は、妻Ｂさん（55歳）、長女Ｃさん（26歳）、および長男Ｄさん（22歳）との４人暮らしである。Ａさんは、2024年３月末に、それまで40年３ヵ月間勤務していたＸ株式会社（以下、「Ｘ社」という）を退職し、その後、再就職はしておらず、今後も再就職をする予定はない。

Ａさんの2024年分の収入等に関する資料等は、以下のとおりである。

〈Ａさんの家族構成〉

- Ａさん　　：40年３ヵ月間勤務していたＸ社を2024年３月末に退職した。
- 妻Ｂさん　：専業主婦。2024年中に収入はない。
- 長女Ｃさん：家事手伝い。2024年中に収入はない。
- 長男Ｄさん：大学生。2024年中に収入はない。

〈Ａさんの2024年分の収入等に関する資料〉

- Ｘ社からの給与収入の金額（１～３月分）：240万円
- Ｘ社から支給を受けた退職金の額　　　　：2,800万円

※妻Ｂさん、長女Ｃさんおよび長男Ｄさんは、Ａさんと同居し、生計を一にしている。
※家族は、いずれも障害者および特別障害者には該当しない。
※家族の年齢は、いずれも2024年12月31日現在のものである。

※上記以外の条件は考慮せず、各問に従うこと。

問1 所得控除

Aさんの2024年分の所得税の所得控除に関する次の記述のうち、最も不適切なものはどれか。

1）妻Bさんは控除対象配偶者に該当するため、Aさんは、配偶者控除（控除額38万円）と配偶者特別控除（控除額38万円）の適用を受けることができる。
2）長女Cさんは一般の控除対象扶養親族に該当するため、Aさんは、長女Cさんについて扶養控除（控除額38万円）の適用を受けることができる。
3）長男Dさんは特定扶養親族に該当するため、Aさんは、長男Dさんについて扶養控除（控除額63万円）の適用を受けることができる。

問2 退職金の課税関係

退職金の支払を受ける場合の所得税および復興特別所得税の課税関係に関する以下の文章の空欄①～③に入る語句の組合せとして、次のうち最も適切なものはどれか。

> 退職金の支払を受ける時までに「退職所得の受給に関する申告書」を提出している者は、退職金の支払を受ける際に、この申告書に基づいた正規の所得税および復興特別所得税の税額が（　①　）されるため、その退職金について、原則として所得税および復興特別所得税の確定申告をする必要はない。
> 一方、「退職所得の受給に関する申告書」を提出していない者は、退職金の支払を受ける際に、退職金の支払金額に（　②　）の税率を乗じて計算した所得税および復興特別所得税が（　①　）されるため、この税額が正規の所得税および復興特別所得税の税額に満たない場合には、所得税および復興特別所得税の確定申告が必要である。また、この場合の確定申告書の提出先は、（　③　）の納税地の所轄税務署長となる。

1）① 普通徴収　② 10.21%　③ 退職金の受給者
2）① 源泉徴収　② 10.21%　③ 退職金の支払者
3）① 源泉徴収　② 20.42%　③ 退職金の受給者

問3　退職所得の金額の計算

Ａさんが X 社から受け取った退職金に係る退職所得の金額として、次のうち最も適切なものはどれか。なお、Ａさんは「退職所得の受給に関する申告書」を提出しているものとする。また、障害者になったことがＡさんの退職の直接の原因ではないものとする。

1）〔2,800万円－｛800万円+70万円×（41年－20年)｝〕×$\frac{1}{2}$=265万円

2）〔2,800万円－｛800万円+60万円×（41年－20年)｝〕×$\frac{1}{2}$=370万円

3）〔2,800万円－｛600万円+60万円×（41年－20年)｝〕×$\frac{1}{2}$=470万円

解答・解説

問1　正解 1　▶テキストP135～137

1）不適切。妻Bさん（55歳）は収入がなく**控除対象配偶者**に該当し、かつ、Aさんの合計所得金額が900万円以下であるため、Aさんは、**配偶者控除**（控除額38万円）の適用を受けることができる。**配偶者特別控除の適用を受けることは**できない。

2）適切。長女Cさん（26歳）は収入がなく、23歳以上70歳未満であるため、**一般の控除対象扶養親族**となり、Aさんは、**扶養控除**（**控除額**38万円）の適用を受けることができる。

3）適切。長男Dさん（22歳）は収入がなく、19歳以上23歳未満であるため、**特定扶養親族**となり、Aさんは、**扶養控除**（**控除額**63万円）の適用を受けることができる。

問2　正解 3　▶テキストP126、140

①**「退職所得の受給に関する申告書」**を提出している者は、退職金の支払を受ける際に、正規の所得税および復興特別所得税の税額が源泉徴収される。

②**「退職所得の受給に関する申告書」**を提出していない者は、退職金の支払を受ける際に、退職金の支払金額に20.42%の税率を乗じて計算した所得税（20%）および復興特別所得税（0.42%）が源泉徴収される。

③確定申告書の提出先は、退職金の受給者（**納税者**）の納税地の所轄税務署長となる。

問3　正解 1　▶テキストP125～126

退職所得の金額

$$= (\text{収入金額} - \text{退職所得控除額}^{*}) \times \frac{1}{2}$$

$$= [2{,}800\text{万円} - \{800\text{万円} + 70\text{万円} \times (41\text{年} - 20\text{年})\}] \times \frac{1}{2}$$

=265万円

＊退職所得控除額（勤続年数20年超の場合）
=800万円+70万円×（勤続年数－20年）

1年未満の勤続年数は切り上げるため、
40年3ヵ月は41年として計算します。

10 土地の有効活用① 2023.1第4問

次の設例に基づいて、下記の各問（問1～問3）に答えなさい。

設例

Aさん（51歳）は、３年前に父親の相続により取得した甲土地を所有している。相続開始前から現在に至るまで月極駐車場として賃貸しているが、収益性は低い。甲土地は、最寄駅から徒歩３分に位置し、周辺では戸建て住宅や低層マンションが建ち並んでいる。

Aさんは、先日、知人の不動産会社の社長から「大手ドラッグストアのＸ社が駅周辺での新規出店にあたり、甲土地に興味を示している。Ｘ社は建設協力金方式を望んでいるが、契約形態は事業用定期借地権方式でもよいと言っている。この機会に、甲土地の有効活用について考えてみてはどうか」との提案を受けた。

〈甲土地の概要〉

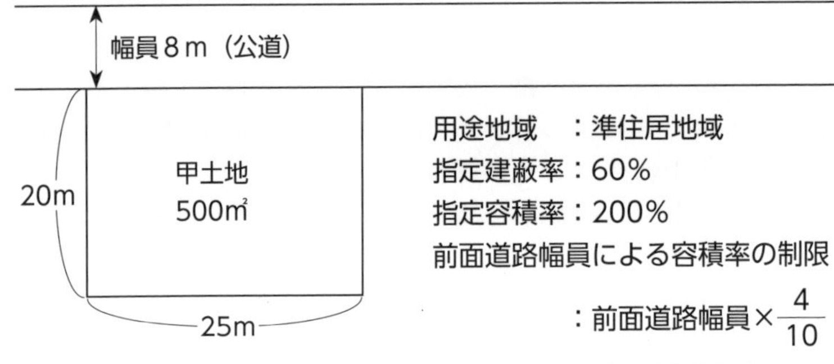

・指定建蔽率および指定容積率とは、それぞれ都市計画において定められた数値である。
・特定行政庁が都道府県都市計画審議会の議を経て指定する区域ではない。

※上記以外の条件は考慮せず、各問に従うこと。

問1　最大建築面積・最大延べ面積の計算　□□□ ★★★

甲土地に耐火建築物を建築する場合の①建蔽率の上限となる建築面積と②容積率の上限となる延べ面積の組合せとして、次のうち最も適切なものはどれか。

1）① 300㎡　② 1,000㎡
2）① 350㎡　② 1,000㎡
3）① 350㎡　② 1,600㎡

問2　建設協力金方式　□□□ ★★★

X社が提案する建設協力金方式に関する次の記述のうち、最も不適切なものはどれか。

1）「建設協力金方式とは、X社が建設資金をAさんに貸し付け、この資金を利用してAさんが建設した店舗をX社に賃貸する手法です。建設資金は、契約期間中に賃料と相殺する形で返済するのが一般的です」
2）「建設協力金方式により建設した店舗は、相続税額の計算上、貸家として評価されます。また、甲土地は貸家建付地として評価されます」
3）「建設協力金方式により建設した店舗は、契約期間満了後にX社が撤去し、Aさんに甲土地を更地で返還するのが一般的です。Aさんは、甲土地を手放さずに安定した賃料収入を得ることができます」

問3　事業用定期借地権方式　□□□ ★★☆

X社が提案する事業用定期借地権方式に関する次の記述のうち、最も適切なものはどれか。

1）「事業用定期借地権方式とは、X社が甲土地を一定期間賃借し、X社が店舗を建設する手法です。Aさんは、店舗の建設資金を負担することなく、安定した地代収入を得ることができます」
2）「事業用定期借地権について、契約期間満了時にX社から契約の更新の請求があった場合、Aさんは、正当な事由がない限り、この請求を拒絶することができません。甲土地の利用状況が長期間にわたり固定化されるというデメリットがあります」
3）「地代の改定方法や契約期間中に中途解約する場合の取扱いなど、契約内容を事前に精査しておく必要があります。事業用定期借地権の設定契約は、必ずしも公正証書による必要はありませんが、書面により作成する必要があります」

解答・解説

問1 **正解 2** ▶テキストP158 ～ 160

① 建蔽率の上限となる建築面積

上限となる建築面積は、「敷地面積×建蔽率」により計算することができる。

上限となる建築面積＝500㎡×（60%＋10%*）＝350㎡

***準防火地域内に耐火建築物を建築する**ため、10%**加算**される。

② 容積率の上限となる延べ面積

上限となる延べ面積は、「敷地面積×容積率」により計算することができる。

甲土地は、**前面道路（8m公道）が**12m**未満**であるため、次の❶、❷のいずれか低いほうの容積率が適用される。

> ❶指定容積率（200%）
>
> ❷前面道路幅員（m）$\times\frac{4}{10}$ = 8m$\times\frac{4}{10}$ = 320%

❶のほうが低いため、容積率は200%を適用する。

上限となる延べ面積＝500㎡×**200%**＝1,000㎡

問2 **正解 3** ▶テキストP172、205

1）適切。建設協力金方式とは、**入居予定のテナントが建設資金を建設協力金として**土地所有者に貸し付け、この資金を利用して土地所有者が建設した店舗をテナントに賃貸する手法である。借り受けた建設資金は、**契約期間中にテナントから受け取る賃料と相殺する形で**返済するのが一般的である。

2）適切。建設協力金方式により建設した建物は、相続税額の計算上、貸家（貸付用建物）として評価される。また、土地は貸家建付地（貸付用建物が建っている宅地）として評価される。

3）不適切。建設協力金方式における**建物の所有者は土地所有者**（Aさん）であり、契約期間満了後に、**建物の借主であるテナント**（X社）**が**建物を撤去する必要はない。

問3 **正解 1** ▶テキストP153、172

1）適切。事業用定期借地権方式とは、事業者が土地を一定期間賃借し、事業者（土地の借主）が建物を建設する手法である。土地所有者は、**建物の**建設資金を負担することなく、安定した地代収入を得る**ことができる。**

2）不適切。事業用定期借地権は、**「定期借地権」であるため**更新はない。

3）不適切。事業用定期借地権の設定契約は、公正証書**によらなければならない。**

11 土地の有効活用②　2022.1第４問

次の設例に基づいて、下記の各問（問１～問３）に答えなさい。

設例

Ａさん（50歳）は、５年前に父親の相続によりＸ市内にある甲土地（900㎡）を取得している。甲土地は、父親の代からアスファルト敷きの月極駐車場として賃貸しているが、その収益性は高くない。

Ａさんは、先日、地元の不動産会社の社長から「自己建設方式による賃貸マンションの建築を検討してみませんか。甲土地は、最寄駅から徒歩５分の好立地にあり、相応の需要が見込めます」との提案を受けた。

〈甲土地の概要〉

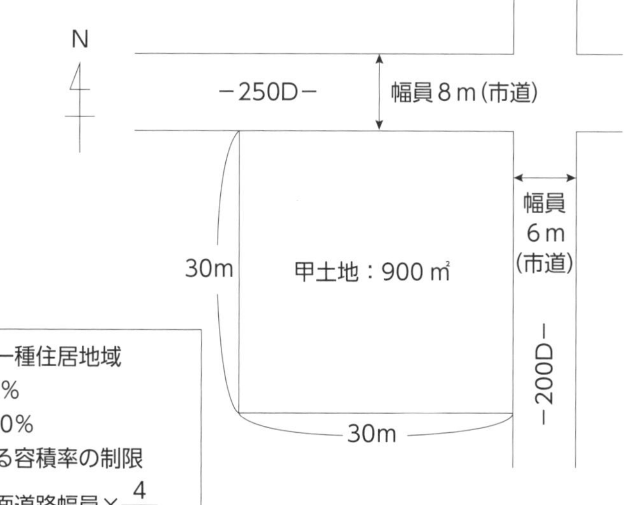

用途地域	：第一種住居地域
指定建蔽率	：60％
指定容積率	：300％
前面道路幅員による容積率の制限	：前面道路幅員×$\frac{4}{10}$
防火規制	：準防火地域

・甲土地は、建蔽率の緩和について特定行政庁が指定する角地である。
・指定建蔽率および指定容積率とは、それぞれ都市計画において定められた数値である。
・特定行政庁が都道府県都市計画審議会の議を経て指定する区域ではない。

※上記以外の条件は考慮せず、各問に従うこと。

問1　最大建築面積・最大延べ面積の計算

□□□ ★★★

甲土地に賃貸マンション（耐火建築物）を建築する場合の①建蔽率の上限となる建築面積と②容積率の上限となる延べ面積の組合せとして、次のうち最も適切なものはどれか。

1）① 630㎡　② 2,700㎡
2）① 720㎡　② 2,700㎡
3）① 720㎡　② 2,880㎡

問2　土地の評価

□□□ ★★★

甲土地に関する以下の文章の空欄①～③に入る語句または数値の組合せとして、次のうち最も適切なものはどれか。

> ｉ）「甲土地の面する道路に付された『250D』『200D』の数値は、１㎡当たりの価額を（　①　）単位で表示した相続税路線価です。数値の後に表示されている『D』の記号（アルファベット）は、借地権割合が（　②　）％であることを示しています」
> ⅱ）「Aさんが甲土地に賃貸マンションを建築した場合、相続税額の計算上、甲土地は貸家建付地として評価されます。貸家建付地の価額は、『自用地価額×（　③　）』の算式により評価されます」

1）① 千円　② 70　③ 借地権割合×賃貸割合
2）① 万円　② 70　③（1－借地権割合×賃貸割合）
3）① 千円　② 60　③（1－借地権割合×借家権割合×賃貸割合）

問3　土地の有効活用

□□□ ★★★

甲土地の有効活用等に関する次の記述のうち、最も適切なものはどれか。

1）「自己建設方式とは、Aさんが所有する土地の上に、事業者が建設資金を負担してマンション等を建設し、完成した建物の住戸等をAさんと事業者がそれぞれの出資割合に応じて取得する手法です」
2）「Aさんが甲土地に賃貸マンションを建築した場合、甲土地に係る固定資産税の課税標準を、住宅１戸につき200㎡までの部分（小規模住宅用地）について課税標準となるべき価格の２分の１の額とする特例の適用を受けることができます」
3）「Aさんが金融機関から融資を受けて賃貸マンションを建築した場合、Aさんの相続における相続税額の計算上、当該借入金の残高は債務控除の対象となります」

解答・解説

問1 **正解 2** ▶テキストP158～160

① 建蔽率の上限となる建築面積

上限となる建築面積は、「敷地面積×建蔽率」により計算することができる。上限となる建築面積＝900㎡×（**60％＋10％***1**＋10％***2）＝720㎡

（＊1）**準防火地域内に耐火建築物を建築する**ため、10％**加算**される。

（＊2）**特定行政庁が指定する角地**であるため、10％**加算**される。

② 容積率の上限となる延べ面積

上限となる延べ面積は、「敷地面積×容積率」により計算することができる。甲土地は、**前面道路（広いほうの幅員8ｍ市道）**が12m**未満**であるため、次の**❶**、**❷のいずれか**低いほうの容積率が適用される。

❶指定容積率（300％）

❷前面道路幅員（m）$\times\frac{4}{10}=8\text{m}\times\frac{4}{10}=$**320％**

❶のほうが低いため、容積率は300％を適用する。

上限となる延べ面積＝900㎡×**300％**＝2,700㎡

問2 **正解 3** ▶テキストP204～205

① **相続税路線価**は、道路に面する宅地の**1㎡当たりの価額を**千円**単位で表示**したものである。

②「D」は、下表のとおり、借地権割合が60％であることを示している。

記号	A	B	C	D	E	F	G
借地権割合	90%	80%	70%	60%	50%	40%	30%

③ **貸家建付地**の価額＝**自用地価額**×（1－借地権割合×借家権割合×賃貸割合）

問3 **正解 3** ▶テキストP167、172、188

1）不適切。本肢の記述は、土地の有効活用手法のうち「**等価交換方式」に関する説明**である。自己建設方式とは、土地の有効活用に関する一切の業務を土地所有者が行い、土地所有者が建設資金を負担する手法である。

2）不適切。住宅用地の固定資産税の課税標準を、住宅1戸につき200㎡までの部分（小規模住宅用地）について課税標準となるべき価格の6分の1の額とする特例がある。

3）適切。**借入金**の残高は、相続税額の計算上、**債務控除の対象となる**。

12 土地の有効活用③　2023.9第４問

次の設例に基づいて、下記の各問（問１～問３）に答えなさい。

設例

Ａさん（55歳）は、昨年、父親の相続によりＸ市内の実家（甲土地および建物）を取得した。法定相続人は、長男のＡさんのみであり、相続に係る申告・納税等の手続は完了している。

Ａさんは、別の都市に自宅を所有し、家族と居住しているため、相続後に空き家となっている実家（築45年）の売却を検討している。しかし、先日、友人の不動産会社の社長から、「甲土地は、最寄駅から徒歩５分の好立地にあり、相応の住宅需要が見込める。自己建設方式による賃貸マンションの建築を検討してみてはどうか」との提案があったことで、甲土地の有効活用にも興味を持ち始めている。

〈甲土地の概要〉

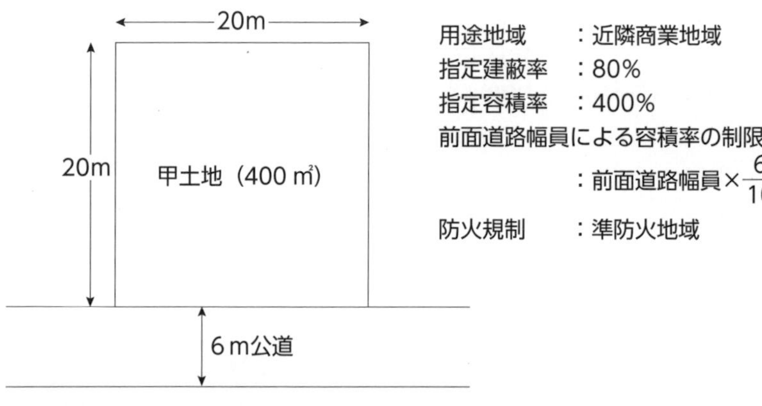

・指定建蔽率および指定容積率とは、それぞれ都市計画において定められた数値である。
・特定行政庁が都道府県都市計画審議会の議を経て指定する区域ではない。

※上記以外の条件は考慮せず、各問に従うこと。

問1 **最大建築面積・最大延べ面積の計算** □□□ ★★★

甲土地に耐火建築物を建築する場合の①建蔽率の上限となる建築面積と②容積率の上限となる延べ面積の組合せとして、次のうち最も適切なものはどれか。

1）① 360㎡　② 1,440㎡
2）① 360㎡　② 1,600㎡
3）① 400㎡　② 1,600㎡

問2 **相続空き家の譲渡の特例** □□□ ★★☆

「被相続人の居住用財産（空き家）に係る譲渡所得の特別控除の特例」（以下、「本特例」という）に関する次の記述のうち、最も不適切なものはどれか。

1）「本特例の適用を受けるためには、相続した家屋について、1981年5月31日以前に建築されたこと、相続開始直前において被相続人以外に居住をしていた人がいなかったことなどの要件を満たす必要があります」
2）「本特例の適用を受けるためには、譲渡の対価の額が5,000万円以下でなければなりません」
3）「本特例の適用を受けるためには、確定申告書にX市から交付を受けた被相続人居住用家屋等確認書を添付する必要があります」

問3 **土地の有効活用等** □□□ ★★★

甲土地の有効活用等に関する次の記述のうち、最も適切なものはどれか。

1）「自己建設方式とは、Aさんが所有する土地の上に、事業者が建設資金を負担してマンション等を建設し、完成した建物の住戸等をAさんと事業者がそれぞれの出資割合に応じて取得する手法です」
2）「甲土地が貸付事業用宅地等に該当すれば、『小規模宅地等についての相続税の課税価格の計算の特例』の適用を受けることができます。貸付事業用宅地等は、相続税の課税価格の計算上、330㎡までの部分について50％の減額が受けられます」
3）「Aさんが金融機関から融資を受けて賃貸マンションを建築した場合、Aさんの相続における相続税額の計算上、当該借入金の残高は債務控除の対象となります」

解答・解説

問1 正解 1 ▶テキストP158～160

① 建蔽率の上限となる建築面積

上限となる建築面積は、「敷地面積×建蔽率」により計算することができる。

上限となる建築面積＝400㎡×（80％＋10％＊）＝360㎡

＊準防火地域内に耐火建築物を建築するため、10％加算される。

② 容積率の上限となる延べ面積

上限となる延べ面積は、「敷地面積×容積率」により計算することができる。

甲土地は、前面道路（幅員６ｍ公道）が**12m未満**であるため、次の❶、❷のいずれか低いほうの容積率が適用される

❶指定容積率（400％）

❷前面道路幅員（m）$\times \frac{6}{10}$ ＝６ｍ$\times \frac{6}{10}$ ＝360％

❷のほうが低いため、容積率は360％を適用する。

上限となる延べ面積＝400㎡×360％＝1,440㎡

問2 正解 2 ▶テキストP170

1）適切。本特例の適用を受けるためには「相続した家屋が**1981年５月31日以前に建築されたこと**」「相続開始直前に**被相続人以外に居住をしていた人がいなかったことなど**」の要件を満たす必要がある。

2）不適切。本特例の適用を受けるためには、**譲渡の対価の額**（＝**売却価格**）が１億円以下でなければならない。

3）適切。本特例の適用を受けるためには、市町村から交付を受けた「**被相続人居住用家屋等確認書**」を確定申告書に添付する必要がある。

問3 正解 3 ▶テキストP172、188、206

1）不適切。本肢の記述は、「等価交換方式」に関する説明である。自己建設方式とは、土地所有者が土地の有効活用に関する一切の業務を行う手法である。

2）不適切。**貸付事業用宅地等**として、「**小規模宅地等についての相続税の課税価格の計算の特例**」の適用を受けた場合、相続税の課税価格の計算上、200㎡**までの部分について**50％**の減額**が受けられる。

3）適切。相続税額の計算上、被相続人の**借入金**の残高は債務控除**の対象**となる。債務控除とは、被相続人の残した債務等を相続財産から差し引くことができるものである。

13 土地の有効活用④　2023.5第４問

次の設例に基づいて、下記の各問（問１～問３）に答えなさい。

設例

Ａさん（53歳）は、13年前に父親の相続により取得した自宅（建物およびその敷地である甲土地）に居住している。Ａさんは、自宅の設備が古くなってきたことや老後の生活のことも考え、自宅を売却し、駅前のマンションを購入して転居することを検討している。

先日、Ａさんが知り合いの不動産会社の社長に相談したところ、「甲土地のある駅周辺は再開発が進んでおり、居住用建物について相応の需要が見込まれる。自宅を売却するのもよいと思うが、甲土地で賃貸マンション経営をすることも検討してみてはどうか」とアドバイスを受けた。

〈甲土地の概要〉

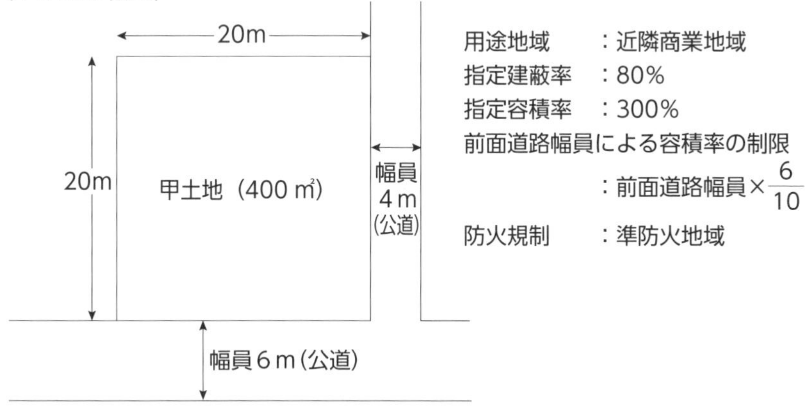

・甲土地は、建蔽率の緩和について特定行政庁が指定する角地である。
・指定建蔽率および指定容積率とは、それぞれ都市計画において定められた数値である。
・特定行政庁が都道府県都市計画審議会の議を経て指定する区域ではない。

※上記以外の条件は考慮せず、各問に従うこと。

問1 最大建築面積・最大延べ面積の計算

□□□ ★★★

甲土地に賃貸マンション（耐火建築物）を建築する場合の①建蔽率の上限となる建築面積と②容積率の上限となる延べ面積の組合せとして、次のうち最も適切なものはどれか。

1）① 360㎡　② 960㎡
2）① 400㎡　② 960㎡
3）① 400㎡　② 1,200㎡

問2 居住用財産の譲渡の特例

□□□ ★★☆

自宅（建物およびその敷地である甲土地）の譲渡に関する以下の文章の空欄①～③に入る語句の組合せとして、次のうち最も適切なものはどれか。

「Aさんが駅前のマンションに転居し、その後、居住していない現在の自宅を譲渡した場合に、Aさんが『居住用財産を譲渡した場合の3,000万円の特別控除の特例』の適用を受けるためには、Aさんが居住しなくなった日から（　①　）を経過する日の属する年の12月31日までに現在の自宅を譲渡すること等の要件を満たす必要があります。また、『居住用財産を譲渡した場合の長期譲渡所得の課税の特例』（軽減税率の特例）の適用を受ける場合、現在の自宅の譲渡に係る課税長期譲渡所得金額のうち、（　②　）以下の部分については、所得税および復興特別所得税（　③　）、住民税4％の税率で課税されます」

1）① 3年　② 6,000万円　③ 10.21％
2）① 3年　② 1億円　③ 15.315％
3）① 5年　② 1億円　③ 10.21％

問3 自己建設方式

□□□ ★★☆

自己建設方式による甲土地の有効活用に関する次の記述のうち、最も適切なものはどれか。

1）「自己建設方式は、Aさんがマンション等の建築資金の調達や建築工事の発注、建物の管理・運営を自ら行う方式です。Aさん自らが貸主となって所有するマンションの賃貸を行うためには、あらかじめ宅地建物取引業の免許を取得する必要があります」
2）「Aさんが甲土地に賃貸マンションを建築した場合、相続税の課税価格の計算上、甲土地は貸家建付地として評価されます」
3）「Aさんが甲土地に賃貸マンションを建築した場合、甲土地に係る固定資産税の課税標準を、住宅1戸につき200㎡までの部分（小規模住宅用地）について課税標準となるべき価格の2分の1の額とする特例の適用を受けることができます」

解答・解説

問1 正解 3 ▶テキストP158 ～ 160

① 建蔽率の上限となる建築面積

上限となる建築面積は、「敷地面積×建蔽率」により計算することができる。

上限となる建築面積＝400㎡×（80％＋10％＊1＋10％＊2）＝400㎡

（＊1）**準防火地域内に耐火建築物を建築する**ため、10％**加算**される。

（＊2）**特定行政庁が指定する角地**であるため、10％**加算**される。

② 容積率の上限となる延べ面積

上限となる延べ面積は、「敷地面積×容積率」により計算することができる。

甲土地は、**前面道路（広いほうの幅員6ｍの公道）**が12m**未満**であるため、次の❶、❷のいずれか低いほうの容積率が適用される

❶指定容積率（300％）

❷前面道路幅員（m）$\times\frac{6}{10}$＝6ｍ$\times\frac{6}{10}$＝360％

❶のほうが低いため、容積率は300％を適用する。

上限となる延べ面積＝400㎡×**300％**＝1,200㎡

問2 正解 1 ▶テキストP169

①「**居住用財産を譲渡した場合の3,000万円の特別控除の特例**」の適用を受けるためには、Aさんが居住しなくなった日から3年**を経過する日の属する年の12月31日までに自宅を譲渡する**ことが必要である。

② ③「**居住用財産を譲渡した場合の長期譲渡所得の課税の特例**」（**軽減税率の特例**）の適用を受ける場合、課税長期譲渡所得金額のうち、6,000万円以下の部分については、**所得税および復興特別所得税**10.21％、**住民税4％の税率**で課税される。

問3 正解 2 ▶テキストP150、167、205

1）不適切。自らが貸主となって所有するマンションの賃貸を行う行為は、**宅地建物取引業には該当しないため、宅地建物取引業の**免許を取得する必要はない。

2）適切。自ら所有する土地に賃貸マンション（**貸家**）を建築した場合、相続税の課税価格の計算上、当該土地は「**貸家建付地**」として評価される。

3）不適切。甲土地に賃貸マンションを建築した場合、甲土地に係る**固定資産税**の課税標準を、住宅1戸につき**200㎡**までの部分（小規模住宅用地）について課税標準となるべき価格（固定資産税評価額）の6分の1の額とする特例の適用を受けることができる。

14 相続の事例問題① 2023.5第5問（一部変更）

次の設例に基づいて、下記の各問（問1～問3）に答えなさい。

設例

Aさん（74歳）は、妻Bさん（70歳）、長女Cさん（45歳）との3人暮らしである。二女Dさん（40歳）は夫と子の3人で他県の持家に住んでいる。

Aさんは、所有財産のうち、妻Bさんには自宅の敷地と建物を相続させ、普段から身の回りの世話をしてくれる長女Cさんには賃貸アパートの敷地と建物を相続させたいと考えている。長女Cさんと二女Dさんの関係は悪くないものの、Aさんは自身の相続が起こった際に遺産分割で争いが生じるのではないかと不安を感じている。

〈Aさんの親族関係図〉

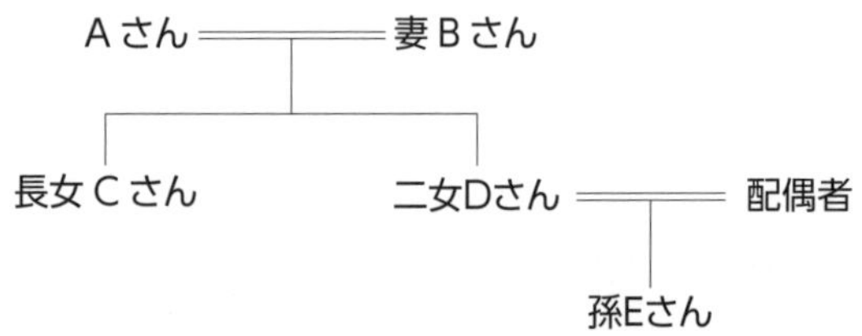

〈Aさんの推定相続人〉

妻Bさん　：Aさんおよび長女Cさんと同居している。
長女Cさん：会社員。Aさん夫妻と同居している。
二女Dさん：専業主婦。夫と子の3人で他県の持家に住んでいる。

〈Aさんの主な所有財産（相続税評価額）〉

1.	現預金	：	5,000万円
2.	自宅敷地（200㎡）	：	6,000万円（注）
	自宅建物	：	1,000万円
3.	賃貸アパート敷地（250㎡）	：	7,000万円（注）
	賃貸アパート建物（築10年・6室）	：	2,000万円
	合計	：	2億1,000万円

（注）「小規模宅地等についての相続税の課税価格の計算の特例」適用前の金額

※上記以外の条件は考慮せず、各問に従うこと。

問1 遺言 

遺言に関する次の記述のうち、最も不適切なものはどれか。

1）「遺産分割をめぐる争いを防ぐ手段として、遺言書の作成をお勧めします。自筆証書遺言は、遺言者が、その全文、日付および氏名を自書し、これに押印して作成するものです。財産目録については、パソコン等で作成することが認められています」
2）「自筆証書遺言は、所定の手続により、法務局（遺言書保管所）に保管することができます」
3）「公正証書遺言は、証人２人以上の立会いのもと、遺言者が遺言の趣旨を公証人に口授し、公証人がこれを筆記して作成します。その作成時、推定相続人である妻Ｂさんや長女Ｃさんを証人にすることができます」

問2 相続税の総額の計算 □□□ ★★★

仮に、Ａさんの相続が現時点で開始し、Ａさんの相続に係る課税遺産総額（課税価格の合計額－遺産に係る基礎控除額）が１億円であった場合の相続税の総額は、次のうちどれか。

1）1,450万円
2）1,695万円
3）2,400万円

〈資料〉相続税の速算表（一部抜粋）

法定相続分に応ずる取得金額			税率	控除額
万円超		万円以下		
	～	1,000	10%	－
1,000	～	3,000	15%	50万円
3,000	～	5,000	20%	200万円
5,000	～	10,000	30%	700万円
10,000	～	20,000	40%	1,700万円

問3 相続税等 □□□ ★★★

現時点において、Aさんの相続が開始した場合の相続税等に関する次の記述のうち、最も不適切なものはどれか。

1）「妻Bさんが自宅の敷地（相続税評価額6,000万円）を相続により取得し、当該敷地の全部について、『小規模宅地等についての相続税の課税価格の計算の特例』の適用を受けた場合、減額される金額は4,800万円となります」

2）「『配偶者に対する相続税額の軽減』の適用を受けた場合、妻Bさんが相続により取得した財産の金額が、配偶者の法定相続分相当額と１億6,000万円とのいずれか多い金額を超えない限り、妻Bさんが納付すべき相続税額は算出されません」

3）「遺言により妻Bさんおよび長女Cさんが相続財産の大半を取得した場合、二女Dさんの遺留分を侵害する可能性があります。仮に、遺留分を算定するための財産の価額が２億円である場合、二女Dさんの遺留分の金額は5,000万円となります」

解答・解説

問1 **正解 3** ▶テキストP181

1）適切。自筆証書遺言に添付する**財産目録**は、自書でなくてもよくパソコン等で作成することが認められている。

2）適切。これを「**自筆証書遺言書保管制度**」という。

3）不適切。公正証書遺言の作成時に必要となる**証人**（2人以上）には、遺言者の推定相続人（相続人となるべき人）はなることができない。

問2 **正解 1** ▶テキストP190～191

① 法定相続人が法定相続分どおりに取得したと仮定した取得金額

・妻B　1億円×$\frac{1}{2}$=5,000万円 ……………… ❶

・長女C　1億円×$\frac{1}{2}$×$\frac{1}{2}$=2,500万円 ……………… ❷

・二女D　1億円×$\frac{1}{2}$×$\frac{1}{2}$=2,500万円 ……………… ❸

② 相続税の総額（❶～❸に対する税額の合計）

・妻B　❶ 5,000万円×20%－200万円 ＝800万円
・長女C　❷ 2,500万円×15%－ 50万円 ＝325万円
・二女D　❸ 2,500万円×15%－ 50万円 ＝325万円

合計（相続税の総額）1,450万円

問3 **正解 3** ▶テキストP182、192、206

1）適切。自宅の敷地について「**小規模宅地等についての相続税の課税価格の計算の特例**」の適用を受けた場合、330㎡までの部分について80%減額される。自宅の敷地は200㎡であるため敷地全体が減額の対象となる。
減額される金額＝6,000万円×**80%**＝4,800万円

2）適切。「**配偶者に対する相続税額の軽減**」の適用を受けた場合、妻Bさんが相続により取得した財産の金額が、**配偶者の**法定相続分相当額**と**1億6,000万円**とのいずれか**多い金額を超えない限り、妻Bさんが納付すべき相続税額は算出されない。

3）不適切。全体の遺留分の割合は財産の2分の1となり、各相続人の遺留分は2分の1**に各相続人の**法定相続分**を乗じた割合**となる。二女Dの法定相続分は「1/2×1/2＝1/4」、遺留分は「1/2×1/4＝1/8」であるため、二女Dの遺留分の金額は「2億円×1/8＝2,500万円」となる。

15 相続の事例問題② 2022.9第５問（一部変更）

次の設例に基づいて、下記の各問（問１〜問３）に答えなさい。

設例

Ａさん（79歳）は、妻Ｂさん（73歳）との２人暮らしである。Ａさん夫妻には、子がいない。Ａさんは、妻Ｂさんに全財産を相続させたいと考えており、遺言の準備を検討している。

〈Ａさんの親族関係図〉

〈Ａさんの主な所有財産（相続税評価額）〉

１．現預金	：	１億円	
２．上場株式	：	6,000万円	
３．自宅敷地（240㎡）	：	5,000万円	（注）
自宅建物	：	1,000万円	

（注）「小規模宅地等についての相続税の課税価格の計算の特例」適用前の金額

※上記以外の条件は考慮せず、各問に従うこと。

問１　遺言　□□□ ★★★

遺言に関する次の記述のうち、最も不適切なものはどれか。

1）「自筆証書遺言は、遺言者が、その遺言の全文、日付および氏名を自書し、これに押印して作成するものです。自筆証書に添付する財産目録は、パソコン等で作成することも認められています」

2）「公正証書遺言は、証人２人以上の立会いのもと、遺言者が遺言の趣旨を公証人に口授し、公証人がこれを筆記して作成するものです」

3）「遺言により、Ａさんの全財産を妻Ｂさんに相続させた場合、弟Ｃさんが遺留分侵害額請求権を行使する可能性があります」

問２　相続税の総額の計算

仮に、Ａさんの相続が現時点で開始し、Ａさんの相続に係る課税遺産総額（課税価格の合計額－遺産に係る基礎控除額）が１億4,000万円であった場合の相続税の総額は、次のうちどれか。

1）2,800万円

2）3,000万円

3）3,900万円

〈資料〉相続税の速算表（一部抜粋）

法定相続分に応ずる取得金額			税率	控除額
万円超		万円以下		
	～	1,000	10%	－
1,000	～	3,000	15%	50万円
3,000	～	5,000	20%	200万円
5,000	～	10,000	30%	700万円
10,000	～	20,000	40%	1,700万円

問3 相続　□□□ ★★★

現時点において、Aさんの相続が開始した場合に関する以下の文章の空欄①～③に入る語句または数値の組合せとして、次のうち最も適切なものはどれか。

ⅰ）「Aさんの相続における相続税額の計算上、遺産に係る基礎控除額は、（　①　）万円となります」
ⅱ）「妻Bさんが自宅の敷地と建物を相続し、『小規模宅地等についての相続税の課税価格の計算の特例』の適用を受けた場合、自宅の敷地（相続税評価額5,000万円）について、相続税の課税価格に算入すべき価額は（　②　）万円となります」
ⅲ）「『配偶者に対する相続税額の軽減』の適用を受けた場合、妻Bさんが相続により取得した財産の金額が、配偶者の法定相続分相当額と1億6,000万円とのいずれか（　③　）金額までであれば、納付すべき相続税額は算出されません」

1）① 3,600　② 4,000　③ 多い
2）① 4,200　② 1,000　③ 多い
3）① 4,200　② 4,000　③ 少ない

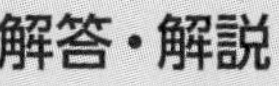

解答・解説

問1　正解 3　▶テキストP182、281

1）適切。自筆証書遺言は、遺言者が、その遺言の**全文、日付および氏名を自書**し、これに押印して作成するものである。自筆証書に添付する財産目録は、自書でなくてもよいため、パソコン等で作成することも認められている。

2）適切。公正証書遺言は、公証役場において証人２人以上の立会いのもと、遺言者が遺言の趣旨を公証人に口授し、**公証人がこれを筆記して作成**するものである。

3）不適切。兄弟姉妹に遺留分はないため、**弟Cさんは、遺留分侵害額請求権を行使することはできない。**

問2　正解 2　▶テキストP190～191

① 法定相続人が法定相続分どおりに取得したと仮定した取得金額

・妻B　１億4,000万円×$\frac{3}{4}$＝**１億500万円**………❶

・弟C　１億4,000万円×$\frac{1}{4}$＝**3,500万円**…………❷

② 相続税の総額（❶、❷に対する税額の合計）

・妻B　❶**１億500万円**×40％－1,700万円＝**2,500万円**
・弟C　❷　**3,500万円**×20％－　200万円＝　**500万円**

合計（相続税の総額）3,000万円

問3　正解 2　▶テキストP189、192、206

① **遺産に係る基礎控除額＝3,000万円＋600万円×法定相続人の数**（２人*）
＝4,200万円

＊法定相続人の数は、妻B、弟Cの２人である。

② 自宅の敷地について「小規模宅地等についての相続税の課税価格の計算の特例」の適用を受けた場合、330㎡**までの部分について**80％**減額される**。自宅敷地は240㎡であるため敷地全体が減額の対象となる。

減額される金額＝5,000万円×80％＝4,000万円
相続税の課税価格に算入すべき価額＝5,000万円－4,000万円＝**1,000万円**

③「配偶者に対する相続税額の軽減」の適用を受けた場合、妻Bさんが相続により取得した財産の金額が、**配偶者の法定相続分相当額と１億6,000万円とのいずれか多い金額まで**であれば、納付すべき相続税額は算出されない。

16 贈与・相続の事例問題　2022.1第5問（一部変更）

次の設例に基づいて、下記の各問（問1～問3）に答えなさい。

設例

Aさん（74歳）は、妻Bさん（72歳）とX市内で暮らしている。長男Cさん（44歳）は、妻と小学生の長女との３人で隣県にある賃貸マンションに住んでいる。Aさんは、長男Cさん家族の生活資金や孫の学費等について面倒を見てやりたいと思っており、現金の贈与を検討している。

〈Aさんの家族構成（推定相続人）〉

妻Bさん（72歳）　：　Aさんと自宅で同居している。

長男Cさん（44歳）：　会社員。妻と子の3人で賃貸マンションに住んでいる。

〈Aさんの主な所有財産（相続税評価額）〉

現預金	：	1億円
上場株式	：	2,000万円
自宅（敷地300㎡）	：	8,000万円（注）
自宅（建物）	：	500万円

（注）「小規模宅地等についての相続税の課税価格の計算の特例」適用前の金額

※上記以外の条件は考慮せず、各問に従うこと。

問1 生前贈与

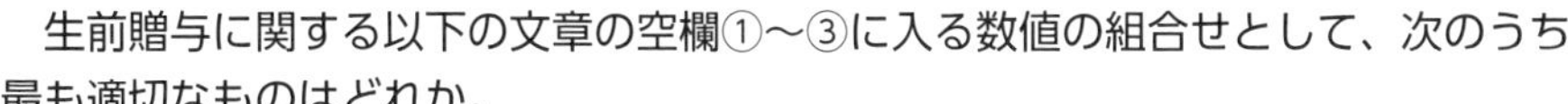

生前贈与に関する以下の文章の空欄①～③に入る数値の組合せとして、次のうち最も適切なものはどれか。

> ⅰ)「Aさんが生前贈与を実行するにあたっては、暦年課税制度による贈与、相続時精算課税制度による贈与、教育資金の非課税制度を活用した贈与などが考えられます。仮に、2024年中のAさんからの贈与について、長男Cさんが相続時精算課税制度を選択した場合、(①)万円までの贈与について贈与税は課されませんが、その額を超える部分については、一律(②)%の税率により贈与税が課されます」
>
> ⅱ)「『直系尊属から教育資金の一括贈与を受けた場合の贈与税の非課税制度』の適用を受けた場合、受贈者1人につき(③)万円までは贈与税が非課税となります。ただし、学習塾などの学校等以外の者に対して直接支払われる金銭については、500万円が限度となります」

1) ① 2,110　② 25　③ 1,500
2) ① 2,610　② 20　③ 1,500
3) ① 2,610　② 25　③ 1,000

問2 贈与税額の計算

仮に、長男Cさんが暦年課税(各種非課税制度の適用はない)により、2024年中にAさんから現金900万円の贈与を受けた場合の贈与税額は、次のうちどれか。

1) 147万円
2) 180万円
3) 191万円

〈資料〉贈与税の速算表(一部抜粋)

基礎控除後の課税価格			特例贈与財産		一般贈与財産	
			税率	控除額	税率	控除額
万円超		万円以下				
	～	200	10%	－	10%	－
200	～	300	15%	10万円	15%	10万円
300	～	400	15%	10万円	20%	25万円
400	～	600	20%	30万円	30%	65万円
600	～	1,000	30%	90万円	40%	125万円

問3 相続 □□□ ★★★

現時点において、Aさんの相続が開始した場合に関する次の記述のうち、最も不適切なものはどれか。

1）「Aさんの相続における相続税額の計算上、遺産に係る基礎控除額は、4,200万円となります」

2）「妻Bさんが自宅の敷地と建物を相続し、『小規模宅地等についての相続税の課税価格の計算の特例』の適用を受けた場合、自宅の敷地（相続税評価額8,000万円）について、相続税の課税価格に算入すべき価額は、1,600万円となります」

3）「妻Bさんが配偶者に対する相続税額の軽減の適用を受けた場合、妻Bさんが相続により取得した財産の額が、配偶者の法定相続分相当額と1億6,000万円とのいずれか少ない金額までであれば、妻Bさんが納付すべき相続税額は算出されません」

解答・解説

問1 正解 2 ▶テキストP201、203

① 相続時精算課税制度では、**基礎控除額（年間110万円）**と**特別控除額（累計2,500万円）**を合計した2,610万円までの贈与について贈与税は課されない。

② 相続時精算課税制度では、上記①を超える部分の贈与については、**一律20％の税率により贈与税が課される**。

③「直系尊属から教育資金の一括贈与を受けた場合の贈与税の非課税制度」の適用を受けた場合、受贈者１人につき1,500**万円までは贈与税が非課税**となる。なお、学校等以外の者に対して直接支払われる金銭については、500万円が限度となる。

問2 正解 1 ▶テキストP198

長男Cさん（44歳）がAさんから贈与を受けた財産は、**18歳以上の者が直系尊属から贈与を受けた財産であるため、特例贈与財産となる。**

基礎控除後の課税価格＝900万円－110万円＝790万円

贈与税額＝基礎控除後の課税価格×**特例贈与財産**の税率－控除額

＝790万円×30％－90万円

＝147万円

問3 正解 3 ▶テキストP189、192、206

1）適切。**遺産に係る基礎控除額＝3,000万円＋600万円×法定相続人の数**（２人*）＝4,200万円

＊法定相続人の数は、妻Ｂ、長男Ｃの２人である。

2）適切。特定居住用宅地等として「小規模宅地等についての相続税の課税価格の計算の特例」の適用を受けた場合、330㎡**までの部分について**80％**減額される**。自宅敷地は300㎡であるため敷地全体が減額の対象となり、相続税の課税価格に算入すべき価額は、次のとおり1,600万円となる。

相続税の課税価格に算入すべき価額＝8,000万円－8,000万円×**80％**

＝1,600万円

3）不適切。妻Ｂさんが配偶者に対する相続税額の軽減の適用を受けた場合、妻Ｂさんが相続により取得した財産の額が、**配偶者の法定相続分相当額と１億6,000万円とのいずれか多い金額まで**であれば、妻Ｂさんが納付すべき相続税額は算出されない。

FP3級

実技試験

❸資産設計提案業務

ライフプランニングと資金計画

リスク管理

金融資産運用

タックスプランニング

不動産

相続・事業承継

総合問題①～②

1 ライフプランニングと資金計画

問1 FPと関連業法①

2023.1 □□□ ★★★

ファイナンシャル・プランニング業務を行うに当たっては、関連業法を順守することが重要である。ファイナンシャル・プランナー（以下「FP」という）の行為に関する次の記述のうち、最も不適切なものはどれか。

1．弁護士資格を有していないFPが、離婚後の生活設計について相談された顧客の依頼により、その顧客の代理人として相手方との離婚時の財産分与について話し合いを行い、報酬を得た。
2．社会保険労務士資格を有していないFPが、顧客の「ねんきん定期便」等の資料を参考に、公的年金を繰下げ受給した場合の見込み額を試算した。
3．税理士資格を有していないFPが、参加費有料のセミナーにおいて、仮定の事例に基づき、一般的な税額計算の手順を解説した。

問2 FPと関連業法②

2024.1 □□□ ★★★

ファイナンシャル・プランニング業務を行うに当たっては、関連業法を順守することが重要である。ファイナンシャル・プランナー（以下「FP」という）の行為に関する次の記述のうち、最も不適切なものはどれか。

1．税理士の登録を受けていないFPが、無料相談会において、相談者が持参した資料に基づき、相談者が納付すべき所得税の具体的な税額を計算した。
2．生命保険募集人、保険仲立人または金融サービス仲介業の登録を受けていないFPが、変額年金保険の一般的な商品内容について有償で説明した。
3．投資助言・代理業の登録を受けていないFPが、顧客が保有する投資信託の運用報告書に基づき、その記載内容について説明した。

解答・解説

問1　正解 1　▶テキストP2～3

1．不適切。**弁護士資格**を有していないFPは、離婚の相談に際して、顧客の代理人として**相手方と離婚時の財産分与について話し合いを行い報酬を得ることはできない。**
2．適切。**社会保険労務士資格**を有していないFPであっても、顧客の公的年金の受給見込み額の試算することはできる。
3．適切。**税理士資格**を有していないFPは、有償・無償を問わず、個別具体的な税務相談を行うことはできないが、仮定の事例**に基づき、一般的な税額計算の手順を解説することは**できる。

問2　正解 1　▶テキストP2～3

1．不適切。具体的な税額の計算は**「個別具体的な税務相談」**に該当するため、税理士の登録を受けていないFPは、有償・無償を問わず、行うことはできない。
2．適切。生命保険募集人、保険仲立人または金融サービス仲介業の登録を受けていないFPであっても、有償・無償を問わず、保険商品の一般的な内容について説明することはできる（募集行為には該当しない）。
3．適切。投資助言・代理業（金融商品取引業）の登録を受けていないFPは、**助言行為を行うことはできない**が、一般的な資料の解説等は行うことができる。したがって、顧客の投資信託の運用報告書の記載内容の説明を行うことはできる。

資格のないFPができること、できないことを判断できるようにしよう。

問3 キャッシュフロー表

2024.1（一部変更）□□□ ★★★

下記は、近藤家のキャッシュフロー表（一部抜粋）である。このキャッシュフロー表の空欄（ア）～（ウ）にあてはまる数値として、誤っているものはどれか。なお、計算に当たっては、キャッシュフロー表中に記載の整数を使用し、計算過程においては端数処理をせず計算し、計算結果については万円未満を四捨五入すること。

〈近藤家のキャッシュフロー表〉 (単位：万円)

経過年数			基準年	1年	2年	3年	4年
西暦（年）			2024	2025	2026	2027	2028
家族・年齢	近藤　隼人	本人	49歳	50歳	51歳	52歳	53歳
	由美香	妻	47歳	48歳	49歳	50歳	51歳
	純也	長男	12歳	13歳	14歳	15歳	16歳
	理子	長女	8歳	9歳	10歳	11歳	12歳
ライフイベント		変動率		純也 中学校入学	海外旅行		純也 高校入学
収入	給与収入(本人)	1%	628	634			
	給与収入(妻)	1%	572				
	収入合計	－	1,200				
支出	基本生活費	1%	593			（ア）	
	住宅関連費	－	184	184	184	184	184
	教育費	－	130	140	130	130	140
	保険料	－	40	40	40	40	40
	一時的支出	－					
	その他支出	－	50	50	50	50	50
	支出合計	－		1,013			
年間収支				（イ）	135		
金融資産残高		1%		896	（ウ）		

※年齢および金融資産残高は各年12月31日現在のものとし、2024年を基準年とする。
※給与収入は可処分所得で記載している。
※記載されている数値は正しいものとする。
※問題作成の都合上、一部を空欄にしてある

1. （ア） 611
2. （イ） 199
3. （ウ） 1,041

問3　正解 3

▶テキストP5

1．正しい。

（ア）３年後（2027年）の基本生活費
＝基準年（2024年）の基本生活費×（1＋変動率）^{3年}
＝593×（1＋0.01）^{3}＝610.9… → 611

2．正しい。

（イ）１年後（2025年）の年間収支
＝2025年の収入合計－2025年の支出合計
＝給与収入（本人）＋給与収入（妻）－2025年の支出合計
＝634＋**572**×（**1＋0.01**）－1,013
＝198.72→ 199

3．誤り。

（ウ）２年後（2026年）の金融資産残高
＝**2025年の金融資産残高**×（1＋**運用利率**）±**2025年の年間収支**
＝896×（1＋0.01）＋135
＝1,039.96→ 1,040

変動率や運用利率を考慮した計算に慣れよう。

〈キャッシュフロー表作成に必要な計算式〉

① **年間収支=収入合計－支出合計**
② **○年後の金額**=現在の金額×（1＋変動率）^{経過年数}
③ **金融資産残高=前年の**金融資産残高×（1＋運用利率）±**その年の年間収支**

問1 生命保険証券の読み取り①

2023.9（一部変更）□□□ ★★★

飯田雅彦さんが加入している定期保険特約付終身保険（下記〈資料〉参照）の保障内容に関する次の記述の空欄（ア）にあてはまる金額として、正しいものはどれか。なお、保険契約は有効に継続しており、特約は自動更新されているものとする。また、雅彦さんはこれまでに〈資料〉の保険から保険金および給付金を一度も受け取っていないものとする。

〈資料〉

定期保険特約付終身保険　　保険証券記号番号○○△△××□□

保険契約者	飯田 雅彦 様		保険契約者印
被保険者	飯田　雅彦　様　契約年齢　30歳 1976年8月10日生まれ　男性		飯田
受取人	(死亡保険金) 飯田　光子　様　(妻)	受取割合 10割	

◇契約日（保険期間の始期）
　2006年10月1日
◇主契約の保険期間
　終身
◇主契約の保険料払込期間
　60歳払込満了

◆ご契約内容

終身保険金額（主契約保険金額）	500万円
定期保険特約保険金額	3,000万円
特定疾病保障定期保険特約保険金額	400万円
傷害特約保険金額	300万円
災害入院特約［本人・妻型］入院5日目から	日額5,000円
疾病入院特約［本人・妻型］入院5日目から	日額5,000円

※不慮の事故や疾病により所定の手術を受けた場合、手術の種類に応じて手術給付金（入院給付金日額の10倍・20倍・40倍）を支払います。
※妻の場合は、本人の給付金の6割の日額となります。
リビング・ニーズ特約

◆お払い込みいただく合計保険料

毎回　××,×××円
［保険料払込方法（回数）］ 団体月払い
◇社員配当金支払方法 利息をつけて積立て ◇特約の払込期間および保険期間 15年

飯田雅彦さんが、2024年中に交通事故により死亡（入院・手術なし）した場合に支払われる死亡保険金は、合計（　ア　）である。

1．3,500万円
2．3,900万円
3．4,200万円

解答・解説

問1　正解 3

▶テキストP49 ～ 52

交通事故（不慮の事故）で死亡した場合には、終身保険、定期保険特約、傷害特約から死亡保険金が支払われる。また、特定疾病保障定期保険特約から生前に特定疾病保険金を受け取っていない場合、**死亡原因にかかわらず死亡保険金が支払われる**。なお、病気で死亡した場合には、傷害特約から死亡保険金は支払われないため、死亡保険金の合計は3,900万円になる。

〈不慮の事故で死亡した場合の死亡保険金〉

終身保険（主契約）	500万円
定期保険特約	3,000万円
特定疾病保障定期保険特約	400万円
傷害特約	300万円
死亡保険金の合計	4,200万円

傷害特約は、不慮の事故で死亡した場合に災害死亡保険金が支払われます。一般的な病気で死亡した場合には支払われません。

問2 生命保険証券の読み取り②

2022.1（一部変更）□□□ ★★★

杉野健三さんが加入しているがん保険（下記〈資料〉参照）の保障内容に関する次の記述の空欄（ア）にあてはまる金額として、正しいものはどれか。なお、保険契約は有効に継続しているものとし、健三さんはこれまでに〈資料〉の保険から保険金および給付金を一度も受け取っていないものとする。

〈資料〉

保険証券記号番号（○○○）△△△△△　　保険種類　がん保険（愛称：＊＊＊＊＊）

保険契約者	杉野　健三　様	保険契約者印
被保険者	杉野　健三　様 契約年齢42歳　男性	杉野
受取人	（給付金） 被保険者　様	
	（死亡保険金） 杉野　ひとみ　様（妻）	受取割合 10割

◇契約日（保険期間の始期）
2016年8月1日
◇主契約の保険期間
終身
◇主契約の保険料払込期間
終身払込

◆ご契約内容

主契約 [本人型]	がん入院給付金	1日目から	日額10,000円
	がん通院給付金		日額5,000円
	がん診断給付金	初めてがんと診断されたとき	100万円
	手術給付金	1回につき	手術の種類に応じてがん入院給付金日額の10倍・20倍・40倍
	死亡保険金		がん入院給付金日額の100倍（がん以外の死亡の場合は、がん入院給付金日額の10倍）

◆お払い込みいただく合計保険料

毎回　×,×××円
[保険料払込方法] 月払い

杉野健三さんが、2024年中に初めてがんと診断され、がんの治療のために22日間入院し、その間に手術（給付倍率40倍）を1回受け、退院から1週間後に交通事故で死亡した場合に支払われる保険金および給付金は合計（　ア　）である。

1.　720,000円
2. 1,720,000円
3. 2,620,000円

問2　正解 2

▶テキストP57

・初めてがんと診断されたため、がん診断給付金**100万円が支払われる。**
・がんで22日間入院しているため、がん入院給付金**が１日目から日額10,000円支払われる。**
・がんで給付倍率40倍の手術（１回）を受けているため、１回につき**入院給付金日額（10,000円）の40倍の**手術給付金**が支払われる。**
・交通事故で死亡（**がん以外の死亡**）したため、**入院給付金日額の10倍の**死亡保険金**が支払われる。**

〈支払われる保険金・給付金〉

がん診断給付金	100万円
がん入院給付金	10,000円×22日＝22万円
手術給付金	10,000円×40倍＝40万円
死亡保険金	10,000円×10倍＝10万円

保険金および給付金の合計　**172万円**（1,720,000円）

がん診断給付金について、
見落とさないようにしよう。

問3　地震保険

2024.1 □□□ ★★☆

伊丹さんは地震保険の加入を検討しており、FPの筒井さんに質問をした。地震保険に関する筒井さんの次の説明のうち、最も不適切なものはどれか。

1. 「地震保険の保険料は、保険会社による違いはありません。」
2. 「地震保険の損害認定の区分は、『全損』『半損』『一部損』の３区分に分けられています。」
3. 「地震保険の保険金額は、火災保険の保険金額の30％～ 50％の範囲内で設定されますが、居住用建物については5,000万円が上限となります。」

問4　任意加入の自動車保険

2022.9 □□□ ★★☆

浅田道弘さんが契約している任意加入の自動車保険の主な内容は、下記〈資料〉のとおりである。〈資料〉に基づく次の記述のうち、この契約で補償の対象とならないものはどれか。なお、いずれも保険期間中に発生したものであり、被保険自動車の運転者は道弘さんである。また、記載のない事項については一切考慮しないものとする。

〈資料〉

自動車保険証券

保険契約者	
氏名　浅田 道弘 様	記名被保険者 （表示のない場合は契約者に同じ）

保険期間　　1年間	合計保険料　△△，△△△円

補償種目	保険金額	
車両保険（一般条件）	80万円	
対人賠償	1名	無制限
対物賠償	1事故	無制限
人身傷害（搭乗中のみ担保）	1名	5,000万円

1. 被保険自動車を運転中に、誤ってブロック塀に接触し、被保険自動車が破損した場合の修理費用
2. 被保険自動車に追突した相手車が逃走し、相手から補償が受けられない場合の道弘さんの治療費用
3. 被保険自動車を駐車場に駐車する際に、誘導中の妻に誤って車が接触しケガをさせた場合の治療費用

問3 正解 2 ▶テキストP60 ～ 61

1．適切。地震保険の保険料は、建物の構造と所在地（都道府県）によって異なるが、保険会社によって異なることはない。
2．不適切。地震保険の損害認定の区分は、**「全損」「大半損」「小半損」「一部損」**の4区分に分けられている。
3．適切。地震保険の保険金額は、火災保険の保険金額の30％～ 50％の範囲内で設定されるが、居住用建物については5,000万円、家財は1,000万円が上限となる。

問4 正解 3 ▶テキストP62

1．**補償の対象と**なる。被保険自動車が破損した場合の**修理費用**は、車両保険（一般条件）**の補償の対象**となる。
2．**補償の対象と**なる。当て逃げされた場合に、**相手から補償が受けられない場合**の治療費用は、人身傷害（保険）**の補償の対象**となる。
3．**補償の対象と**ならない。他人にケガをさせた場合の治療費は、対人賠償（保険）**の補償の対象**となるが、**他人には「配偶者・父母・子」は含まれない**ため、妻にケガをさせた場合は補償の対象とならない。

問5 損害保険の種類

2023.5 □□□ ★★☆

損害保険の種類と事故の内容について記述した次の1～3の事例のうち、契約している保険で補償の対象になるものはどれか。なお、いずれの保険も特約などは付帯していないものとする。

	事故の内容	契約している保険種類
1	勤務しているレストランで仕事中にヤケドを負い、その治療のために通院した。	普通傷害保険
2	噴火により保険の対象となる建物に噴石が衝突して屋根に穴が開いた。	住宅総合保険
3	原動機付自転車（原付バイク）で買い物に行く途中に他人の家の塀に接触して塀を壊してしまい、法律上の損害賠償責任を負った。	個人賠償責任保険

問6 生命保険金と税金

2022.1 □□□ ★☆☆

会社員で共働きの大場さん夫妻が加入している生命保険は下表のとおりである。下表の契約A～Cについて、保険金が支払われた場合の課税関係に関する次の記述のうち、最も適切なものはどれか。

	保険種類	保険料払込方法	保険契約者（保険料負担者）	被保険者	死亡保険金受取人	年金受取人
契約A	定期保険	月払い	夫	妻	子	－
契約B	介護保険	月払い	妻	夫	妻	－
契約C	個人年金保険	月払い	夫	夫	妻	夫

1．契約Aについて、子が受け取った死亡保険金は贈与税の課税対象となる。
2．契約Bについて、妻が受け取った死亡保険金は相続税の課税対象となる。
3．契約Cについて、妻が受け取った死亡保険金は所得税・住民税の課税対象となる。

問5　正解 1

▶テキストP60、63～65

1．対象となる。**普通傷害保険**では国内外を問わず、勤務中、旅行中も含めて日常生活の傷害を補償する。
2．対象とならない。住宅総合保険（**火災保険**）では、地震・噴火・津波による傷害は補償の対象外である。これらに備えるためには、**地震保険**を付帯する必要がある。
3．対象とならない。**個人賠償責任保険**では、自動車（原動機付自転車を含む）事故による損害賠償責任は補償の対象とならない。本事例の事故の内容の場合、自動車保険の**対物賠償保険**では補償の対象となる。

〈普通傷害保険の具体例〉

保険金の支払い対象	保険金の支払い対象外
・転倒による骨折 ・交通事故によるケガ ・料理中の**ヤケド**	・靴ずれ ・熱中症 ・細菌性食中毒・ウイルス性食中毒 ・地震・噴火・津波による傷害

保険金の支払い対象となる例、支払い対象とならない例を判断できるようにしよう。

問6　正解 1

▶テキストP68

1．適切。契約者、被保険者、受取人が**すべて異なる**場合の死亡保険金は、贈与税**の課税対象となる**。
2．不適切。**契約者と受取人が同一人**である場合の死亡保険金は、所得税・住民税**の課税対象となる**。
3．不適切。**契約者と被保険者が同一人**である場合の死亡保険金は、相続税**の課税対象となる**。

〈死亡保険金と税金〉

契約者	被保険者	受取人	税金の種類
A （死亡）	A （死亡）	B	相続税
A	B （死亡）	A	所得税（一時所得）
A	B （死亡）	C	贈与税

問7 生命保険料控除

2022.9（一部変更）□□□ ★★☆

牧村健太さんが2024年中に支払った生命保険の保険料は下記〈資料〉のとおりである。この場合の健太さんの2024年分の所得税の計算における生命保険料控除の金額として、正しいものはどれか。なお、〈資料〉の保険について、これまでに契約内容の変更はないものとする。また、2024年分の生命保険料控除額が最も多くなるように計算すること。

〈資料〉

[定期保険（無配当、新生命保険料）]
契約日：2019年5月1日
保険契約者：牧村　健太
被保険者：牧村　健太
死亡保険金受取人：牧村　洋子（妻）
2024年の年間支払保険料：78,240円

[医療保険（無配当、介護医療保険料）]
契約日：2017年8月10日
保険契約者：牧村　健太
被保険者：牧村　健太
死亡保険金受取人：牧村　洋子（妻）
2024年の年間支払保険料：46,200円

〈所得税の一般の生命保険料控除、介護医療保険料控除および個人年金保険料控除の控除額の速算表〉

[2012年1月1日以降に締結した保険契約（新契約）等に係る控除額]

年間の支払保険料の合計	控除額
20,000円以下	支払保険料の全額
20,000円超　40,000円以下	支払保険料×1／2＋10,000円
40,000円超　80,000円以下	支払保険料×1／4＋20,000円
80,000円超	40,000円

（注）支払保険料とは、その年に支払った金額から、その年に受けた剰余金や割戻金を差し引いた残りの金額をいう。

1．39,560円
2．40,000円
3．71,110円

 正解 3 ▶テキストP67

定期保険の保険料は一般の生命保険料控除**の対象**となり、**医療保険の保険料は**介護医療保険料控除の対象となる。

① 定期保険
一般の生命保険料控除額＝78,240円×１／４＋20,000円＝**39,560円**

② 医療保険
介護医療保険料控除額＝46,200円×１／４＋20,000円＝**31,550円**

③ 生命保険料控除額
① **39,560円**＋②**31,550円**＝71,110円

3 金融資産運用

問1 投資信託の費用

2022.9 □□□ ★★☆

下記は、投資信託の費用についてまとめた表である。下表の空欄（ア）～（ウ）に入る語句として、最も適切なものはどれか。

投資信託の費用	主な内容
購入時手数料（販売手数料）	購入時に支払う費用。投資信託の種類などにより費用は異なるが、同一の投資信託であれば購入時手数料は（　ア　）。
運用管理費用（信託報酬）	運用のための費用や情報開示のための費用として徴収される。信託財産の残高から、（　イ　）、差し引かれる。
信託財産留保額	投資家間の公平性を保つために、一般的に、換金の際に徴収される。差し引かれた金額は、（　ウ　）。投資信託によっては差し引かれないものもある。

1．空欄（ア）：「同額である」
2．空欄（イ）：「毎日」
3．空欄（ウ）：「委託会社（運用会社）が受け取る」

問2 投資信託の購入代金

2023.1 □□□ ★★☆

下記〈資料〉の投資信託を50万口購入する場合の購入金額として、正しいものはどれか。なお、解答に当たっては、円未満を切り捨てること。

〈資料〉

約定日の基準価額（1万口当たり）　19,855円
購入時手数料（税込み）　2.20％
運用管理費用（信託報酬・税込み）　年0.66％

1．　999,302円
2．1,014,590円
3．1,021,142円

解答・解説

問1 正解 2 ▶テキストP101

1. 不適切。同一の投資信託であっても、販売会社によって購入時手数料は異なる**ことがある**。投資信託によっては、購入時手数料（販売手数料）がかからないものもある。
2. 適切。運用管理費用（信託報酬）は、投資家が投資信託を保有中にかかる費用であり、信託財産の残高から、毎日、**差し引かれる**。
3. 不適切。信託財産留保額は、投資家間の公平性を保つために、一般的に、換金の際に徴収される。手数料ではないため、委託会社（運用会社）は受け取らない。差し引かれた金額は、**信託財産に留保されて基準価額に反映される**。投資信託によっては、差し引かれないものもある。

問2 正解 2 ▶テキストP101

〈資料〉の投資信託を購入する際には、基準価額に対して2.20％（税込み）の購入時手数料がかかる。運用管理費用（信託報酬）は、保有中に係る費用であるため、購入時にはかからない。

①１万口の購入代金＝基準価額＋購入時手数料
＝19,855円＋（19,855円×2.2％）＝20,291.81円

②50万口の購入代金＝①×$\frac{50万口}{1万口}$＝1,014,590.5円＝1,014,590円

問3 株式の投資指標

2024.1 □□□ ★★★

下記〈資料〉に基づくWX株式会社の投資指標に関する次の記述のうち、最も適切なものはどれか。なお、記載にない事項は考慮しないこととし、計算結果については表示単位の小数点以下第3位を四捨五入すること。

〈資料：WX株式会社に関するデータ〉

株価	2,000円
1株当たり純利益（今期予想）	300円
1株当たり純資産	2,200円
1株当たり年間配当金（今期予想）	30円

1．株価純資産倍率（PBR）は、1.1倍である。
2．配当性向は、10％である。
3．配当利回りは、1.36％である。

問3　正解 2

▶テキストP99 ～ 100

1．不適切。株価純資産倍率（PBR）$=\dfrac{株価}{1株当たり純資産}=\dfrac{2{,}000円}{2{,}200円}$

$=0.909\cdots倍$

2．適切。配当性向$=\dfrac{年間配当金}{当期純利益}\times100=\dfrac{1株当たり年間配当金}{1株当たり純利益}\times100$

$=\dfrac{30円}{300円}\times100=10\%$

3．不適切。配当利回り$=\dfrac{1株当たり年間配当金}{株価}\times100=\dfrac{30円}{2{,}000円}\times100$

$=1.5\%$

〈個別株式の投資指標〉

①PER（株価収益率）（倍）$=\dfrac{株価}{1株当たり純利益}$

②PBR（株価純資産倍率）（倍）$=\dfrac{株価}{1株当たり純資産}$

③ROE（自己資本利益率）（%）$=\dfrac{当期純利益}{自己資本}\times100$

④配当利回り（%）$=\dfrac{1株当たり年間配当金}{株価}\times100$

⑤配当性向（%）$=\dfrac{年間配当金}{当期純利益}\times100$

問4 株式取引

2023.9（一部変更）□□□ ★☆☆

東京証券取引所に上場されている国内株式の買い付け等に関する次の記述のうち、最も適切なものはどれか。なお、解答に当たっては、下記のカレンダーを使用すること。

2024年11月／12月						
日	月	火	水	木	金	土
11／24	25	26	27	28	29	30
12／1	2	3	4	5	6	7

※網掛け部分は、市場休業日である

1．11月29日に国内上場株式を買い付けた場合、受渡日は12月３日である。
2．配当金の権利確定日が11月29日である国内上場株式を11月28日に買い付けた場合、配当金を受け取ることができる。
3．権利確定日が11月29日である国内上場株式の権利落ち日は、12月２日である。

問5 預金保険制度

2022.9 □□□ ★☆☆

広尾さんは、預金保険制度の対象となるHA銀行の国内支店に下記〈資料〉の金融資産を預け入れている。仮に、HA銀行が破綻した場合、預金保険制度によって保護される金額として、正しいものはどれか。

〈資料〉

（単位：万円）

普通預金	360
定期預金	220
外貨預金	120
株式投資信託	280

注１：広尾さんは、HA銀行から借入れをしていない。
注２：普通預金は決済用預金ではない。
注３：預金の利息については考慮しないこととする。
注４：HA銀行は過去１年以内に他行との合併等を行っていないこととする。

1．580万円
2．700万円
3．860万円

問4　正解　1　▶テキストP97

1．適切。上場株式を買い付けた場合の**受渡日**（代金を支払って株主の権利を取得する日）は、**売買成立日から起算して**３営業日目（土日祝日除く）である。11月29日（金）を１日目として３営業日目は12月３日（火）となる。
2．不適切。11月28日（木）に買い付けた場合、その日から起算して３営業日目の**12月２日（月）が受渡日**になる。11月29日時点において株主の権利（配当金を受け取る権利など）はないため、配当金を受け取ることはできない。
3．不適切。権利確定日が11月29日（金）である上場株式の権利付き最終日は、11月27日（水）である。この日に買い付ければ11月29日（金）が受渡日となり、配当金を受け取る権利などを取得できる。**権利落ち日は、権利付き最終日の翌営業日なので、**11月28日（木）となる。

問5　正解　1　▶テキストP111

決済用預金（本問にはない）に該当する預金は全額保護され、**その他の預金は元本1,000万円とその利息までが保護される**。預金であっても外貨預金は対象とならない。また、株式投資信託は預金ではないため、対象とならない。

保護される金額＝普通預金360万円＋定期預金220万円
＝580万円

4 タックスプランニング

問1 退職所得

2021.1（一部変更）□□□ ★★☆

会社員の室井さんは、2024年中に勤務先を定年退職した。室井さんの退職に係るデータが下記〈資料〉のとおりである場合、室井さんの所得税に係る退職所得の金額として、正しいものはどれか。なお、室井さんは役員であったことはなく、退職は障害者になったことに基因するものではない。また、前年以前に受け取った退職金はないものとする。

〈資料〉

[室井さんの退職に係るデータ]
支給された退職一時金：4,500万円
勤続年数：38年

[参考：退職所得控除額の求め方]

勤続年数	退職所得控除額
20年以下	40万円×勤続年数（80万円に満たない場合には、80万円）
20年超	800万円＋70万円×（勤続年数－20年）

1．2,440万円
2．2,060万円
3．1,220万円

問2 総所得金額①

2020.1（一部変更）□□□ ★★★

個人事業主として飲食店を営む宮野さんの2024年分の各種所得の金額が下記〈資料〉のとおりである場合、宮野さんの2024年分の総所得金額として、正しいものはどれか。なお、〈資料〉に記載のない事項については一切考慮しないこととする。

〈資料〉

[宮野さんの2024年分の所得の金額]
事業所得の金額　280万円
給与所得の金額　100万円（退職した勤務先から受給したものである）
退職所得の金額　500万円（退職した勤務先から受給したものである）

1．880万円
2．780万円
3．380万円

解答・解説

問1 正解 3 ▶テキストP125

退職所得控除額（勤続年数20年超）

＝800万円＋70万円×（勤続年数－20年）

＝800万円＋70万円×（**38年**－20年）

＝**2,060万円**

退職所得の金額＝（収入金額－**退職所得控除額**）× $\frac{1}{2}$

＝（4,500万円－2,060万円）× $\frac{1}{2}$ ＝1,220万円

最後に２分の１をかけ忘れ
ないよう注意！

問2 正解 3 ▶テキストP118

総所得金額とは、**総合課税の対象となる所得金額を合計したもの**である。**事業所得と給与所得は総合課税の対象となる**ため合計するが、**退職所得は**分離課税の対象となるため合計しない。

総所得金額＝280万円（事業所得）＋100万円（給与所得）＝380万円

問3　総所得金額②

2023.9（一部変更）□□□ ★★☆

大津さん（66歳）の2024年分の収入は下記〈資料〉のとおりである。大津さんの2024年分の所得税における総所得金額として、正しいものはどれか。なお、記載のない事項については一切考慮しないものとする。

〈資料〉

内容	金額
アルバイト収入	200万円
老齢基礎年金	78万円

※アルバイト収入は給与所得控除額を控除する前の金額である。
※老齢基礎年金は公的年金等控除額を控除する前の金額である。

〈給与所得控除額の速算表〉

給与等の収入金額		給与所得控除額
	162.5万円以下	55万円
162.5万円超	180万円以下	収入金額×40%－　10万円
180万円超	360万円以下	収入金額×30%＋　8万円
360万円超	660万円以下	収入金額×20%＋　44万円
660万円超	850万円以下	収入金額×10%＋110万円
850万円超		195万円（上限）

〈公的年金等控除額の速算表〉

納税者区分	公的年金等の収入金額（A）		公的年金等控除額 公的年金等に係る雑所得以外の所得に係る合計所得金額1,000万円以下
65歳未満の者		130万円以下	60万円
	130万円超	410万円以下	（A）×25%＋　27.5万円
	410万円超	770万円以下	（A）×15%＋　68.5万円
	770万円超	1,000万円以下	（A）×　5%＋145.5万円
	1,000万円超		195.5万円
65歳以上の者		330万円以下	110万円
	330万円超	410万円以下	（A）×25%＋　27.5万円
	410万円超	770万円以下	（A）×15%＋　68.5万円
	770万円超	1,000万円以下	（A）×　5%＋145.5万円
	1,000万円超		195.5万円

1．132万円
2．150万円
3．200万円

問3　正解　1

▶テキストP124、129

①給与所得の金額＝給与収入金額－**給与所得控除額**

＝200万円－（200万円×30%＋８万円）＝132万円

②雑所得の金額＝公的年金等の収入金額－**公的年金等控除額**

＝78万円－110万円＊≦０円 → ０円

＊大津さんは66歳なので、〈公的年金等控除額の速算表〉において**納税者区分は「65歳以上の者」**となるため、最低110万円が認められる。

③総所得金額＝①132万円＋②０円＝132万円

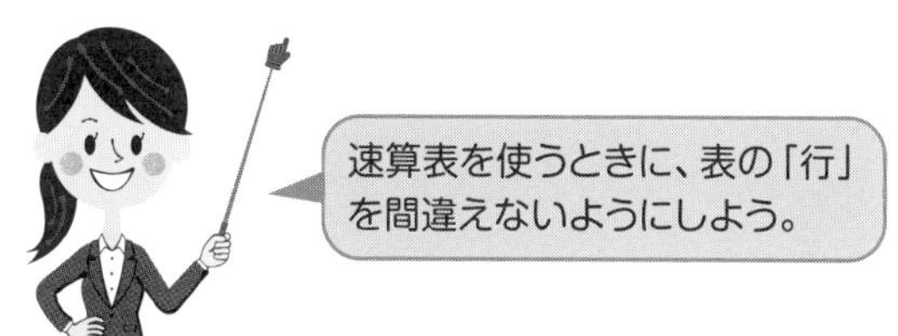

速算表を使うときに、表の「行」
を間違えないようにしよう。

問4 医療費控除

2023.9（一部変更）□□□ ★★☆

会社員の井上大輝さんが2024年中に支払った医療費等が下記〈資料〉のとおりである場合、大輝さんの2024年分の所得税の確定申告における医療費控除の金額として、正しいものはどれか。なお、大輝さんの2024年中の所得は、給与所得800万円のみであり、支払った医療費等はすべて大輝さんおよび生計を一にする妻のために支払ったものである。また、医療費控除の金額が最も大きくなるよう計算することとし、セルフメディケーション税制（特定一般用医薬品等購入費を支払った場合の医療費控除の特例）については、考慮しないものとする。

〈資料〉

支払年月	医療等を受けた人	内容	支払金額
2024年1月	大輝さん	人間ドック代（※1）	8万円
2024年5月～6月		入院費用（※2）	30万円
2024年8月	妻	健康増進のためのビタミン剤の購入代	3万円
2024年9月		骨折の治療のために整形外科へ支払った治療費	5万円

（※1）人間ドックの結果、重大な疾病は発見されていない。
（※2）この入院について、加入中の生命保険から入院給付金が6万円支給された。

1．19万円
2．25万円
3．27万円

問4 正解 1 ▶テキストP133

医療費控除の金額
　＝医療費の金額＊1－保険金等により補てんされた金額＊2－10万円＊3
　＝（30万円＋5万円）－6万円－10万円
　＝19万円

（＊1）・人間ドック代（**重大な疾病は発見されていない**）…対象外
　・入院費用…**対象**（30万円）
　・**健康増進**のためのビタミン剤の購入代…対象外
　・骨折の治療費…**対象**（5万円）
（＊2）生命保険からの**入院給付金**（6万円）が該当する。
（＊3）「10万円」または「総所得金額等×5％（800万円×5％＝40万円）」のいずれか少ない**金額を差し引く**。本問では**少ないほうは**10万円である。

〈医療費控除の対象〉

医療費控除の対象	医療費控除の対象外
・医師や歯科医師による診療費や治療費 ・治療や療養のための医療品購入費 ・通院のための電車代、バス代、緊急時のタクシー代 ・出産費用	・美容整形費用 ・健康増進や疾病予防のための医薬品購入費 ・通院のための自家用車の**ガソリン代や駐車場代** ・健康診断や人間ドックの費用＊ ・未払い医療費

＊健康診断や人間ドックの結果、**重大な疾病が発見され**、かつ、**治療した場合**は、医療費控除の対象となる。

医療費控除の対象となる例、対象とならない例を判断できるようにしよう。

問5 所得控除

2023.5（一部変更）□□□ ★★☆

下記〈資料〉に基づき、目黒昭雄さんの2024年分の所得税を計算する際の所得控除に関する次の記述のうち、最も適切なものはどれか。

〈資料〉

氏名	続柄	年齢	2024年分の所得等	備考
目黒　昭雄	本人（世帯主）	50歳	給与所得620万円	会社員
聡美	妻	48歳	給与所得100万円	パート
幸一	長男	21歳	所得なし	大学生
浩二	二男	14歳	所得なし	中学生

※2024年12月31日時点のデータである。
※家族は全員、昭雄さんと同居し、生計を一にしている。
※障害者または特別障害者に該当する者はいない。

1．妻の聡美さんは控除対象配偶者となり、昭雄さんは38万円を控除することができる。
2．長男の幸一さんは特定扶養親族となり、昭雄さんは63万円を控除することができる。
3．二男の浩二さんは一般の扶養親族と なり、昭雄さんは38万円を控除することができる。

問6 住宅借入金等特別控除

2018.9（一部変更）□□□ ★★☆

給与所得者である杉田さんは、2024年４月に新築マンション（認定長期優良住宅に該当）を購入し、直ちに居住を開始した。杉田さんは、住宅借入金等特別控除（以下「住宅ローン控除」という）の適用を受けたいと考えており、FPで税理士でもある村瀬さんに相談をした。村瀬さんの住宅ローン控除に関する次の説明のうち、最も不適切なものはどれか。

1．「住宅ローン控除の適用期間は、最長15年とされています。」
2．「2024年分の住宅ローン控除の控除額は、『住宅借入金等の年末残高等×0.7%』で計算されます。」
3．「住宅ローンの返済期間が10年以上でなければ適用を受けることができません。」

問5　正解 2

▶テキストP135 ～ 137

1．不適切。昭雄さん（本人）の合計所得金額は**1,000万円以下**であるが、聡美さん（妻）の合計所得金額（給与所得100万円）が**48万円超**であるため、聡美さんは控除対象配偶者には該当せず、昭雄さんは配偶者控除の適用を受けることができない。
2．適切。幸一さん（21歳）は、**19歳以上23歳未満**であるため特定扶養親族に該当し、昭雄さんは扶養控除として63万円を控除することができる。
3．不適切。浩二さん（14歳）は**16歳未満**であるため**控除対象扶養親族に該当しない**。したがって、昭雄さんは浩二さんについて扶養控除の適用を受けることはできない。

〈扶養控除の控除額〉

扶養親族の年齢	区分	控除額
16歳未満	（対象外）	0円
16歳以上19歳未満	一般の**控除対象扶養親族**	38万円
19歳以上23歳未満	特定扶養親族	63万円
23歳以上70歳未満	一般の**控除対象扶養親族**	38万円
70歳以上	**老人扶養親族**	48万円（同居老親等は58万円）

問6　正解 1

▶テキストP138 ～ 139

1．不適切。2024年中に新築住宅（認定長期優良住宅に該当）を取得して居住の用に供した場合、住宅ローン控除の適用期間は、**最大**13年間である。
2．適切。住宅ローン控除の控除額は、「住宅借入金等の年末残高等×0.7%」で計算される。
3．適切。住宅ローン控除は、住宅ローンの**返済期間が**10年以上でなければ適用を受けることができない。

問7 給与所得者と確定申告

2021.9（一部変更）□□□ ★★☆

下記〈資料〉の３人の会社員のうち、2024年分の所得税において確定申告を行う必要がない者は誰か。なお、〈資料〉に記載のあるデータに基づいて解答することとし、記載のない条件については一切考慮しないこととする。

〈資料：３人の収入等に関するデータ（2024年12月31日時点）〉

氏名	年齢	給与収入（年収）	勤務先	備考
飯田大介	35歳	500万円	SA食品会社	・勤務先の給与収入以外に一時所得の金額が10万円ある。 ・勤務先で年末調整を受けている。
山根正樹	40歳	800万円	SB銀行	・収入は勤務先の給与収入のみである。 ・勤務先で年末調整を受けている。 ・2024年中に住宅を取得し、同年分から住宅借入金等特別控除の適用を受けたい。
伊丹正志	52歳	2,300万円	SC商事	・収入は勤務先の給与収入のみである。

※給与収入（年収）は2024年分の金額である。

1．飯田大介
2．山根正樹
3．伊丹正志

問7　正解 1

▶テキストP141

1. 飯田大介さんは、給与収入が2,000万円以下で、一時所得の金額が10万円あるが、**給与所得および退職所得以外の所得金額が20万円以下**であるため、確定申告を行う必要がない。
2. 山根正樹さんは、給与収入が2,000万円以下であるが、**住宅借入金等特別控除の適用を受ける最初の年分については、**確定申告が必要である。なお、2年目以降は年末調整で適用を受けることができるため、確定申告は不要である。
3. 伊丹正志さんは、**給与収入が2,000万円超であるため、**確定申告が必要である。

なお、所得控除のうち、雑損控除・医療費控除・寄附金控除の3つは、**年末調整では適用を受けることができません。**適用を受けるためには確定申告が必要です。

〈給与所得者で確定申告が必要な人〉

①給与収入金額（年収）が2,000万円を超える人 ②給与所得および退職所得以外の所得金額が20万円を超える人

5 不動産

問1 登記記録

2024.1 □□□ ★★☆

土地登記記録に関する下表の空欄（ア）～（ウ）に関する次の記述のうち、最も適切なものはどれか。

〈土地登記記録の構成〉

<table>
<tr><td rowspan="3">土地登記記録</td><td>表題部</td><td colspan="2">（　ア　）</td></tr>
<tr><td rowspan="2">権利部</td><td>甲区</td><td>（　イ　）</td></tr>
<tr><td>乙区</td><td>（　ウ　）</td></tr>
</table>

1．当該土地が初めて造成されたときに、所有権保存登記がされるのは、表題部（ア）である。
2．当該土地の地目や面積等が登記されるのは、権利部甲区（イ）である。
3．金融機関から融資を受け、土地を担保として抵当権が設定される場合、抵当権設定登記がされるのは、権利部乙区（ウ）である。

問2 建築面積の最高限度

2021.5 □□□ ★★★

建築基準法に従い、下記〈資料〉の土地に建築物を建築する場合、その土地に対する建築物の建築面積の最高限度として、正しいものはどれか。なお、記載のない条件については一切考慮しないこととする。

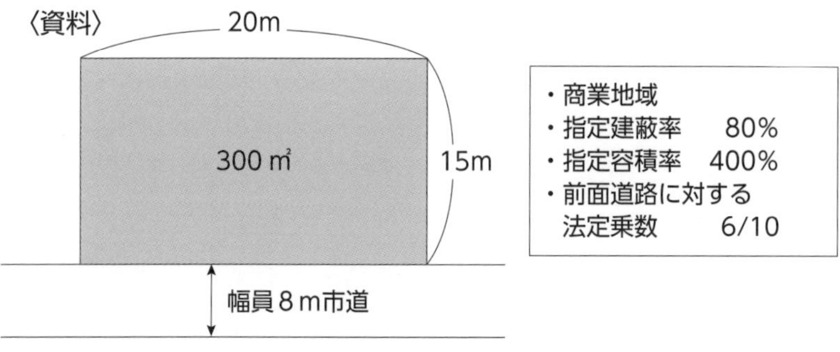

1．　240㎡
2．1,200㎡
3．1,440㎡

解答・解説

問1　正解 3　▶テキストP148

1. 不適切。所有権保存登記は、**所有権に関する登記**であるため、権利部甲区（イ）に記録される。
2. 不適切。土地の**地目や面積等（物理的状況）**が登記されるのは、表題部（ア）である。
3. 適切。抵当権設定登記は、**所有権以外の権利に関する登記**であるため、権利部乙区（ウ）に記録される。

〈登記記録の構成〉

表題部	物理的状況（所在、面積など）	
権利部	甲区	所有権に関する事項
	乙区	所有権以外の権利に関する事項

問2　正解 1　▶テキストP158

建築面積の最高限度は、「敷地面積×建蔽率」により計算することができる。建蔽率の緩和措置の適用について記載がないため、**指定建蔽率を使用する**。

建築面積の最高限度＝300㎡×80％＝240㎡

建築面積の最高限度を計算するときには建蔽率を使用し、延べ面積の最高限度を計算するときには容積率を使用します。

問3　延べ面積の最高限度

2024.1 □□□ ★★★

建築基準法に従い、下記〈資料〉の土地に建築物を建築する場合の延べ面積（床面積の合計）の最高限度として、正しいものはどれか。なお、記載のない条件については一切考慮しないこととする。

〈資料〉

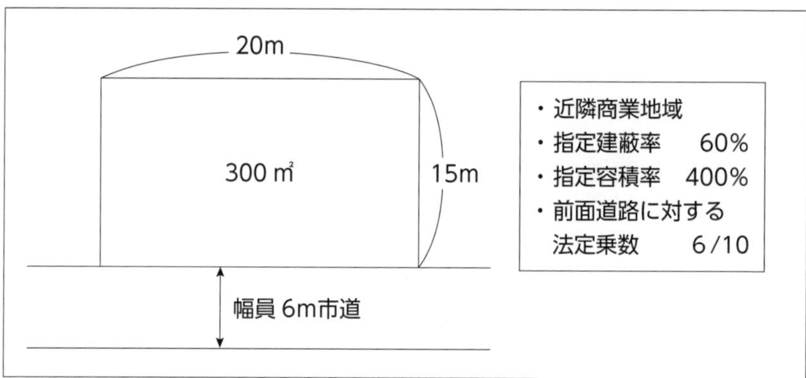

1．　180㎡
2．1,080㎡
3．1,200㎡

問4　都市計画区域

2024.1 □□□ ★★☆

都市計画法に基づく都市計画区域に関する下表の空欄（ア）～（ウ）にあてはまる数値または語句の組み合わせとして、最も適切なものはどれか。

市街化区域	すでに市街地を形成している区域およびおおむね（　ア　）年以内に優先的かつ計画的に市街化を図るべき区域
市街化調整区域	市街化を（　イ　）すべき区域
非線引き区域	（　ウ　）の定められていない都市計画区域

1．（ア）　5　（イ）抑制　（ウ）用途地域
2．（ア）10　（イ）抑制　（ウ）区域区分
3．（ア）10　（イ）調整　（ウ）区域区分

問3　正解 2

▶テキストP160

延べ面積（床面積の合計）の最高限度は、「敷地面積×容積率」により計算することができる。〈資料〉の土地は、**前面道路の幅員が**12m**未満**であるため、**次の**①、②**のいずれか**低いほう**の容積率が適用される。**

① **指定容積率（400%）**

② **前面道路幅員（m）** $\times \frac{6}{10} = 6\text{m} \times \frac{6}{10} =$**360%**

②のほうが低いため、容積率は**360%**を適用する。

延べ面積の最高限度=300㎡×**360%**=1,080㎡

前面道路の幅員が12m**未満の場合、必ず2つの率を比較しよう。**
低いほう**が適用**されます。

問4　正解 2

▶テキストP155

市街化区域	すでに市街地を形成している区域およびおおむね（ア　10）年以内に優先的かつ計画的に市街化を図るべき区域
市街化調整区域	市街化を（イ　抑制）すべき区域
非線引き区域*	（ウ　区域区分）の定められていない都市計画区域

＊市街化区域と市街化調整区域に区分（区域区分）することを、「線引き」というため、区域区分の定められていない区域を**「非線引き」区域**という。

問5　土地・建物等の譲渡所得

2024.1 □□□ ★★☆

宮本さんは、15年前に購入し、現在居住している自宅の土地および建物を売却する予定である。売却に係る状況が下記〈資料〉のとおりである場合、所得税における課税長期譲渡所得の金額として、正しいものはどれか。なお、記載のない事項については一切考慮しないものとする。

〈資料〉

- 譲渡価額（合計）：6,000万円
- 取得費（合計）　：1,500万円
- 譲渡費用（合計）：　500万円

※居住用財産を譲渡した場合の3,000万円特別控除の特例の適用を受けるものとする。
※所得控除は考慮しないものとする。

1．1,000万円
2．1,500万円
3．4,000万円

問6　公的な土地評価

2022.1 □□□ ★★☆

公的な土地評価に関する下表の空欄（ア）～（ウ）にあてはまる語句の組み合わせとして、最も適切なものはどれか。

価格の種類	公示価格	相続税路線価	固定資産税評価額
所管	（　ア　）	＊＊＊	（　イ　）
評価割合	−	公示価格の（　ウ　）程度	公示価格の70％程度
実施目的	一般の土地取引の指標等	相続税等の財産評価の基礎	固定資産税等の課税標準の基礎

※問題作成の都合上、表の一部を空欄（＊＊＊）としている。

1．（ア）総務省　（イ）市町村（東京23区は都）　（ウ）70％
2．（ア）国土交通省　（イ）市町村（東京23区は都）　（ウ）80％
3．（ア）国土交通省　（イ）国税庁　（ウ）90％

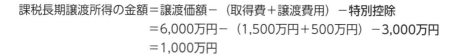

問5　正解 1

▶テキストP168～169

課税長期譲渡所得の金額＝譲渡価額－（取得費＋譲渡費用）－**特別控除**
＝6,000万円－（1,500万円＋500万円）－**3,000万円**
＝1,000万円

問6　正解 2

▶テキストP149

価格の種類	公示価格	相続税路線価	固定資産税評価額
所管	（ア）国土交通省	国税庁	（イ）市町村（東京23区は東京都）
評価割合	－	公示価格の（ウ）80％程度	公示価格の70％程度
実施目的	一般の土地取引の指標等	相続税等の財産評価の基礎	固定資産税等の課税標準の基礎

土地に関する4つの公的価格（公示価格、基準地標準価格、相続税路線価、固定資産税評価額）について、特徴をおさえておこう。

6 相続・事業承継

問1 法定相続分①

2022.1（一部変更）□□□ ★★★

2024年9月5日に相続が開始された牧村誠一さん（被相続人）の〈親族関係図〉が下記のとおりである場合、民法上の相続人および法定相続分の組み合わせとして、正しいものはどれか。なお、記載のない条件については一切考慮しないこととする。

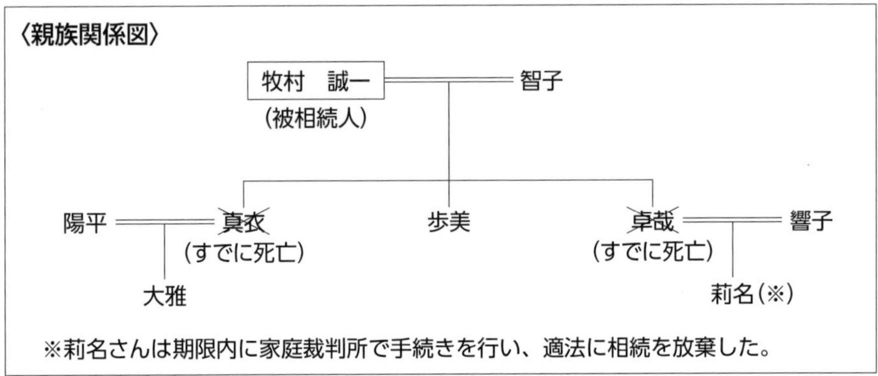

1．智子　1/2　　歩美　1/2
2．智子　1/2　　歩美　1/4　　大雅　1/4
3．智子　1/2　　歩美　1/6　　大雅　1/6　　莉名　1/6

解答・解説

問1　正解　2　▶テキストP174～178

相続人は、配偶者と子である。子の真衣さんと卓哉さんはすでに死亡しているため、**本来、孫の大雅さんと莉名さんが**代襲相続人**となるが、莉名さんは**相続を放棄しているため代襲相続人とはならない。相続人が配偶者と子の組み合わせの場合、**配偶者の法定相続分は**1/2、**子（全体）の法定相続分は1/2である。子（代襲相続人を含む）2人の法定相続分は1/2を2等分して**1/4**ずつとなる。**

相続人	智子 （配偶者）	歩美 （子）	大雅 （子の代襲相続人）
法定相続分	$\frac{1}{2}$	$\frac{1}{4}$	$\frac{1}{4}$

代襲相続人（大雅さん）の法定相続分は、相続人となるべきであった人（真衣さん）の法定相続分をそのまま引き継ぎます。

〈相続人の法定相続分〉

相続人の組合せ	法定相続分	
配偶者と子	配偶者 $\frac{1}{2}$	子 $\frac{1}{2}$
配偶者と直系尊属	配偶者 $\frac{2}{3}$	直系尊属 $\frac{1}{3}$
配偶者と兄弟姉妹	配偶者 $\frac{3}{4}$	兄弟姉妹 $\frac{1}{4}$

問2 法定相続分②

2020.1（一部変更）□□□ ★★★

2024年4月1日に相続が開始された山根博子さん（被相続人）の〈親族関係図〉が下記のとおりである場合、民法上の相続人および法定相続分の組み合わせとして、正しいものはどれか。なお、記載のない条件については一切考慮しないこととする。

〈親族関係図〉

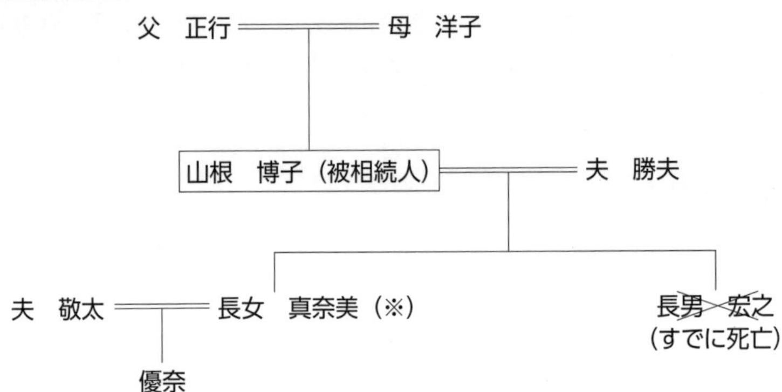

※真奈美さんは期限内に家庭裁判所で手続を行い、適法に相続を放棄した。

1．勝夫２／３　　正行１／６　　洋子１／６
2．勝夫１／２　　正行１／４　　洋子１／４
3．勝夫１／２　　正行１／６　　洋子１／６　　優奈１／６

問2　正解 1

▶テキストP174 ～ 176

相続人は、本来、配偶者と子であるが、長男 宏之さんはすでに死亡し、長女 真奈美さんは相続を放棄しているため、**直系尊属である**父母**が**相続人となる。相続人が配偶者と直系尊属の組み合わせの場合、**配偶者の法定相続分は** 2 / 3、**直系尊属（全体）の法定相続分は 1 / 3** である。**父母 2 人の法定相続分は、 1 / 3 を 2 等分して** 1 / 6 **ずつ**となる。

相続人	勝夫（夫）	正行（父）	洋子（母）
法定相続分	$\frac{2}{3}$	$\frac{1}{6}$	$\frac{1}{6}$

相続の放棄をした者の子（被相続人からみて孫）には**代襲しない**ため、長女 真奈美さんの子（孫 優奈さん）は**相続人となりません。**

問3　法定相続分③

2024.1（一部変更）□□□ ★★★

2024年6月5日に相続が開始された工藤達夫さん（被相続人）の〈親族関係図〉が下記のとおりである場合、民法上の相続人および法定相続分の組み合わせとして、最も適切なものはどれか。なお、記載のない条件については一切考慮しないものとする。

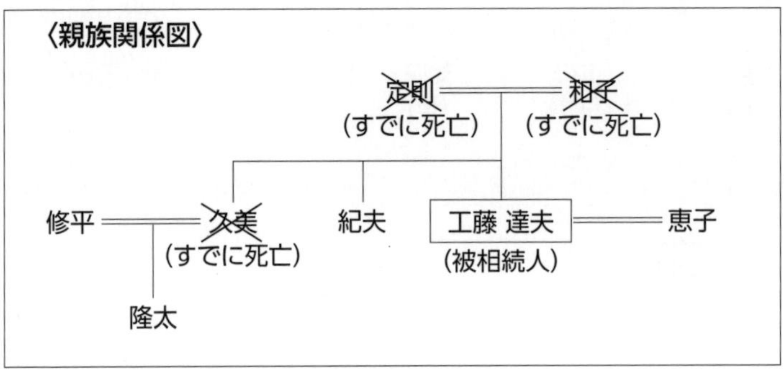

1. 恵子 2／3　紀夫 1／3
2. 恵子 3／4　紀夫 1／4
3. 恵子 3／4　紀夫 1／8　隆太 1／8

問3　**正解 3**　▶テキストP174～178

相相続人は、配偶者と兄弟姉妹である。兄弟姉妹の久美さんはすでに死亡しているため、久美さんの子である**隆太さん（被相続人からみて甥）**が代襲相続人**となる。**隆太さんは、久美さんの法定相続分をそのまま引き継ぐ。相続人が配偶者と兄弟姉妹の組み合わせの場合、**配偶者の法定相続分は**3／4**、兄弟姉妹の法定相続分は 1／4**である。**紀夫さん（兄弟姉妹）と代襲相続人の隆太さんの法定相続分は、1／4を2等分して**1／8**ずつとなる。**

相続人	恵子 （配偶者）	紀夫 （兄弟）	隆太 （甥）
法定相続分	$\frac{3}{4}$	$\frac{1}{8}$	$\frac{1}{8}$

問4 遺言

2016.1 □□□ ★★☆

下記は、普通方式の遺言の要件等についてまとめた表である。下表の空欄（ア）～（ウ）にあてはまる数値または語句の組合せとして、正しいものはどれか。なお、問題作成の都合上、表の一部を空欄（＊＊＊）としている。

種類	自筆証書遺言	公正証書遺言	秘密証書遺言
作成方法	本人が全文、日付、氏名を自書し、押印する	本人が遺言内容を口述し、公証人が筆記したうえで、遺言者・証人に読み聞かせる	本人が遺言書に署名・押印し、遺言書を封じて同一印で封印する
遺言可能年齢	（ ア ）歳以上		
保管場所	指定なし	公証役場（原本）	指定なし
証人	不要	（ イ ）	
検認	＊＊＊	（ ウ ）	＊＊＊

1．（ア）15　（イ）1人以上　（ウ）不要
2．（ア）15　（イ）2人以上　（ウ）不要
3．（ア）18　（イ）2人以上　（ウ）必要

問4 正解 2 ▶テキストP181

（ア）**遺言可能年齢**は、いずれの遺言も15歳**以上**である。

（イ）**公正証書遺言**と**秘密証書遺言**の作成にあたっては、**証人**2人以上**の立会い**が必要である。

（ウ）**公正証書遺言**は公証役場に原本が保管されているため、遺言者の相続開始後、家庭裁判所による検認は不要である。

相続開始後の家庭裁判所の検認とは、遺言書の偽造などを防止するための手続のことで、**遺言の有効・無効を判断するものではありません。**

〈遺言の種類〉

種類	自筆証書遺言	公正証書遺言	秘密証書遺言
作成方法	本人が**全文**、**日付**、**氏名を自書**[＊1]し、**押印**する	本人が**遺言内容を口述**し、公証人が筆記したうえで、遺言者・証人に読み聞かせる	本人が遺言書に署名・押印し、遺言書を封じて同一印で封印する
遺言可能年齢	15歳**以上**		
保管場所	指定なし	公証役場（原本）	指定なし
証人	不要	2人**以上**	
検認	必要[＊2]	不要	必要

（＊1） 財産目録については、自書でなくてもよい。
（＊2） 法務局における自筆証書遺言書保管制度を利用している場合は、不要となる。

問5 贈与税

2023.9（一部変更）□□□ ★★★

長岡さん（35歳）が2024年中に贈与を受けた財産の価額および贈与者は以下のとおりである。長岡さんの2024年分の贈与税額として、正しいものはどれか。なお、2024年中において、長岡さんはこれ以外の財産の贈与を受けておらず、相続時精算課税制度は選択していないものとする。

・長岡さんの父からの贈与　現金180万円
・長岡さんの祖父からの贈与　現金50万円
・長岡さんの祖母からの贈与　現金200万円
※上記の贈与は、住宅取得等資金や教育資金、結婚・子育てに係る資金の贈与ではない。

〈贈与税の速算表〉

（イ）18歳以上の者が直系尊属から贈与を受けた財産の場合（特例贈与財産、特例税率）

基礎控除後の課税価格	税率	控除額
200万円 以下	10%	－
200万円 超　400万円 以下	15%	10万円
400万円 超　600万円 以下	20%	30万円
600万円 超　1,000万円 以下	30%	90万円
1,000万円 超　1,500万円 以下	40%	190万円
1,500万円 超　3,000万円 以下	45%	265万円
3,000万円 超　4,500万円 以下	50%	415万円
4,500万円 超	55%	640万円

（注）「18歳以上の者」とあるのは、2022年３月31日以前の贈与により財産を取得した者の場合、「20歳以上の者」と読み替えるものとする。

（ロ）上記（イ）以外の場合（一般贈与財産、一般税率）

基礎控除後の課税価格	税率	控除額
200万円 以下	10%	－
200万円 超　300万円 以下	15%	10万円
300万円 超　400万円 以下	20%	25万円
400万円 超　600万円 以下	30%	65万円
600万円 超　1,000万円 以下	40%	125万円
1,000万円 超　1,500万円 以下	45%	175万円
1,500万円 超　3,000万円 以下	50%	250万円
3,000万円 超	55%	400万円

1．16万円
2．38万円
3．56万円

問5 正解 2 ▶テキストP198

父、祖父、祖母の３人から贈与を受けた財産を合計した金額から基礎控除額110万円を控除した後の金額に対して、税率を適用して贈与税額を計算する。長岡さんは35歳で、父、祖父、祖母は直系尊属であるため、〈贈与税の速算表〉は（イ）**18歳以上の者が直系尊属から贈与を受けた財産**（特例贈与財産**という**）**の場合**を使用する。

① 基礎控除後の課税価格＝180万円＋50万円＋200万円－110万円＝320万円
② 贈与税額＝①320万円×15％－10万円＝38万円

1年間に3人から贈与されても、**基礎控除額**は受贈者（**もらった人**）**1人当たり**110万円です。330万円にはなりません。

問6　相続時精算課税

2016.1（一部変更）□□□ ★★★

相続時精算課税制度の概要に関する下表の空欄（ア）～（ウ）にあてはまる数値の組合せとして、正しいものはどれか。

〈相続時精算課税制度の概要〉

適用対象者	贈与者：（　ア　）歳以上の父母または祖父母 受贈者：18歳以上の推定相続人である子、または18歳以上の孫
適用対象財産	贈与財産の種類、金額、贈与回数に制限なし
基礎控除額	受贈者単位で年間110万円
特別控除額	受贈者単位で贈与者ごとに累計（　イ　）万円まで
適用税率	基礎控除額110万円（年間）および特別控除額（　イ　）万円を超える部分に対して一律（　ウ　）％
適用条件	受贈者は贈与を受けた年の翌年２月１日から３月15日までに、「相続時精算課税選択届出書」を贈与税の申告書に添付して提出する

1．（ア）60　（イ）2,000　（ウ）10
2．（ア）60　（イ）2,500　（ウ）20
3．（ア）70　（イ）2,500　（ウ）20

問7　贈与税の配偶者控除

2020.1（一部変更）□□□ ★★★

皆川真紀子さんは、夫から2024年５月に居住用不動産（財産評価額2,700万円）の贈与を受けた。真紀子さんは、この居住用不動産の贈与について、贈与税の配偶者控除の適用を受けることを検討している。真紀子さんが贈与税の配偶者控除の適用を最高限度額まで受けた場合の2024年分の贈与税の配偶者控除および基礎控除後の課税価格として、正しいものはどれか。なお、贈与税の配偶者控除の適用を受けるための要件はすべて満たしているものとする。また、真紀子さんは2024年中に、当該贈与以外の贈与を受けていないものとする。

1．　90万円
2．590万円
3．700万円

問6 正解 2

▶テキストP200～201

（ア）相続時精算課税制度の**贈与者**は、60**歳以上の父母または祖父母**である。

（イ）相続時精算課税制度の**特別控除額**は、受贈者単位で贈与者ごとに累計2,500**万円**までである。

（ウ）相続時精算課税制度における贈与税の**適用税率**は、基礎控除額110万円（年間）および**特別控除額2,500万円**を超える部分に対して**一律**20%である。

〈相続時精算課税制度の概要〉

適用対象者	**贈与者**：60**歳以上の父母**または**祖父母** **受贈者**：18**歳以上**の推定相続人である**子**、または18**歳以上**の孫
適用対象財産	贈与財産の種類、金額、贈与回数に制限なし
基礎控除額	受贈者単位で年間110万円
特別控除額	受贈者単位で贈与者ごとに累計2,500万円まで
適用税率	基礎控除額110万円（年間）および特別控除額2,500万円を超える部分に対して一律20%
適用条件	受贈者は贈与を受けた年の**翌年**2月1日**から**3月15日**まで**に、「相続時精算課税選択届出書」を贈与税の申告書に添付して提出する

問7 正解 2

▶テキストP202

贈与税の配偶者控除は、**婚姻期間が**20年以上**の夫婦間**で、居住用不動産または居住用不動産を取得するための金銭の贈与が行われた場合、**基礎控除額**110万円とは別に最高2,000万円**を贈与税の課税価格から控除**できる。

贈与税の課税価格＝2,700万円－**2,000万円－110万円**
＝590万円

7 総合問題①

2023.1第7問（一部変更）

下記の 問1 ～ 問6 について解答しなさい。

設例

木内智洋さんは株式会社QAに勤める会社員である。智洋さんは、今後の生活設計についてFPで税理士でもある近藤さんに相談をした。なお、下記のデータはいずれも2024年4月1日現在のものである。

[家族構成（同居家族）]

氏名	続柄	生年月日	年齢	職業
木内　智洋	本人	1967年12月24日	56歳	会社員
美奈子	妻	1973年 3月 3日	51歳	会社員
昇太	長男	2004年 8月10日	19歳	大学生

[保有財産（時価）]

（単位：万円）

金融資産	
普通預金	240
定期預金	400
投資信託	350
上場株式	210
生命保険（解約返戻金相当額）	50
不動産（自宅マンション）	3,700

[負債残高]

住宅ローン（自宅マンション）：800万円（債務者は智洋さん、団体信用生命保険付き）

[その他]

上記以外については、各設問において特に指定のない限り一切考慮しないものとする。

問1 バランスシート

□□□ ★★★

FPの近藤さんは、木内家のバランスシートを作成した。下表の空欄（ア）にあてはまる金額として、正しいものはどれか。なお、設例に記載のあるデータに基づいて解答することとする。

〈木内家のバランスシート〉

(単位：万円)

[資産]	×××	[負債]	×××
		負債合計	×××
		[純資産]	（ ア ）
資産合計	×××	負債・純資産合計	×××

1．1,250（万円）
2．4,100（万円）
3．4,150（万円）

問2 係数の活用

□□□ ★★★

智洋さんは、60歳で定年を迎えた後、公的年金の支給が始まる65歳までの５年間の生活資金に退職一時金の一部を充てようと考えている。仮に、退職一時金のうち500万円を年利2.0%で複利運用しながら５年間で均等に取り崩すこととした場合、年間で取り崩すことができる最大金額として、正しいものはどれか。なお、下記<資料>の３つの係数の中から最も適切な係数を選択して計算し、円単位で解答すること。また、税金や記載のない事項については一切考慮しないこととする。

〈資料：係数早見表（年利2.0%)〉

	減債基金係数	現価係数	資本回収係数
5年	0.19216	0.9057	0.21216

※記載されている数値は正しいものとする。

1．1,060,800円
2．960,800円
3．905,700円

問3　公的年金の遺族給付

□□□ ★★☆

智洋さんの年金加入歴は下記のとおりである。仮に、智洋さんが現時点（56歳）で死亡した場合、智洋さんの死亡時点において妻の美奈子さんに支給される公的年金の遺族給付に関する次の記述のうち、最も適切なものはどれか。なお、智洋さんは、入社時（22歳）から死亡時まで厚生年金保険に加入しているものとし、遺族給付における生計維持要件は満たされているものとする。また、昇太さんに障害はないものとする。

1．中高齢寡婦加算額が加算された遺族厚生年金と死亡一時金が支給される。
2．中高齢寡婦加算額が加算された遺族厚生年金が支給される。
3．中高齢寡婦加算額が加算された遺族厚生年金と寡婦年金が支給される。

問4　雇用保険の介護休業給付金

□□□ ★☆☆

智洋さんは、将来親の介護が必要になり仕事を休んだ場合、雇用保険からどのような給付が受けられるのか、FPの近藤さんに質問をした。近藤さんが行った雇用保険の介護休業給付金に関する次の説明の空欄（ア）～（ウ）にあてはまる数値の組み合わせとして、最も適切なものはどれか。

「介護休業給付金は、雇用保険の一般被保険者または高年齢被保険者が対象家族の介護をするために休業をした場合に支給されます。支給日数1日当たりの支給額は、休業中に賃金が支払われない場合、休業開始時賃金日額の（　ア　）%相当額で、同一の対象家族について通算（　イ　）日（（　ウ　）回まで分割可能）を限度に支給されます。」

1．（ア）67　（イ）90　（ウ）2
2．（ア）68　（イ）93　（ウ）3
3．（ア）67　（イ）93　（ウ）3

問5　公的介護保険

智洋さんは、今後高齢の親の介護が必要になった場合を考え、公的介護保険制度について、FPの近藤さんに質問をした。近藤さんが行った介護保険に関する次の説明の空欄（ア）～（ウ）にあてはまる数値または語句の組み合わせとして、最も適切なものはどれか。

> 「介護保険では、（　ア　）歳以上の者が加入者となり、保険料は（　イ　）負担します。介護保険の給付を受けるためには、（　ウ　）の認定を受ける必要があり、認定審査の判定結果は、『要介護1～5』『要支援1・2』『非該当』と区分されます。要介護と認定されると居宅サービス、施設サービスのどちらも利用できます。」

1．（ア）40　（イ）生涯　（ウ）市町村または特別区
2．（ア）65　（イ）80歳まで　（ウ）都道府県
3．（ア）40　（イ）80歳まで　（ウ）市町村または特別区

問6　外貨預金

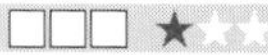

智洋さんは、下記〈資料〉の外貨定期預金キャンペーンに関心を持っている。預入条件が〈資料〉のとおりであるとき、FPの近藤さんの次の説明のうち、最も不適切なものはどれか。

〈資料〉

> 米ドル定期預金８％（年利・税引前・１ヵ月もの）
> ＊円貨から預け入れた場合のみ適用
> ＊原則、中途解約不可　中途解約利率適用

1．「外貨預金は預金保険制度の対象外となっています。」
2．「元金１万ドルを預けた場合、満期時には税引前・米ドルベースで800ドルの利息を受け取ることができます。」
3．「円貨から外貨定期預金を始める際は、TTSレート（対顧客電信売相場）が適用されます。」

解答・解説

問1 正解 3

▶テキストP4

(単位:万円)

[資産]		[負債]	
金融資産		住宅ローン	800
普通預金	240		
定期預金	400	負債合計	800
投資信託	350		
上場株式	210		
生命保険(解約返戻金相当額)	50	[純資産]	(ア 4,150)
不動産(自宅マンション)	3,700		
資産合計	4,950	負債・純資産合計	4,950

(ア) **純資産=資産合計−負債合計**
=4,950−800
=4,150(万円)

バランスシートとは、個人の資産や負債の状況を表すもので、会社でいう貸借対照表です(左右は必ず等しくなります)。純資産は、資産から負債を差し引いて求めます。

問2 正解 1

▶テキストP7~8

元本を、毎年同じ金額ずつ取り崩す(使っていく)場合、毎年いくら使えるかを計算するときには、資本回収係数を使用する。

毎年の取崩額=元本×資本回収係数
=500万円×**0.21216**
=1,060,800円

係数を使って知りたい金額を計算するときは、「元となる金額×○○係数」で求めます。

問3 正解 2 ▶テキストP35～36

智洋さんは厚生年金保険の被保険者であるため、死亡した場合には、妻の美奈子さんに遺族厚生年金が支給**される**。長男の昇太さん（19歳）は、18歳到達年度末日を過ぎているため、妻の美奈子さんは「子のある配偶者」に該当せず、**遺族基礎年金は支給されない**。

遺族基礎年金を支給されない40歳以上65歳未満の妻に対して支給される遺族厚生年金には、中高齢寡婦加算額が加算される。

智洋さんには、国民年金の第1号被保険者としての保険料納付済期間が3年以上ないため、死亡一時金は支給されない。また、第1号被保険者としての保険料納付済期間が10年以上ないため、寡婦年金の受給権者にもならない。

したがって、2が適切である。

問4 正解 3 ▶テキストP20

（ア） 介護休業給付金の支給日数1日当たりの支給額は、休業開始時賃金日額の67％**相当額**である。

（イ） 介護休業給付金は、同一の対象家族について**通算93日**を限度に支給される。

（ウ） 介護休業給付金は、同一の対象家族について、**3回まで分割して取得することが可能**である。

問5 正解 1 ▶テキストP17～18

（ア） 介護保険では、40**歳以上**の者が加入者となる。なお、40歳以上65歳未満の者を第2号被保険者といい、65歳以上の者を第1号被保険者という。

（イ） 介護保険の保険料は、生涯**負担**する。

（ウ） 介護保険の給付を受けるためには、**保険者である**市町村または特別区の認定を受ける必要がある。

問6 正解 2 ▶テキストP105、111

1．適切。外貨預金は**預金保険制度の**対象外となっている。

2．不適切。元金1万ドルを預けた場合、満期時（1ヵ月後）には税引前・米ドルベースで、**「1万ドル×8％＝800ドル」の利息（1年分の利息）を**受け取ることはできない。1ヵ月分の利息は、800ドルを12月で除した金額となる。

3．適切。顧客が、**円貨から外貨に換えて**外貨定期預金を始める際には、TTSレート（対顧客電信売相場）が適用される。一方、満期時に**外貨を円貨に換える**際には、**TTBレート**（対顧客電信買相場）が適用される。

8 総合問題② 2023.5第７問（一部変更）

下記の問１～問５について解答しなさい。

設 例

川野恭平さんは株式会社RBに勤務する会社員である。恭平さんは今後の生活設計について、FPで税理士でもある青山さんに相談をした。なお、下記のデータはいずれも2024年４月１日現在のものである。

[家族構成（同居家族）]

氏名	続柄	生年月日	年齢	職業
川野　恭平	本人	1989年　3月10日	35歳	会社員
亜美	妻	1989年　4月11日	34歳	会社員
潤	長女	2020年11月　3日	３歳	

[保有財産（時価）]　　（単位：万円）

金融資産	
普通預金	120
定期預金	100
投資信託	40
上場株式	110
生命保険（解約返戻金相当額）	15
不動産（自宅マンション）	3,500

[負債残高]

住宅ローン（自宅マンション）：3,400万円（債務者は恭平さん 、団体信用生命保険付き）

[その他]

上記以外については、各設問において特に指定のない限り一切考慮しないものとする。

問 1 バランスシート □□□ ★★★

FPの青山さんは、川野家のバランスシートを作成した。下表の空欄（ア）にあてはまる金額として、正しいものはどれか。なお、設例に記載のあるデータに基づいて解答することとする。

〈川野家のバランスシート〉 (単位：万円)

[資産]	×××	[負債]	×××
		負債合計	×××
		[純資産]	（　ア　）
資産合計	×××	負債・純資産合計	×××

1．370（万円）
2．470（万円）
3．485（万円）

問 2 係数の活用 □□□ ★★★

恭平さんと亜美さんは、今後10年間で毎年24万円ずつ積立貯蓄をして、潤さんの教育資金を準備したいと考えている。積立期間中に年利1.0％で複利運用できるものとした場合、10年後の積立金額として、正しいものはどれか。なお、下記〈資料〉の３つの係数の中から最も適切な係数を選択して計算し、解答に当たっては万円未満を切り捨てること。また、税金や記載のない事項については一切考慮しないこととする。

〈資料：係数早見表（年利1.0％）〉

	終価係数	年金現価係数	年金終価係数
10年	1.105	9.471	10.462

＊記載されている数値は正しいものとする。

1．265万円
2．251万円
3．227万円

問3 健康保険の高額医療費

□□□ ★★☆

恭平さんは、会社の定期健康診断で異常を指摘され、2024年6月に3週間ほど入院をして治療を受けた。その際病院への支払いが高額であったため、恭平さんは健康保険の高額療養費制度によって払い戻しを受けたいと考え、FPの青山さんに相談をした。恭平さんの2024年6月の保険診療に係る総医療費が80万円であった場合、高額療養費制度により払い戻しを受けることができる金額として、正しいものはどれか。なお、恭平さんは全国健康保険協会管掌健康保険（協会けんぽ）の被保険者で、標準報酬月額は「38万円」である。また、恭平さんは限度額適用認定証を病院に提出していないものとする。

〈70歳未満の者：医療費の自己負担限度額（1ヵ月当たり）〉

標準報酬月額	医療費の自己負担限度額
83万円以上	252,600円＋（総医療費－842,000円）×1％
53万～79万円	167,400円＋（総医療費－558,000円）×1％
28万～50万円	80,100円＋（総医療費－267,000円）×1％
26万円以下	57,600円
市町村民税非課税者等	35,400円

※高額療養費の多数該当および世帯合算については考慮しないものとする。

1．　85,430円
2．154,570円
3．714,570円

問4 産前産後休業期間中の社会保険料

□□□ ★★☆

亜美さんは、間もなく第二子を出産予定で、出産後は子が1歳になるまで育児休業を取得しようと思っている。育児休業期間中の健康保険および厚生年金保険の保険料の免除に関する次の記述のうち、最も適切なものはどれか。なお、亜美さんは全国健康保険協会管掌健康保険（協会けんぽ）の被保険者であり、かつ厚生年金保険の被保険者である。

1．事業主の申出により、被保険者負担分のみ免除される。
2．事業主の申出により、事業主負担分のみ免除される。
3．事業主の申出により、被保険者および事業主負担分が免除される。

問5 投資信託のリバランス

□□□ ★☆☆

恭平さんが保有する投資信託は、投資信託①と投資信託②であり、5年前にそれぞれ15万円ずつ合計30万円を購入したものである。恭平さんは「リバランス」に興味をもち、FPの青山さんに質問をした。下記の空欄（ア）～（ウ）にあてはまる語句に関する次の記述のうち、最も不適切なものはどれか。なお、手数料は考慮しないものとする。

購入時の時価：30万円
投資信託①：15万円
投資信託②：15万円

現在の時価：40万円
投資信託①：30万円
投資信託②：10万円

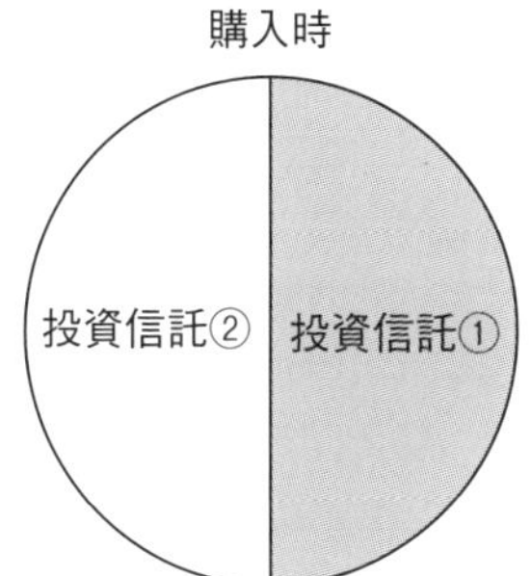

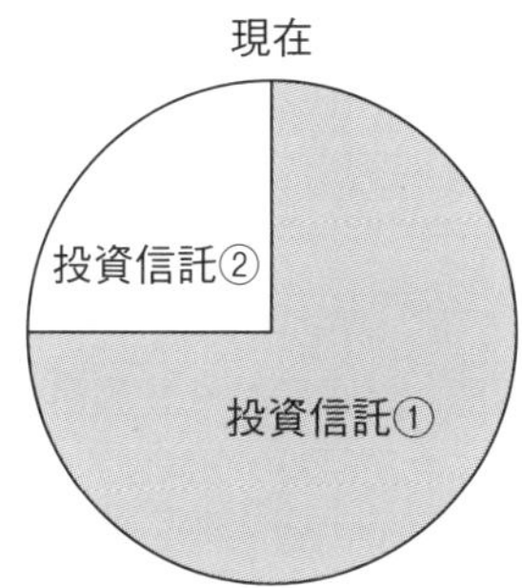

〈青山さんの説明〉

リバランスとは、時間の経過とともに運用当初に決めた（　ア　）がずれて、当初目的とした投資効果が薄れてしまうことを回避する方法の一つです。恭平さんが資金の追加や削減を行わない場合、投資信託①を（　イ　）して、投資信託②を（　ウ　）すると、運用当初の（　ア　）になります。

1．（　ア　）にあてはまる語句は、「配分比率」である。
2．（　イ　）にあてはまる語句は、「15万円分売却」である。
3．（　ウ　）にあてはまる語句は、「10万円分購入」である。

解答・解説

問1　正解 3　▶テキストP4

（単位：万円）

[資産]		[負債]	
金融資産		住宅ローン	3,400
普通預金	120		
定期預金	100		
投資信託	40	負債合計	3,400
上場株式	110		
生命保険（解約返戻金相当額）	15	[純資産]	（ア 485）
不動産（自宅マンション）	3,500		
資産合計	3,885	負債・純資産合計	3.885

（ア）**純資産=資産合計－負債合計**
　　＝3,885－3,400
　　＝485（万円）

問2　正解 2　▶テキストP7

毎年同じ金額を積立てた場合に、将来の積立金額（元利合計額）はいくらになるかを計算するときには、年金終価係数を使用する。

将来の積立金額（元利合計額）＝毎年の積立額×年金終価係数
　＝24万円×**10.462**
　＝2,510,880円 → 251万円
　（万円未満切捨て）

毎年24万円を10年間積み立てた場合、金利がなければ「24万円×10年=240万円」の積立金額となります。金利で増やしながら積み立てるため、240万円より少し大きい金額が答えとなります。10.462（年金終価係数）以外の係数を掛け算すると、240万円よりも小さくなってしまいます。

問3　正解 2　▶テキストP16

① 医療費の自己負担額
80万円×３割＝24万円

② 医療費の自己負担限度額
80,100円＋（総医療費80万円－267,000円）×１％＝85,430円
＊恭平さんの標準報酬月額は38万円であるため、「標準報酬月額28万円～50万円」の計算式に当てはめる。

③ 高額療養費制度により払い戻しを受けることができる金額
①24万円－②85,430円＝154,570円

問4　正解 3　▶テキストP24

育児休業期間中の社会保険料（健康保険料、厚生年金保険料）については、事業主が申出を行った場合、被保険者負担分および事業主負担分が免除される。

問5　正解 2

リバランスとは、時間の経過とともに運用当初に決めた（**ア** 配分比率）がずれて、当初目的とした投資効果が薄れてしまうことを回避する方法の一つである。恭平さんが資金の追加や削減を行わない場合、投資信託①を（**イ** 10万円分売却）して、投資信託②を（**ウ** 10万円分購入）すると、運用当初の（**ア** 配分比率）になります。

リバランスとは、運用当初に決めた資産の配分比率が、時間の経過とともに運用成果が変動することでずれていったときに、「資産を再配分すること」をいう。具体的には、配分が大きくなった資産（投資信託①）を売却して、配分が小さくなった資産（投資信託②）を買うことで実現することができる。この問題では、当初の配分比率を「50％：50％」としていたところ、現在は「75％：25％」にずれたため、「50％：50％」に戻すためにリバランスを行っている。

【著者プロフィール】

梶谷美果（かじや みか）

1級ファイナンシャル・プランニング技能士　CFP®認定者

〈経歴〉

2003年に大手資格学校に入社。FP試験対策講師として講義・教材制作に従事。2010年に独立後も長きにわたり、全国の金融機関を中心に研修講師として奔走しながら教材制作にも励む。金融機関研修先50以上。講師歴22年（延べ講義時間13,000時間超）。教材執筆・監修35冊以上。（株）ビジネス教育出版社からは「FP 3級テキスト」「1級FP技能士（学科）合格テキスト」「1級FP技能士（学科）対策問題集」を出版。

2024 - 2025年版　FP（ファイナンシャル・プランニング技能検定）3級問題集

2024年5月27日　初版第1刷発行

著　者　梶　谷　美　果

発行者　延　對　寺　哲

発行所　株式会社 ビジネス教育出版社

〒102-0074　東京都千代田区九段南4-7-13
TEL 03(3221)5361(代表)／FAX 03(3222)7878
E-mail▶info@bks.co.jp URL▶https://www.bks.co.jp

ISBN978-4-8283-1078-7

落丁・乱丁はお取り替えします。　装丁・本文DTP／㈲エルグ　印刷・製本／シナノ印刷㈱